세계의 영웅

영웅

안중근

見利思義 見危授命

이로움을 보면 의義를 생각하고,

위태로움을 보면 목숨을 바친다.

세계의 영웅 안중근

大韓獨立

국학자료원

안중근을 만나는 길

1909년 10월 26일 안중근 의사는 중국 하얼빈역에서 일본 추밀원 의장 이토 히로부미伊藤博文를 사살했다. 이토 히로부미는 일본 총리를 네 번이나 역임하고, 한국 통감을 역임한 일본의 저명한 정치가였다.

일본인들은 명치 헌법의 초안자이며 일본의 근대 발전을 주도한 정치가로서 이토 히로부미를 최고의 애국자로 존경한다. 그러므로 일본인들은 이토 히로부미를 사살한 안중근 의사를 테러리스트라고 매도한다. 그러나 한국인들은 한국을 '보호국'으로 만들고 '식민지화'에 앞장선, 한국 침략의 원흉 이토 히로부미를 처단하여 한국의 독립 의지를 심어준 안중근 의사를 최고의 애국자로 존경한다.

이처럼 이토 히로부미와 안중근 의사는 각각 자국에서 최고의 애국자로 존경받고 있다. 그런데 이토 히로부미는 약한 이웃 나라를 침략하여 자국의 팽창을 추구하다가 목숨을 빼앗겼으며, 안중근 의사는 강한 이웃 나라의 침략으로부터 조국의 독립뿐만 아니

라, 동양평화와 세계평화를 위해 의롭게 목숨을 바친 점에서 차이
가 있다.

안중근 의사는 일본 천황의 특사 이토의 강요로 체결된 을사늑
약에 의해, 한국의 외교권이 상실된 것을 실력의 부족 때문이라고
생각했다. 그래서 그는 학교 교육 운동과 민중 계몽운동, 국채 보상
운동 등 실력의 양성으로 국권을 회복하려는 애국계몽운동을 전개
했다. 그러나 안중근 의사는 이토 통감에 의해 강요된 고종황제 폐
위, 일본인 차관정치, 한국 군대 해산으로 사실상 국가가 멸망한 상
황에서, 실력 양성에 의한 국권 회복은 불가능하다고 판단했다.

그래서 안중근 의사는 항일 무장투쟁을 전개했고, 나아가 이토
처단과 재판 투쟁을 통하여 일본의 침략상을 전 세계에 알리고, 한
국 독립과 동양평화와 세계평화에 기여하고자 했다. 그는 이러한
목적에서 사형을 앞두고 「동양평화론」을 집필하기도 했다.

이 책은 4부로 수록되어 있다. 제1부에는 지루할 수 있는 안중근
의사 자서전(안응칠 역사)을 쉽게 읽을 수 있도록 문체를 현대문으
로 고치고, 문단의 제목도 달았으며, 내용도 다소 요약한 「안중근
자서전 요약본」을 게재했다. 제2부에는 안중근 의사가 주장한 「동
양평화론」과 그 구체적 내용이 담긴 「청취서」, 그리고 안중근 의사
가 기록한 여러 문서들과 유묵의 내용을 게재했다. 제3부에서는 안
중근 의사의 삶과 신앙, 영화 〈하얼빈〉과 하얼빈의거의 실상, 하얼

빈의거에 대한 중국인들의 반응, 그리고 안중근 의사와 하얼빈의거에 대한 TV 인터뷰 내용을 게재했다. 제4부에는 안중근 의사의 성장 과정과 독립운동, 그의 민족주의와 세계주의 의식, 그리고 당시의 동북아 정세와 그의 동양평화론에 대한 논문을 게재했다.

이 책에 수록된 각 장의 내용은 처음부터 책을 만들기 위해 쓴 것이 아니고, 안중근 의사에 관한 논문과 강연, 방송 인터뷰의 내용을 정리한 것이다. 그러므로 이 책의 각 장은 사실상 독립적인 글이어서, 내용 면에서 중복되는 곳도 상당히 있다. 이 책이 안중근 의사의 진면목을 이해하는 데 도움이 되기를 기대한다.

이 책이 나오기까지 수고해 준 국학자료원 정구형 대표와 보기 좋은 책으로 엮어낸 편집진 여러분의 노고에 깊은 감사의 뜻을 표한다.

2026년 3월

유 영 렬

차례

제2부 동양평화론과 안중근 기록문서

제4부 안중근에 대한 바른 이해

제1부

안중근 자서전

안응칠 역사*

* 안중근 의사는 1909년 12월 13일 음력 11월 1일에 자신의 자서전을 쓰기
  시작했다.

소년 시절

1879년 7월 16일, 황해도 해주에서 한 남자아이가 태어났다. 이름은 안중근으로 태어날 때 배와 가슴에 일곱 개의 점이 있어, 북두칠성의 정기를 받고 태어났다고 응칠應七이라 불렀다.

할아버지의 이름은 안인수로 진해 현감을 지냈으며 성품이 어질어 남에게 잘 베푸는 자선가로도 널리 알려졌다. 슬하에는 6남 3녀의 자녀를 두었으며 자녀들 모두 공부를 잘했고 집안이 넉넉해 모자람 없이 자랐다. 그중 나의 아버지 안태훈은 재주와 지혜가 뛰어나 8, 9세 때에 사서삼경(사서는 논어, 맹자, 중용, 대학, 삼경은 시경, 서경, 주역)에 통달했고, 과거에 합격하여 진사가 되었으며, 결혼하여 중근·정근·공근 3남과 1녀를 두었다.

1884년 갑신년에 아버지가 서울에 머물고 있을 때, 박영효가 정부를 혁신하고 국민을 개명시키고자, 준수한 청년 70명을 선발하여 외국 유학을 보내려 했는데, 나의 아버지도 거기에 뽑혔다.

하지만 간신배들이 박영효가 반역을 꾀한다고 모함하여, 체포하려 하자 그는 일본으로 피신했으며, 때문에 동지들과 학생들은 죽임을 당하기도 하고 붙잡혀 귀향가기도 했다.

나의 아버지는 몸을 피하여 고향집으로 돌아와 숨어 살며, 할아버지와 의논하여 가산을 정리한 뒤, 가솔들 7, 80명을 이끌고 신천군 청계동 산골로 이사했다. 그곳은 지형이 험준하나 논밭이 갖추어 있고, 경치가 아름다워 별천지라 할만했는데 그때 내 나이 6, 7세였다.

나는 할아버지의 사랑을 받으며 서당에 들어가 한문을 공부했다. 14세 되던 무렵 할아버지가 돌아가셔서, 나는 애통한 나머지 반년 동안이나 병을 앓았다. 나는 어릴 때부터 사냥을 좋아하여, 언제나 사냥꾼을 따라 산과 들로 다녔다. 장성해서는 총을 메고 산에 올라, 짐승들을 사냥하느라 학문에 힘쓰지 않아, 부모와 교사들이 꾸짖기도 했지만 나는 따르지 않았다.

친한 친구들이 "너의 아버지는 문장으로 세상에 이름이 드러났는데, 너는 왜 무식한 사람이 되려고 하느냐."라고 충고하기도 했다. 그때 나는 "너희들의 말도 옳다. 그러나 옛날 초패왕 항우가 말하기를, 글은 이름이나 적을 줄 알면 그만이라고 했는데, 만고의 영웅 초패왕의 명예가 오히려 천추에 남아 전한다. 나도 학문으로 이름을 드러내고 싶지 않다. 그도 장부요 나도 장부다. 너희들은 다시 나에게 충고하지 말라."라고 말했다.

청년 시절

1894년에 나는 16세의 나이로 결혼하여, 두 아들과 딸 하나를 두었다. 그 무렵 각 지방에서 동학당이 일어나, 외국인을 배척한다는 핑계로 여러 지방을 돌아다니며, 관리들을 죽이고 백성들의 재산을 약탈했다.

관군이 동학당을 진압할 수 없었기 때문에, 청국군이 들어오고 일본군도 들어와, 양국 군대가 충돌하여 결국 청일전쟁이 되었다. 그때 나의 아버지는 동학당의 횡포를 막기 위해 격문을 뿌리고 의거를 일으켜, 동지들과 포수들을 모으고 처자들까지 대열에 편입하니, 그 수가 70여 명이나 되어 청계산에 진을 치고 동학당에 항거했다.

그때 동학당 두목 원용일이 무리 2만여 명을 이끌고 기세 당당하게 쳐들어왔는데, 깃발과 창과 칼이 햇빛을 가리고 북소리, 호각 소리, 고함이 천지를 뒤흔들었다. 그런데 의병은 그 수가 70여 명을 넘지 못하여 그 형세가 마치 달걀을 가지고 바위를 치는 격과 같아,

모든 사람들이 겁을 먹고 어찌할 줄 몰랐다.

그때는 12월 겨울철이라 갑자기 비바람이 몰아쳐 앞뒤를 분간하기 어렵게 되고, 동학군은 갑옷이 모두 젖어 추위를 견딜 수 없게 되자, 10여 리쯤 떨어진 마을로 진을 물려 밤을 지내게 되었다. 그날 밤 나의 아버지는 "내일 적병의 포위 공격을 받으면 많은 적군을 대항할 수 없을 것이니, 오늘 밤 적을 습격하자."하고 명령을 내렸다.

그리하여 새벽에 밥을 지어 먹고 군사 40명을 뽑아 출발시키고, 남은 군사들은 동내를 수비하도록 했다. 그때 나는 동지 6명과 함께 자원하여 선봉 겸 수색대가 되어, 적병 지휘소가 있는 곳에 다다랐다. 숲 사이에 숨어서 적진을 살펴보니, 큰 깃발이 펄럭이고 불빛이 대낮 같은데, 사람과 말들이 소란하고 질서가 없어 보였다.

나는 동지들을 돌아보며, "지금 적진을 습격하면 큰 공을 세울 것이다."라고 말하니, 동지들은 "적은 군사로 어찌 수만 대군을 당할 수 있겠는가."라며 걱정했다. 나는 "적을 알고 나를 알면 백번 싸워 백번 이긴다. 적은 대군이지만 오합지졸이니, 날이 밝기 전에 기습하면 파죽지세가 될 것이다. 그대들은 망설이지 말고 나를 따르라."라고 말했다.

그리고 그들이 적진을 향해 사격을 하니, 포성은 천지를 진동하고 탄환은 우박처럼 쏟아졌다. 적은 기습 공격에 갑옷은 입지도 못하고 무기는 들지 못하며, 우왕좌왕 산과 들로 흩어져 달아났다. 그러나 동이 트자 적은 우리 형세가 약한 것을 알고, 사면을 에워싸고 공격해 빠져나갈 길이 없었다.

그때 갑자기 포성이 울리며 한 무리의 군사들이 달려와 적을 공격하자, 적병이 달아나 포위망을 벗어날 수 있었다. 본진의 구원병들이 우리를 구해 준 것이다. 우리가 합세하여 추격하자 적은 사방으로 흩어져 도망갔으며, 우리는 수많은 무기와 탄약 그리고 천여 포대의 군량을 노획했다.

우리는 하늘의 도움이라 생각하고 만세를 부른 후 본동에 개선하여, 황해도 관찰부에 급히 승전 보고를 했다. 이후 적병은 멀리 달아나서 다시는 싸움이 없었다. 나는 그 싸움 뒤에 큰 병에 걸려 겨우 죽음을 면하고 소생했는데, 그 후 지금까지 15년간 조그마한 병도 앓지 않았다.

그 이듬해인 1895년 여름에 손님 두 사람이 아버지를 찾아와서, "작년 전쟁 때 실어 온 천여 포대 곡식은 동학당의 것이 아니라, 그 절반은 탁지부 대신 어윤중이 사두었던 것이고, 또 절반은 전 선혜청 당상 민영준의 농장에서 추수한 곡식이니, 지체하지 말고 그대로 돌려드리시오."라고 말했다.

아버지는 "어윤중, 민영준 두 분의 쌀은 내가 알 바 아니고, 동학당의 진중에 있던 것을 빼앗아 온 것이니 그대들은 무리한 말을 하지 마시오."라고 대답했다. 이에 두 사람은 아무 말 없이 돌아갔다.

  세계의 영웅, 안중근

그런데 하루는 서울에서 전 판결사 김종한으로부터, "지금 탁지부 대신 어윤중과 전 선혜청 당상 민영준 두 사람이 잃어버린 곡식을 찾을 생각으로 황제 폐하께 '안 모가 국고금으로 무역하여 들여온 쌀 천여 포대를 도둑질했기 때문에, 사람을 시켜 조사해 본즉, 그 쌀로 군사 수천 명을 길러 음모를 꾸미려 하고 있으니, 군대를 보내 진압하지 않으면 국가에 큰 환난이 있을 것입니다.'라고 청원하여, 곧 군대를 파견하려 하고 있으니, 빨리 서울로 올라와 대책을 세우도록 하시오."라는 편지가 왔다.

아버지가 곧 서울로 올라가 알아보니 내용과 같으므로, 사실을 들어 법관에게 호소하여 두서너 번이나 재판을 했으나 끝내 판결을 보지 못했다. 김종한도 "안 모는 원래 도적의 부류가 아닐뿐더러, 의병을 일으켜 도적들을 무찌른 큰 공신이니, 마땅히 그 공훈을 표창해야 할 일이거늘 도리어 당치도 않은 말로서 모함할 수가 있겠습니까."라고 건의했다. 그러나 어윤중은 끝내 들어주지 않았는데, 그는 반란을 만나 난민들의 돌에 맞아 참혹하게 죽어서 그의 모략은 끝나고 말았다.

독사가 물러나자 맹수가 다시 나오는 격으로, 이번에는 민영준이 새로 일을 꾸며 해치려 들었다. 민영준은 세력가여서 사태는 위급해지고 어찌 할 방법이 없었다. 그래서 아버지는 천주교 성당에 피신해 있었는데, 프랑스 사람들이 몇 달 동안 보호해 주어 민영준의 일도 끝나게 되었다.

아버지는 성당에 머무는 동안에 설교도 듣고 성서도 많이 읽어 진리를 깨닫고 입교한 뒤에, 복음을 전파하기 위해 많은 성서를 가지고 고향으로 돌아왔다. 그때 나는 17, 8세의 젊은 나이로 기골이 장대하여, 무슨 일이든지 남에게 뒤지지 않았다.

당시 내가 즐겨 하는 네 가지 일이 있었다. 첫째는 친구와 의를 맺는 것이요, 둘째는 술 마시고 춤추고 노래하는 것이요, 셋째는 총으로 사냥하는 것이요, 넷째는 날랜 말을 타고 달리는 것이었다. 그래서 멀고 가까운 곳을 가리지 않고, 의협심 있고 사나이다운 사람이 어디에 산다는 말만 들으면 말을 달려 찾아갔고, 과연 그가 동지가 될 만하면, 밤새워 토론하고 유쾌하게 술을 마시며 춤도 추었다.

하루는 동지들과 노루 사냥을 하는데, 탄환이 총구멍에 걸려 빼낼 수도 없고 들이밀 수도 없어 쇠꼬챙이로 마구 쑤셨는데, '꽝' 하는 소리에 혼비백산하여 정신을 잃었다. 겨우 정신을 차려 살펴보니 탄환이 폭발하여 쇠꼬챙이는 탄환과 함께 내 오른손을 뚫고 공중으로 날아갔다. 나는 곧 병원으로 가서 치료받았다.

그로부터 지금까지 10년 동안 꿈속에서라도 그때 놀랐던 일이 생각나면 모골이 송연해진다. 그 뒤 남이 잘못 쏜 엽총 산탄이 내 등 뒤에 박히는 일이 있었으나, 곧 총알을 빼내어 중상을 입지는 않았다.

　세계의 영웅, 안중근

전도 연설

그 무렵 아버지는 열심히 복음을 전파하니, 천주교에 입교하는 사람들이 늘어갔다. 우리 가족도 모두 천주교를 믿게 되었고, 나도 역시 프랑스 선교사 빌렘(홍석구) 신부에게서 영세를 받고, 세례명을 도마(토마스)라 했다.

나는 교리를 배우고 토론하며 여러 달이 지나 믿음이 굳어지고, 천주 예수 그리스도를 착실히 믿으며 몇 해를 지냈다. 그때 교세를 확장하고자, 나는 빌렘 신부와 함께 여러 고을을 다니며 전도하고, 군중들에게 연설도 했다.

형제들이여, 내가 할 말이 있으니 꼭 내 말을 들으시오. 지금 나에게 색다른 음식이 있고 특별한 능력이 있는데, 그 음식은 한번 먹기만 하면 오래 살고 죽지 않으며, 또 이 능력을 한번 쓰기만 하면 능히 하늘로 날아 올라갈 수 있으므로, 그 방법을 가르쳐 드리려는 것이니 여러 동포들은 귀를 기울이고 들으시오.

무릇 천지 만물 가운데 오직 사람이 가장 귀하다고 하는 것은 영혼이 있기 때문이오. 혼에는 세 가지가 있는데, 첫째로 생혼은 초목의 혼으로 생장하는 혼이요, 둘째로 각혼은 금수의 혼으로 알아 깨닫는 혼이요, 셋째로 영혼은 사람의 혼으로 잘잘못을 분별하고 만물을 다스릴 수 있기 때문에 오직 사람만이 귀하다고 하는 것이요.

사람이 만일 영혼이 없다면 짐승만 못할 것이요. 짐승은 옷이 없어도 추위를 이기고, 직업이 없어도 먹을 수 있고, 또 날 수도 달릴 수도 있어, 재주와 용맹이 사람보다 낫기 때문이요. 그러나 하고많은 동물들이 사람의 지배를 받는 것은 그들의 혼이 신령하지 못하기 때문이오.

그러면 천주는 누구인가? 한 집안에는 집주인이 있고 한 나라에는 임금이 있듯이, 이 천지 위에는 천주가 계시어 시작도 끝도 없이 전지전능하여, 천지 만물과 일월성신을 만들어 주시고, 착하고 악한 것을 상주시고 벌주시는 오직 유일한 큰 주재자가 바로 그 분이오.

만일 한 집안의 아버지가 집을 짓고 재산을 마련하여 아들에게 주어 쓰게 했는데, 그 아들은 제가 잘난 척하고 어버이를 섬길 줄 몰라 불효막심하다면 그 죄가 무겁다 할 것이오. 또 한 나라의 임금이 정치를 잘하고 백성의 생업을 보

 세계의 영웅, 안중근

호하여 모든 백성이 태평을 누릴 수 있게 되었는데, 그 백성들이 왕의 명령에 복종할 줄 모르고 충성하고 애국하는 마음이 없다면 그 죄는 매우 무겁다 할 것이오.

그러므로 천지간에는 큰 아버지요 큰 임금이신 천주께서 하늘을 만들어 우리를 덮어 주시고, 땅을 만들어 우리를 떠받쳐 주시고, 해와 달과 별들을 만들어 우리를 비추어 주시고, 또 만물을 만들어 우리로 하여금 쓰게 하시니 실로 그 크신 은혜가 막중한데, 사람들이 망령되이 제가 잘난 척하고 그 은혜를 잊어버린다면 그 죄는 비길 데 없이 큰 것이오. 그래서 공자도 말하기를 "하늘에 죄를 지으면 빌 데도 없다"라고 했소.

천주님은 지극히 공정하여 착한 일에 갚아주지 않는 일이 없고, 악한 일에 벌하지 않는 일이 없으며, 죄의 심판은 죽는 날 내리는 것으로 착한 이는 영혼이 천당에 올라가 영원무궁한 즐거움을 받을 것이고, 악한 자는 영혼이 지옥으로 떨어져 영원히 고통을 받게 되는 것이오.

한 나라의 임금도 상주고 벌주는 권세를 가졌거늘, 하물며 천지를 다스리는 거룩한 큰 임금이신 천주님이야 어떠하겠소. 혹시 천주님은 왜 살아있는 현세에서 착하고 악한 것을 상주고 벌주지 않느냐고 하겠지만, 그것은 이 세상에서 주는 상벌은 한이 있지만 선악에는 한이 없기 때문이오. 어떤 사람이 여러 천만 명을 죽인 죄가 있을 때에 어찌 그

한 몸뚱이만 가지고 대신할 수 있겠소. 그리고 어떤 사람이 여러 천만 명을 살린 공로가 있을 때에 어찌 잠깐뿐인 세상 영화로 그 상을 다했다 할 수 있겠소.

더구나 사람의 마음이란 때에 따라 변하는 것이어서, 잠시는 착하다가도 다음에는 악한 일을 하기도 하고, 오늘은 악하다가도 내일은 착하게도 되는 것이므로, 만일 그때마다 상벌을 주기로 한다면 이 세상에서 인류가 보전하기 어려울 것이 분명하오. 또 이 세상 법은 다만 그 몸을 다스릴 뿐이고 그 마음을 다스리지 못하는 것이지만, 천주님의 상벌은 그렇지 아니하오.

천주님은 전지전능하기 때문에 사람의 목숨을 너그럽게 기다려 주었다가, 세상을 마치는 날 선악의 경중을 심판한 다음에, 죽지 않고 멸하지도 않는 영혼으로 하여금 영원무궁한 상벌을 받게 하는 것이오. 상은 천당의 영원한 복이고 벌은 지옥의 영원한 고통으로서, 천당에 오르고 지옥에 떨어지는 것을 한번 정하고 다시 변동이 없는 것이오.

사람의 목숨이란 길어야 백 년을 넘지 못하는 것이오. 또 어진 사람이나 어리석은 사람이나 귀하고 천한 것을 물을 것 없이, 누구나 알몸으로 뒷세상으로 돌아가는 것이므로, 이것이 이른바 빈손으로 왔다가 빈손으로 돌아간다는 것이오. 세상이란 이처럼 헛된 것인데 왜 허욕의 구렁텅이에서 허우적거리며, 악한 일을 하고도 깨닫지 못하고 나중에 뉘

    세계의 영웅, 안중근

우친들 어찌하리오.

만일 영혼도 몸이 죽을 때 같이 따라 없어지는 것이라면, 잠깐 사는 세상에서 잠깐 동안의 영화를 꾀함직도 하지만, 영혼이란 죽지 않고 없어지지도 않는 것이니 천주님의 지극히 높은 권한은 불을 보는 것처럼 명확한 것이오.

만일 사람들이 천당과 지옥을 보지 못했다 하여 그것이 있는 것을 믿지 않는다면, 그것은 마치 유복자가 아버지를 보지 못했다고 해서 아버지 있는 것을 안 믿는 것과 같고, 또 소경이 하늘을 보지 못했다고 해서 하늘에 해가 있는 것을 믿지 않는 것과 무엇이 다른 것이오. 또 화려한 집을 보고서 그 집을 지을 때 보지 않았다고 해서, 그 집을 지은 목수가 있었던 것을 안 믿는다면 어찌 웃음거리가 되지 않겠소. 그러므로 믿고 안 믿는 것은 보고 못 본 것에 달린 것이 아니고, 이치에 맞고 안 맞는 것에 달렸을 따름이오.

지금으로부터 2,000년 전에 지극히 어지신 천주님이 이 세상을 불쌍히 여겨 만인의 죄악을 속죄하여 구원하고자, 천주님의 둘째 자리인 성자를 동정녀 마리아의 뱃속에 잉태케 하여, 베들레헴에서 탄생시켜 이름을 예수 그리스도라 했소.

그가 세상에 머무른 33년 동안 사방을 돌아다니며, 사람들의 허물을 뉘우치게 하고 신령한 행적을 많이 행하였는데, 소경은 눈을 뜨고 벙어리는 말을 하고 귀머거리는 듣고,

문둥이는 낫고 죽은 사람이 되살아나 이 소문을 듣고 따르지 않는 사람이 없었소. 그중에서도 12인을 택하여 제자로 삼고, 특히 베드로를 뽑아 그를 지도자로 삼아 권한을 맡기고 교회를 세웠던 것이오.

지금 로마에 계신 교황은 베드로로부터 전해 내려오는 자리로서, 전 세계 천주교인들이 모두 그를 우러러 받드는 것이오. 그 당시 예루살렘에서 옛 교를 믿던 사람들이 예수의 착한 일을 미워하고 권능을 시기하여, 무고로 잡아다가 무수히 고문하고 온갖 고통을 가했는데, 십자가에 못 박힌 예수는 하늘을 향해 "만인의 죄악을 용서해 주소서."라고 기도한 뒤에 숨을 거두었소.

그때 천지가 진동하고 햇빛이 어두워지니 사람들이 모두 놀라 '하나님의 아들'이라 일컬었고, 제자들은 그 시신을 거두어 장사 지냈소. 예수는 사흘 뒤에 다시 살아나, 무덤에서 나와 제자들에게 나타나서 40일 동안 같이 지내며 죄를 사하는 권한을 전하고, 무리들을 떠나 하늘나라로 올라가셨소.

지금 세계 문명국의 교양 있는 사람들과 학사·박사들도 예수 그리스도를 믿지 않는 사람이 없소. 그러나 세상에는 위선의 탈을 쓴 종교도 많은데, 이것은 예수 그리스도께서 미리 제자들에게 예언하기를 "뒷날 반드시 위선하는 자가 있어 내 이름으로 민중을 감화시킨다고 할 것이니, 너희들

은 그런 잘못에 빠져들지 말라. 천국으로 들어가는 문은 단
지 교회의 문 하나밖에 없다."라고 말하셨소.

원컨대 우리 한국의 모든 동포 형제들은 크게 깨닫고 용
기를 내어, 지난날의 허물을 참회함으로써 천주님의 제자가
되어, 현세를 도덕시대로 만들어 다 같이 태평을 누리다가,
죽은 뒤에 천당에 올라가 영생을 함께 누리기를 바라오.

이같이 설명했으나 믿는 사람도 있었고, 믿지 않는 사람도 있
었다.

대학 설립 시도와 만인계 사건

그때 교세가 확장되어 교인이 수천 명에 이르고, 선교사 여덟 분이 황해도에 머무르고 있었다. 나는 빌렘 신부에게서 프랑스 말을 배웠다. 나는 빌렘 신부와 대학 설립 문제를 의논하고, 그와 함께 서울로 가서 뮈텔(민덕효) 주교를 만나, "한국 교인들의 교리 전도와 국가 앞날의 발전을 위하여, 서양 수도원에서 박식한 학자 몇 사람을 모셔 와, 대학을 설립하고 유능한 자제들을 교육하면, 몇십 년이 안 되어 큰 효과가 있을 것"이라는 내용의 대학 설립 의견을 제시했다.

이에 뮈텔 주교는 "한국인이 학문이 있게 되면 기독교 믿는 일에 좋지 않을 것이니, 다시는 그런 말을 꺼내지 마시오."라고 말했다. 나는 여러 번 얘기 했으나 끝내 들어주지 않아, "기독교의 진리는 믿을지언정 외국인은 믿을 것이 못 된다." 생각하고, 프랑스 말 배우던 것도 중지했다.

그때 한 친구가 "무엇 때문에 외국어를 배우지 않는가?"라고 물었다. 나는 "일본어를 배우는 자는 일본의 종이 되고, 영어를 배우

　세계의 영웅, 안중근

는 자는 영국의 종이 된다. 내가 프랑스어를 배우다가는 프랑스의 종이 될 것 같아 그만둔 것이다. 만일 우리 한국이 세계에 국력을 떨치게 되면, 세계 사람들이 우리 말을 배울 것이니, 조금도 걱정하지 말게."라고 대답했더니, 그는 물러갔다.

당시 금광의 감리로 있던 주가朱哥라는 자가 천주교를 비방하여 전도에 지장이 있어, 내가 대표로 선정되어 그가 있는 곳까지 가서, 이치를 들어 질문했다. 그런 중에 금광 일꾼 4, 5백 명이 몽둥이와 돌을 가지고, 옳고 그름을 묻지도 않고 달려들어 어찌할 바를 몰랐다. 나는 허리춤에 차고 있던 단도를 뽑아 들고, 주가의 손을 잡고, "네가 비록 많은 일꾼들을 거느리고 있다 해도, 네 목숨은 내 손에 달렸으니 알아서 하라." 하며 큰 소리로 꾸짖었다. 주가는 크게 놀라 좌우를 꾸짖어 물리쳐, 일꾼들이 내게 손대지 못하게 했다. 나는 그를 끌고 나와 10여 리까지 동행한 뒤에 돌려보내고, 나도 무사히 돌아왔다.

그 뒤에 나는, 천 명 이상의 계원을 모아 각각 돈을 걸게 하고, 계 알을 흔들어 뽑아서 등수에 따라 돈을 나누어 주는 계 회사인 만인 계의 사장에 피선되었다. 계알을 뽑는 행사인 출표식을 하는 날, 행사장 마당에 많은 사람들이 참석하여 인산인해를 이루었다.

그때 표 뽑는 기계가 고장이 나서, 한 장이 나와야 할 표가 5, 6장 이 한꺼번에 쏟아져 나왔다. 이것을 지켜본 많은 사람들이 잘잘못을 가리지 않고, 협잡한 짓이라 하며 고함을 질렀고 돌멩이와 몽둥이가 비 오듯 날아왔다. 경비하던 순경들은 사방으로 달아났고 임원들도 다치거나 도망쳤으며, 남아 있는 사람은 나 혼자뿐이었다.

그때 "사장을 쳐 죽여라!" 하는 소리를 지르고, 군중들은 돌을 던지며 달려들어 목숨이 위태로운 지경이었다. 순간 사장이란 자가 도망을 간다면 회사는 다시 일어날 수 없을 것이고, 더구나 뒷날 명예가 어찌 될 것인가 걱정되었다.

그래서 나는 "왜 이러는가. 잠깐 내 말을 들으시오. 무엇 때문에 나를 죽이려는가. 그대들이 시비도 가리지 않고 소란을 피우고 난동을 부리니, 세상에 어찌 이같이 야만적 행동이 있을 수 있단 말인가. 그대들이 나를 해치려 하지만 나는 아무 죄가 없다. 어찌 까닭 없이 목숨을 버릴 수 있을 것인가. 나는 결코 죄 없이 죽지는 않을 것이다. 만일 나와 목숨을 겨룰 자가 있으면 앞으로 나서라."라고 소리쳤다.

그러자 모두 겁을 먹고 다시는 더 소란을 피우는 자가 없었다. 그때 군중 속에서 한 사람이 뛰어나와 내 앞에 서서, "너는 사장이 되어 수만 명을 청해 놓고 이렇게 사람을 속이려는 것이냐?" 하며 나를 꾸짖었다. 문득 그 사람됨을 보니 기골이 장대하고 목소리도 우렁차, 과연 일대의 영웅이라 할 만했다.

나는 단 아래로 내려가서 그의 손을 잡고 인사하며, "형씨! 노여

    세계의 영웅, 안중근

워 말고 내 말을 들으시오. 지금 분위기가 이렇게 된 것은 내 본의가 아니오. 사건은 기계 고장으로 일어났던 것인데, 공연히 큰 소란을 일으켰던 것이오. 옛글에 죄 없는 사람을 죽이면 그 화가 천세에 미치고, 죄 없는 한 사람 살려주면 그 음덕이 만대에 미친다 했소. 성인이 성인을 알아보고, 영웅이라야 능히 영웅과 사귈 수 있는 것이오. 형과 내가 이로부터 백 년의 교분을 맺는 것이 어떠하오?"라고 말했다.

그는 "좋소." 하고 군중을 향하여 큰 소리로, "사장은 죄가 없소. 만일 사장을 해치는 자가 있으면, 나의 이 주먹이 용서치 않을 것이오." 하고는 두 손으로 물결을 밀치듯 군중을 헤치고 나가니, 소란을 피우던 군중들도 흩어지기 시작했다.

나는 비로소 마음을 놓고 다시 단 위로 올라가, 큰 소리로 남아 있던 군중을 안정시킨 뒤 "오늘 일들은 공교롭게도 기계 고장으로 생긴 일이니, 여러분께서 용서해 주는 것이 어떠하오?"라고 타일러 설명했다. 그러니 군중들도 모두 좋다고 하여 출표식을 잘 끝마칠 수 있었다.

그 뒤 출표식 날의 은인을 만나 은혜에 감사한 다음, 형제의 의를 맺고 술좌석을 마련했더니, 그는 독한 술을 여러 잔 마시고도 조금도 취한 빛이 없었다. 며칠 동안 같이 즐기다가 서로 헤어진 뒤로, 몇 해 동안 그가 어떻게 되었는지 알지 못한다.

의협 활동

그 무렵 두 가지 일이 있었다. 한 가지는 어느 옹진군민이 돈 5천 냥을 서울에 사는 전 참판 김중환에게 뺏긴 일이고, 또 한 가지는 친구 이경주의 일이었다. 이경주는 평안도 영유군 사람으로 직업은 의사로서, 황해도 해주에 살면서 천민으로 부자가 된 유수길의 딸과 결혼하여 딸 하나를 낳았는데, 유수길은 이경주에게 집과 전답 등 많은 재산과 노비를 주었다.

그때 해주 지방대 장교 한원교라는 자가 이경주가 상경한 틈을 타서, 그 아내를 꾀어 간통하고 그 아버지를 위협하여 집과 세간살이를 뺏은 뒤에 함께 살고 있었다. 이경주는 그 소식을 듣고 본가로 돌아왔더니, 한원교가 군인을 시켜 이경주를 구타하고 내쫓았다. 이경주는 상경하여 육군법원에 호소하여 재판을 7, 8차 진행했으나, 한원교는 장교직만 면직되었을 뿐, 그 여인과 함께 가산을 정리하여 서울로 가서 살고 있었다.

그때 옹진군민과 이경주 둘 다 교회에 다니고 있어, 내가 대표로

   세계의 영웅, 안중근

뽑혀 두 사람과 함께 상경하여 두 가지 일에 관여하게 되었다.

나는 먼저 김중환을 찾아가 보니 손님들이 한방 가득 앉아 있었다. 나도 주인과 인사를 한 뒤 자리를 잡고 앉았다. 김중환이 먼저 나에게 "무슨 일로 찾아왔느냐?"라고 물었다. 내가 대답하기를 "나는 본래 시골에 사는 어리석은 백성이라, 세상 규칙이나 법률을 잘 모르므로 문의하러 왔습니다."라고 말했다. 김중환이 "무슨 일을 물으러 왔는가?"라고 하므로, 나는 "만일 서울에 사는 한 고관이 시골 백성의 재산 몇천 냥을 억지로 뺏고 돌려주지 않는다면, 그것은 무슨 법률로 다스릴 수가 있습니까?"라고 물었다.

김중환은 잠자코 한참 있다가 "그것이 내게 관계된 일인가 아닌가?"라고 물으므로, 나는 "그렇습니다. 귀하께서는 무슨 연고로 옹진군민의 재산 5천 냥을 억지로 뺏고 갚아주지 않는 것입니까?"라고 말했다. 김중환은 "나는 지금 돈이 없어 갚지 못하겠고, 뒷날 갚도록 할 생각일세."라고 말했다. 나는 "그럴 수 없습니다. 이 같은 고대광실에 많은 물건들을 풍부히 갖추어 놓고 살면서, 5천 냥이 없다고 한다면, 어느 누가 믿을 것입니까."라고 말했다.

이처럼 서로 문답할 즈음에, 옆에서 듣고 있던 한 관리가, "김 참판께서는 연세가 높은 고관이요, 그대는 나이 젊은 시골 백성인데, 어디서 감히 이처럼 불공한 말을 할 수 있는가."라고 나를 크게 꾸짖었다. 나는 웃으며 "귀하는 누구시오?"라고 물었더니, 그는, "내 이름은 정명섭(한성부 재판소 검사관)일세."라고 대답했다.

나는, "귀하는 옛글을 읽지 못했소? 예로부터 어진 임금과 훌륭한 재상은 백성을 하늘처럼 알았고, 어두운 임금과 탐학한 관리들은 백성을 밥처럼 알았소. 그러기 때문에 백성이 부하면 나라가 부하고, 백성이 약하면 나라가 약해지는 것이오. 이처럼 어려운 시대에 두 분께서는 국가를 보필하는 신하로서 임금의 거룩한 뜻을 받들지 않고, 이같이 백성을 학대하니, 어찌 국가의 앞길이 통탄스럽지 않겠소. 하물며 지금 이 방은 재판소가 아니오. 귀하가 만일 5천 냥을 돌려줄 의무가 있다면, 나와 같이 이야기해 봅시다."라고 다시 말했다.

정명섭이 아무 대꾸도 하지 못하자, 김중환은 "두 분이 서로 힐난할 것이 없네. 내가 며칠 뒤에 5천 냥을 갚아 주겠으니, 그대들은 너그러이 용서하게."라고 말하며, 여러 차례 사정하므로, 나는 별수 없이 날짜를 정하고 물러 나왔다.

그때 이경주는 친구 몇 사람과 함께 한원교가 있는 집으로 가보았으나, 한원교는 미리 눈치채고 피해버렸기 때문에 잡아내지 못하고 그냥 돌아왔다. 그런데 한원교는 도리어 한성부에 "이경주가 본인의 집 안뜰에까지 들어와 늙은 어머님을 구타했다." 하며 고소했다. 이에 한성부에서는 이경주를 잡아서, 검사가 있는 자리에서 증인이 있느냐고 묻자, 이경주는 내 이름을 대어 나도 역시 잡혀가

세계의 영웅, 안중근

서 문초를 받게 되었다. 그런데 검사소에 이르러 보니 검사관은 바로 정명섭이었다.

정명섭은 나를 보자 성난 기색이 얼굴에 나타났으므로, 나는 속으로 "오늘은 반드시 정명섭에게서 전일 김중환 집에서 다툰 보복을 받겠구나, 그러나 죄 없는 나를 누가 능히 해칠 것인가."라고 생각했다. 그때 검사가 나에게 "네가 이경주와 한원교의 일을 잘 아느냐?" 묻기에, 나는 "그렇다."라고 대답했다. 그가 다시 "무엇 때문에 한원교의 어머니를 때렸느냐?"라고 묻자, 나는 "어찌 남의 늙은 어머니를 때릴 리가 있겠는가?"라고 반문했다.

검사가 또 "그러면 무엇 때문에 남의 집 안뜰에까지 들어갔는가?"라고 묻기에, 나는 "남의 집 안뜰에 들어간 일은 없다. 다만 친국 이경주의 집 안뜰에 출입한 일은 있다."라고 말했다. 그러자 그는 "왜 이경주의 집 안뜰이라 하는가?"라고 하므로, 나는 "그 집은 이경주의 돈으로 산 집이요. 방 안 살림살이도 모두 이경주가 가지고 쓰던 것이요. 그 아내도 바로 이경주가 사랑하던 아내이니, 그것이 이경주의 집이 아니고 누구의 집이겠는가?"라고 대답했더니, 검사는 묵묵히 말이 없었다.

이윽고 검사는 하인을 시켜 이경주를 감옥에 가둔 뒤에, 나에게 하는 말이 "너도 잡아 가두겠다."라고 하므로, 나는 노하여 "어째서 나를 가둔다는 말인가. 오늘 내가 여기에 온 것은 증인으로 온 것이고, 피고로 잡혀 온 것이 아니다. 더구나 천만 조항의 법률이 있다고 해도, 죄 없는 사람 가두는 감옥은 없을 것이다. 오늘과 같은 문명시대에 그대는 어찌 사사로이 야만의 법을 쓸 수 있겠는가?"라고 말하고, 문밖으로 나와 여관으로 돌아왔다. 검사도 아무런 말을 하지 않았다.

자유 민권과 사회정의

그때 고향집에서 편지가 왔다. 아버지 병환이 위중하다고 한다. 급히 돌아가고 싶어 곧장 행장을 차려 떠났다. 시절이 한겨울 추운 때라 천지에 흰 눈이 가득하고, 하늘에는 찬바람이 불어왔다.

독립문 밖을 지나면서 돌이켜 생각하니, 간담이 찢어지는 것 같았다. 친구가 죄도 없이 차가운 겨울날 감옥 속에서 어찌 그 고생을 당하는가 싶어서였다.

더구나 "어느 날에나 저같이 악한 정부를 한주먹으로 두들겨 개혁한 뒤, 나라를 어지럽히는 사악한 무리들을 쓸어버리고 당당한 문명 독립국을 이루어 자유와 민권을 얻을 수 있겠는가!"라는 생각이 들자, 눈물이 솟아올라 참아 발걸음을 옮길 수가 없었다. 고향으로 돌아와 집에 이르러 보니, 아버지 병환은 차츰 차도가 있었고 몇 달 뒤에는 완전히 회복되었다.

그 뒤에 이경주는 사법관이 법을 억지로 적용하여, 3년 징역에 처해졌다가 1년 뒤에 사면으로 풀려났다. 그런데 한원교는 두 친구에게 돈을 주어 이경주를 꾀어내어 칼로 찔러 죽이고 달아났다. 친구 두 사람은 관청에 붙잡혀 법에 의해 처벌을 받았으나 한원교는 끝내 잡히지 않았다. 재물과 계집 때문에 사람의 목숨을 죽이는 것은 사람이 경계해야 할 일이다.

당시 각 지방의 관리들은 가혹하게 백성들을 착취하여, 관리와 백성은 서로 원수처럼 보고 도둑처럼 대했다. 다만 천주교인들은 관청의 포악한 명령에 항거하고 토색질을 당하지 않았기 때문에, 관리들은 교인들을 외적처럼 미워했다. 이 무렵 난동을 부리는 패들이 교인을 가장하고 협잡하는 일이 발생하여, 관리들은 이 기회에 교인들을 핍박하려고 했다.

황해도에서는 교인들의 행패로 행정과 사법 업무를 할 수 없다고 하여, 정부로부터 안핵사 이용익이 파견되었다. 해주부에서는 각 고을로 군인과 순경들을 보내어, 천주교회 지도자들을 옳고 그름을 묻지 말고 모두 잡아들이라 하여 교회가 크게 어지러웠다.

순경과 군인들이 나의 아버지를 잡으려고 2, 3차례 왔지만, 끝내 항거하여 잡아가지 못했다. 나는 몸을 피하여 관리들의 악행을 분히 여기며 밤낮으로 술을 마셔, 그 울분이 병이 되어 치료를 받았으나 효험이 없었다. 그때 교회 일은 프랑스 선교사들의 도움으로 차츰 조용해졌다.

그다음 해에 친구 이창순으로부터 아버지가 병원에서 치료를 받

 세계의 영웅, 안중근

은 뒤에, 청국인 의사에게 구타를 당했다는 말을 들었다. 나는 청국인 의사를 찾아가서 그 사실을 물었다. 말을 몇 마디 하기도 전에, 그는 벌떡 일어나 칼을 빼어 들고 내 머리를 치려고 했다. 나는 급히 일어나 그의 손을 막고, 허리춤의 권총을 꺼내 그의 가슴에 대고 쏘려는 것처럼 하자, 그는 겁을 집어먹고 어쩔 줄 몰라 했다. 그때 나와 동행한 이창순이 위급한 형세를 보고, 자기 권총을 뽑아 공중으로 두어 발을 쏘자, 청국인 의사는 내가 총을 쏜 줄 알고 크게 놀랐다.

이창순은 청국인의 칼을 뺏어서 돌에 쳐 반을 분질러 그의 발 아래로 내동댕이치자 그는 땅에 꺼꾸러졌다. 나는 법관에 가서 전후 사정을 호소했으나 외국인의 일이라 재판할 수 없다고 하므로, 다시 청국인 의사에게 갔으나 고을 사람들이 모여들어 만류하므로, 그를 내버려두고 집으로 돌아왔다.

그 후 나는 서울에 가서 전후 사실을 들어 외무부에 청원했고, 다행히 진남포 재판소에 회부하여 재판을 받게 되었다. 결국 청국인 의사의 만행이 나타나자, 그가 죄가 있는 것으로 끝을 보게 되었다. 뒤에 나는 어떤 청국 사람의 중개로 그 청국 의사와 만나 서로 사과하고 좋은 관계를 유지하게 되었다.

그 무렵 나는 빌렘 신부와 크게 다툰 일이 있었다. 빌렘 신부는 언제나 교인들을 압제하는 폐단이 있었기 때문에, 나는 여러 교인들과 상의하여, "거룩한 교회 안에서 어찌 이 같은 일이 있을 수 있는가. 우리들이 서울에 가서 뮈텔 주교에게 청원하고, 만일 뮈텔 주교가 안 들어주면, 로마 교황에게 가서 아뢰어서라도 이러한 폐습을 막도록 하는 것이 어떻소?"라고 하자, 모두들 그대로 따르기로 했다.

그때 빌렘 신부가 이 말을 듣고 크게 분개하여, 나를 치고 때렸기 때문에, 나는 분하기는 했으나 그 치욕을 참았다. 그 뒤에 빌렘 신부가 나를 타이르며 "잠시 화를 낸 것은 감정으로 한 일이라 회개할 것이니, 서로 용서하는 것이 어떤가?"라고 하므로, 나도 역시 감사하다고 말하고 그전의 우정을 다시 찾아 서로 좋게 지내게 되었다.

국민의무와 독립운동

세월이 흘러 1905년 을사년이 되었다. 인천 앞바다에서 일본과 러시아 두 나라의 대포 소리를 크게 울려, 동양에 일대 사건이 터졌다는 소식이 들려왔다.

빌렘 신부는 한탄하면서, "한국이 장차 위태롭게 되었다."라고 말했다. 나는 "왜 그러합니까?"라고 물으니, 빌렘 신부는 "러시아가 이기면 러시아가 한국을 지배하게 될 것이고, 일본이 이기면 일본이 한국을 관할하려 할 것이니, 어찌 위태롭지 않겠는가."라고 말했다. 그때 나는 날마다 신문과 잡지와 각국 역사를 읽고 있어서, 과거와 현재와 미래의 일들을 추측할 수 있었다.

러일전쟁이 강화조약을 맺고 끝난 뒤, 이토 히로부미가 한국으로 건너와서, 정부를 위협하여 을사 5조약을 강제로 맺어, 3천 리 강산과 2천만 동포가 바늘방석에 앉은 것 같이 되었다.

그때 아버지는 크게 울분하여 병이 더욱 중하게 되었다. 나는 아버지와 상의하면서, "일본이 러시아와 전쟁을 시작할 때, 일본의 선전 포고문에 동양의 평화와 한국의 독립을 굳건히 한다고 약속했는데, 일본이 음흉한 책략을 자행하는 것은 일본의 대정치가인 이토의 정략입니다. 먼저 조약을 체결하고 다음으로 강토를 삼키는 것이 그들의 수단입니다. 이제 의거를 일으켜 이들의 정책에 반대해도 소용이 없습니다. 현재 청국 산동과 상해에 한국인이 많이 살고 있다고 하니, 우리도 그곳으로 이사하여 방책을 세워야 할 것입니다. 먼저 제가 청국에 가서 상황을 살피고 오겠습니다."라고 말씀드렸다.

그리고 나는 곧 길을 떠나 산동 등지를 두루 다녀본 뒤에, 상해에 이르러 민영익閔泳翊을 찾았다. 그런데 문지기 하인이 문을 닫고, "대감은 한국인은 만나지 아니하오."라고 말했다. 그 후 두세 번 찾아갔으나 역시 면회를 거절했다. 나는 "한국인으로서 한국 사람을 만나지 않으면, 어느 나라 사람을 만날 것인가. 오늘날 나라가 위급해진 것은 그 죄가 그대 같은 고관대작들에게 있는 것이오."라고 꾸짖고, 다시 더 찾지 않았다.

그 뒤에 서상근徐相根이란 사람을 찾아가 만났다. 나는 그에게 "지금 한국의 형세가 극히 위태하니 어찌하면 좋겠소?"라고 물었다. 그는 "그대는 한국의 일을 나에게 말하지 마시오. 나는 일개 장사치로서 수십만 원을 정부 고관에게 빼앗기고 여기로 피해 왔는데, 더구나 국가 정치가 백성들에게 무슨 상관이 있겠소."라고 말했다.

　　　　　세계의 영웅, 안중근

나는 "그렇지 않소. 만일 백성이 없으면 나라가 어디 있을 것이오. 더구나 국가란 몇 명의 고관의 국가가 아니고, 당당한 2천만 민족의 국가인데, 만일 국민이 국민된 의무를 행하지 않으면, 어찌 자유와 민권을 얻을 수 있을 것이오."라고 말했다. 이에 서상근은 "그대의 말이 그렇기는 하나, 나는 다만 장사치로서 입에 풀칠만하면 그만이니, 다시 정치 이야기는 하지 마오."라고 말했다. 나는 여러 번 얘기해 보았으나 전혀 반응이 없었다.

어느 날 상해 천주교당에 가서 기도를 드리고 문밖으로 나온 뒤, 우연히 프랑스 선교사 르각(곽원량) 신부를 만났다. 나는 그에게 "가족들을 외국에 옮겨두고, 외국에 있는 동포들과 연락하여 기회가 되면 의거를 일으키고자 합니다."라고 말했다.

르각 신부는 "2천만 민족이 나라를 비워두는 것은, 원수가 원하는 것을 이루어주는 것이다. 우리 프랑스가 독일과 싸울 때 두 지방을 비워주었는데, 지난 40년 동안 노력했으나 그 땅을 회복하지 못했다."라고 말했다. 그리고 르각 신부는 나에게 "속히 본국으로 돌아가서 교육의 발달, 단체의 확장, 민심의 단합, 실력의 양성을 위해 힘쓰라."라고 당부했다. 나는 "신부님의 말씀이 옳습니다. 그대로 따르겠습니다."라고 말하고, 기선을 타고 귀국했다.

1905년 12월 상해로부터 진남포로 돌아와 집안 소식을 들으니, 그동안에 가족들이 청계동을 떠나 진남포로 이사했는데, 아버지의

병세가 악화되어 세상을 떠나셨기 때문에, 가족들이 아버지의 영구를 청계동에 모셨다고 한다. 나는 이 말을 듣고 통곡하며 몇 번이나 까무러졌다. 다음날 청계동에 이르러 빈소를 차리고 몇 날 뒤 상례를 마친 뒤, 가족들과 그해 겨울을 지냈다. 그때 나는 술을 끊기로 맹세하고, 조국이 독립하는 날까지로 기한을 정했다.

 세계의 영웅, 안중근

의군 모집 연설

　다음 해인 1906년 봄 3월에, 가족들과 청계동을 떠나 진남포에 이사를 하고, 양옥 한 채를 지어 살림을 안정시켰다. 그리고 집 재산을 기울여 삼흥학교와 돈의학교를 설립하고, 교무를 맡아 재주가 뛰어난 청년들을 가르쳤다.

　그다음 해인 1907년 봄에 김 진사라는 분이 찾아와, "나는 그대의 부친과 친교가 두터운 사람이라 특별히 찾아온 것이네."라고 말했다. 나는 "선생께서 멀리서 찾아오셨으니, 무슨 좋은 말씀을 해주시겠습니까?"라고 물었다. 그랬더니 그분은 "그대 같은 기개를 가지고, 지금같이 나라가 위태로운 때에, 어찌 앉아서 죽기만을 기다리려 하는가."라고 말하므로, 나는 "무슨 계책이 있습니까."라고 물었다.

　이에 김 진사는 "지금 백두산 뒤 서북 간도와 러시아 영토인 블라디보스토크 등지에, 한국인 백여만 명이 살고 있는데, 물산이 풍부하여 한번 활동할 만한 곳이 될 수 있네. 그러니 그대 같은 재주로 그곳에 가면, 뒷날 반드시 큰일을 이룰 것일세."라고 말하므로, 나는 "꼭 가르쳐주신 대로 하겠습니다."라고 약속하고 작별했다.

그 무렵 나는 자금을 마련해 볼 생각으로, 평양으로 가서 석탄광을 캐었는데, 일본인의 방해로 수천 원이나 손해를 보았다. 그때 한국 국민들이 국채 보상기성회를 발기하고, 군중들이 모여 회의를 하게 되었다. 그때 일본 형사 한 명이 와서 조사하며, "회원은 몇 명이며 돈은 얼마나 거두었는가?"라고 묻기에, 나는 "회원은 2천만 명이고, 돈은 1천3백만 원을 거두어 보상하려 한다." 하고 대답했다.

이에 일본 형사는 비웃으며, "미개한 한국인들이 무슨 일을 할 수 있겠는가?"라고 말하므로, 나는 "빚을 진 사람은 빚을 갚으면 되고, 빚을 준 사람에게 빚을 받으면 그만인데, 무슨 감정이 있어서 그같이 모욕을 하는가?"라고 말했다. 그러자 일본 형사는 화를 내고 나를 치며 달려들므로, 나는 "이같이 이유 없이 모욕을 당하면, 한국 2천만 민족이 장차 큰 압제를 면하기 어려울 것이다. 어찌 나라의 수치를 앉아서 받을 수 있겠는가."라고 말했다. 그리고 서로 치고 받기를 하자, 주변 사람들이 힘써 말려서 그만 끝내고 헤어졌다.

1907년 통감 이토 히로부미가 정미7조약을 강제로 체결하고, 광무황제를 강제로 폐위시키고, 한국 군대를 해산시키자, 2천만 국민이 격분하여 곳곳에서 의병들이 벌떼처럼 일어나, 삼천리강산에 대포 소리가 크게 울렸다. 그때 나는 급히 행장을 차려 가족들과 이별하고, 북간도에 도착하니, 거기에도 일본군이 막 도착해 주둔하

 세계의 영웅, 안중근

고 있어, 발붙일 곳이 없었다. 그래서 서너 달 동안 각 지방을 돌아보고 러시아 영토로 들어갔다.

먼저 노령 연추를 지나 블라디보스토크에 도착했다. 그 항구도시에는 한국인이 4, 5천 명이나 살고 있었고, 학교도 두어 군데 있었으며, 청년회도 있었다. 나는 청년회에 가입하여 임시 사찰에 뽑혔다. 그런데 어떤 사람이 허락도 없이 사담을 하기에, 내가 규칙에 따라 금지시켰더니, 그 사람은 화를 내며 내 귀뺨을 몇 차례 때렸다. 여러 사람이 만류하여 화해하도록 하자, 나는 웃으며 "단체란 여러 사람이 힘을 모으는 것이 목적인데, 이같이 서로 다투면 어찌 남의 웃음거리가 되지 않겠는가. 옳고 그름은 따지지 말고 서로 화해하는 것이 어떤가?"라고 말했다. 이에 모두가 좋은 일이라 하고 헤어졌다. 그 뒤 나는 귓병을 얻어 몹시 앓다가, 달포가 지나서 차도가 있었다.

그때 그곳에 이범윤이라는 분이 있었다. 그분은 러일전쟁 전에 북간도 관리사에 임명되어 청국 군사들과 수없이 교전을 했고, 러일전쟁 때는 러시아 군사와 힘을 합하여 서로 돕다가, 러시아가 패전하여 후퇴할 때, 러시아에 와서 살고 있다.

나는 그분을 찾아가서, "귀하가 다시 의병을 일으켜 일본을 친다면, 그것은 하늘의 뜻에 순응하는 것입니다. 그 까닭은 현재 이토 히로부미는 교만하고 극악해져서 임금을 속이고 백성을 함부로 죽이며, 이웃 나라와 선의를 끊고 세계의 신의를 저버렸으니, 그것은 하늘을 반역한 것입니다. 어찌 오래 갈 수 있겠습니까? 귀하께서는 임금의 큰 은혜를 받고도, 이같이 나라가 위급한 때 팔짱 끼고 구경만 해서야 되겠습니까. 원컨대 귀하께서는 속히 큰일을 일으켜 기회를 놓치지 마십시오.”라고 말했다.

이범윤은 “말인즉 옳지만 자금이나 무기를 마련할 길이 없으니, 어찌할 것인가?”라고 말했다. 나는 “귀하께서 의거를 일으킬 결심만 하신다면, 제가 비록 재주는 없지만 만 분의 일이라도 힘이 되겠습니다.”라고 말했다. 그러나 그는 머뭇거리며 결단을 하지 못했다.

그곳에 훌륭한 인물 두 사람이 있었는데, 엄인섭과 김기룡이었다. 두 사람은 생각과 의협심이 뛰어나서 나는 그들과 형제의 의를 맺으니, 엄인섭은 큰형이 되고, 내가 그다음이고, 김기룡이 셋째가 되었다. 그로부터 세 사람은 의거할 모의를 하고, 한국인 마을을 돌아다니며 다음과 같은 연설을 했다.

비유하면, 어느 사람이 부모형제들과 작별하고, 다른 곳에서 산 지가 10여 년이 되었습니다. 그동안 성공해서 가산이 넉넉해지고 친구들과 친하여 편안히 잘살게 되면, 고향집 부모형제들을 잊어버리는 경우가 많습니다. 그러다가어느 날 고향집의 형제 한 사람이 찾아와 “집에 큰 환란이

     세계의 영웅, 안중근

생겼소. 집에 강도가 들어와 부모를 내어 쫓고 형제들을 죽
이고 재산을 약탈하니, 어찌하면 좋겠소?"라고 말할 때, 그
사람이 "내가 여기서 편안히 잘 사는데, 고향집 부모형제가
나에게 무슨 상관이냐?"라고 한다면, 그것을 사람이라 하겠
습니까? 곁에서 보는 사람들이 "저 사람은 부모형제도 모르
는 사람이니, 어찌 친구라 할 수 있겠는가?"라 하여, 친구의
의도 끊어지고 말 것입니다.

동포들이여! 내 말을 들어 보시오. 여러분은 현재 우리나
라의 참상을 아는가 모르는가. 일본이 러시아와 전쟁을 할
때, 선전 포고문 중에 "동양평화를 유지하고 한국 독립을
보장한다."라고 했습니다. 그러나 오늘날 이같이 중요한 약
속은 지켜지지 않고, 한국을 침략하여 5조약과 7조약을 강
제로 체결한 다음, 국권을 손아귀에 쥐고서 황제를 폐위하
고, 군대를 해산하고, 철도·광산·산림·하천 등을 뺏어가며,
관청과 민간의 큰 집들을 군사물자 관리를 핑계로 빼앗고,
기름진 전답과 조상의 산소까지 군용지의 푯말을 꽂고, 무
덤까지 파헤쳐 그 화가 조상의 백골까지 미치고 있습니다.
그러니 국민된 사람으로서 또 자손 된 사람으로서, 어느 누
가 분함을 참고 모욕을 견딜 수 있겠습니까. 그래서 2천만
민족이 일제히 분발하여, 삼천리강산 곳곳에서 의병들이
일어났습니다.

아! 슬프도다. 저 강도들이 오히려 우리를 폭도라 부르며, 군사를 풀어 토벌하고 참혹하게 살육하여, 2년 동안에 피해를 입은 한국인이 수십만 명에 이르렀습니다. 강토를 뺏고 사람들을 죽이는 자가 폭도입니까, 제 나라를 지키고 외적을 막는 사람이 폭도입니까. 이야말로 도둑놈이 도리어 매를 드는 격입니다. 한국에 대한 정략이 이처럼 포악해진 것은, 일본의 대정치가인 늙은 도둑 이토 히로부미 때문입니다.

그는 한민족 2천만이 일본의 보호를 받고자 원한다고 하고, 나라가 평화롭고 발전하는 것처럼 선전하며, 위로는 천황을 속이고 밖으로는 열강들의 눈과 귀를 가려, 제 마음대로 농간을 부리며 못하는 일이 없으니, 어찌 통분한 일이 아니겠습니까. 우리 민족이 이 도둑놈을 죽이지 않으면, 한국은 꼭 없어지고 말 것이며, 동양 전체도 필히 망하고 말 것입니다.

여러분! 여러분! 깊이 생각하십시오. 여러분은 조국을 잊었습니까? 아닙니까? 선조의 백골을 잊었습니까? 아닙니까? 친척과 일가들을 잊었습니까? 아닙니까? 만일 잊지 않았다면 이같이 위급해서 죽느냐 사느냐 하는 때를 당하여, 크게 분발하고 깨달아야 합니다.

뿌리 없는 나무가 어디서 날 것이며, 나라 없는 백성이 어디서 살 것입니까? 만일 여러분이 외국에 산다고 하여 조국을 잊고 돌보지 않는 것을 러시아 사람들이 알면, "한국 사람들은 조국도 모르고 동족도 모르니, 어찌 외국을 도울 리

세계의 영웅, 안중근

가 있으며 다른 종족을 사랑할 리가 있겠는가. 이처럼 무익한 인종은 쓸데가 없다."라고 여론이 들끓어, 머지않아 반드시 러시아 국경 밖으로 쫓겨날 것이 뻔한 일입니다. 조국의 강토를 이미 외적에게 빼앗기고, 외국인마저 우리를 배척하고 받아주지 않는다면, 늙은이를 업고 어린애들을 데리고, 장차 어디 가서 살 것입니까.

여러분! 폴란드 사람들이 당한 참상이나, 흑룡강에서 청국 사람들이 당한 참상을 듣지 못했습니까? 만일 나라 잃은 국민이 강대국의 국민과 동등한 대우를 받을 수 있다면, 나라 잃은 것을 걱정할 것이 무엇이며, 또 강대국이라고 좋을 것이 무엇입니까. 어느 나라를 막론하고 나라가 망한 민족은 참혹하게 죽고, 학대받는 것을 피할 수 없는 것입니다. 그러므로 오늘날 우리 한국인들은 이런 위급한 때를 당하여, 무슨 일을 해야 할까요. 이리저리 생각해 보아도, 결국 한번 의거를 일으켜 적을 치는 일밖에는 다른 방법이 없습니다.

왜냐하면, 지금 13도 강산에서 의병이 일어나지 않는 곳이 없는데, 만일 의병이 패하는 날에는 저들 간사한 도둑놈들은 폭도란 이름을 붙여, 사람들을 죽일 것이고 집집에 불을 지를 것이니, 그런 뒤에 한국 민족은 무슨 면목으로 세상에 나설 수 있겠습니까.

그러므로 오늘날 국내외를 막론하고, 한국인들은 남녀노소 할 것 없이, 총을 메고 칼을 차고 일제히 의거를 일으켜,

이기고 지는 것과 잘 싸우고 못 싸우는 것을 돌아볼 것 없이, 통쾌한 싸움 한바탕으로 후세에 부끄러움을 남기지 말아야 할 것입니다. 이와 같이 힘써 싸우면, 세계열강의 여론도 있을 것이고 독립할 수 있는 희망도 있을 것입니다.

더구나 일본은 5년 사이에 반드시 러시아나, 청국이나, 미국 등 삼국과 전쟁을 하게 될 것이 예상되므로, 그것이 한국에 큰 기회가 될 것입니다. 이때 한국인이 아무런 준비가 없다면, 비록 일본이 패하여도 한국은 다시 다른 나라의 수중에 들어갈 것입니다. 그러므로 이때 의병을 일으켜 계속 싸워서 큰 기회를 잃지 말아야 할 것이며, 힘을 길러 스스로 국권을 회복해야만 건전한 독립이라 할 수 있을 것입니다.

"능히 할 수 없다는 것은 만사가 망하는 근본이요, 능히 할 수 있다는 것은 만사가 흥하는 근본이다."라는 말 그대로입니다. 그러므로 "스스로 돕는 자를 하늘이 돕는다."라고 하는 것이니, 여러분들에게 묻겠습니다. 앉아서 죽기를 기다리는 것이 옳습니까, 분발하고 힘을 내는 것이 옳습니까, 우리 모두 결심하고 각성하여 용감하게 싸웁시다.

이처럼 외치며 여러 지방을 다녔는데, 많은 사람들이 참여하여, 자원하여 의병에 지원도 하고, 무기도 내고 군자금을 내어 돕기도 하여, 그것으로 의거의 기초를 삼기에 충분했다.

 세계의 영웅, 안중근

항일 독립전쟁

그때 김두성과 이범윤 등이 의병을 일으켰는데, 그들은 전일에 이미 총독과 대장으로 피선된 사람들이다. 나는 참모 중장에 피선되어 의군을 비밀리에 두만강 근처로 이동시켰다. 그때 내가 다음과 같이 말했다.

"지금 우리들은 2, 3백 명밖에 안 된다. 적은 강하고 우리는 약하므로 적을 가볍게 여겨서는 안 된다. 더구나 병법에 이르기를 '아무리 다급해도, 반드시 철저한 대책을 세운 후에 큰일을 꾀할 수 있다.'라고 했다. 한 번 의거로서 성공할 수 없는 것은 뻔한 일이다. 그러므로 한 번에 이루지 못하면 두 번, 세 번, 열 번에 이르고, 백 번 꺾여도 굴함이 없이, 금년에 못 이루면 내년에 도모하고, 10년, 100년까지 가도 좋다. 만일 우리 대에 목적을 이루지 못하면, 아들 대, 손자 대에 가서라도 반드시 대한국의 독립을 회복해야 한다. 우리가 철저히 준비하면 언젠가 목적을 달성할 수 있을 것이다."

이어서 의군을 거느리고 부대를 나누어 두만강을 건너니, 때는

1908년 6월이었다. 낮에는 숨고 밤에는 걸어 함경북도에 이르러, 일본군과 몇 차례 충돌했다. 상호 간에 죽고 상하고, 사로잡은 자도 있었다.

그때 나는, 사로잡은 일본 군인과 장사치들을 불러다가, "그대들은 모두 일본국 신민들이다. 그런데 왜 천황의 뜻을 받들지 않고, 또 러일전쟁을 시작할 때 선전 포고문에 동양평화를 유지하고 한국 독립을 굳건히 한다고 해놓고, 오늘날 이렇게 침략하는 것을 평화와 독립이라 할 수 있겠느냐. 이것이 역적 강도가 아니고 무엇이냐."라고 말했다.

이에 그들은 눈물을 흘리며, "그것은 우리들의 본심이 아니고, 부득이 한데서 나온 것입니다. 우리들이 만리타향에서 죽게 되었으니, 어찌 통분하지 않겠습니까. 오늘날 이렇게 된 것은 모두 이토 히로부미 때문입니다. 이토는 천황의 뜻을 받들지 않고, 제 마음대로 권세를 주물러서, 일본과 한국 사이에 귀중한 생명을 무수히 죽이고, 저는 편안히 복을 누리고 있으므로, 우리들이 분개한 마음은 있지만, 어찌할 수 없어 이 지경에 이르렀습니다. 그러므로 우리들이 죽기는 하지만 통탄스럽기 그지없습니다."라고 말하고, 통곡하기를 그치지 않았다.

이에 나는, "내가 그대들의 말을 들으니 과연 충의로운 사람들이라 하겠다. 그대들을 보내줄 것이니 돌아가거든, 그 같은 불충불의한 자를 쓸어버려라. 만일 까닭 없이 이웃 나라와 전쟁을 일으키고, 여론을 오도하는 간교한 무리들을 쓸어버리면, 10년이 넘기 전에 동양평화를 이룰 수 있을 것이다. 그대들이 능히 그렇게 할 수 있겠는가."라고 말하자, 그들은 기뻐하며 그렇게 하겠다고 하므로, 곧 석방해 주었다.

그때 군사들이 "어째서 사로잡은 적을 놓아주는 것이오?"라고 나에게 불평했다. 나는, "만국공법에 사로잡은 적병을 죽이는 법은 없다. 더구나 그들이 말하는 것이 진정에서 나오는 의로운 말이라, 안 놓아주고 어쩌겠는가?"라고 말했다. 이에 여러 사람들이 "적들은 우리 의병을 사로잡으면 모두 참혹하게 죽이오. 우리도 적을 죽일 목적으로 이곳에 왔는데, 모진 고생을 하며 애써 사로잡은 놈들을 몽땅 놓아 보낸다면, 우리들이 무엇을 목적으로 싸우는 것이오."라고 말했다.

나는, "그렇지 않다. 적들이 그같이 폭행을 하는 것은 하느님과 사람이 다 함께 노하는 것인데, 이제 우리들까지 야만의 행동을 하려고 하는가? 또 일본의 4천만 인구를 모두 다 죽인 뒤에 국권을 회복하려는 계획인가? 적을 알고 나를 알면 백번 싸워 백번 이기는 것이다. 이제 우리는 약하고 적들은 강하니, 무조건 싸울 수는 없다. 충성된 행동과 의로운 거사로써 이토의 포악한 정략을 성토하고 세계에 널리 알려서, 열강의 동정을 얻어야 국권을 회복할 수 있을 것이다. 그것이 이른바 약한 것으로 강한 것을 물리치고, 어진 것으로 악한 것을 대적하는 것이다. 그대들은 부디 더 말을 하지 말라."하고 간곡히 타일렀다.

그러나 대부분 나의 말에 따르지 않았고, 장교 중에는 부대를 나누어 멀리 가버리는 사람도 있었다.

그 후 일본군이 습격하여 4, 5시간 싸우는 동안, 폭우가 쏟아지고 날은 저물어 지척을 분간할 수 없었다. 장졸들이 이리저리 분산하여, 얼마나 죽고 살았는지조차 가늠하기 어려웠다. 그러나 상황이 어쩔 수 없어, 수십 명과 숲속에서 밤을 지냈다. 다음 날 6, 7명이 서로 만나, 그동안의 사연을 물었더니, 각각 대를 나누어 흩어져 갔다는 것이다.

그때 사람들이 이틀이나 먹지 못하여, 제각기 살려는 생각만 가지게 되었다. 그 지경을 당하고 보니 창자가 끊어지고 간담이 찢어지는 것 같았지만, 상황이 어찌할 수 없어 사람들의 마음을 달랜 뒤에, 마을로 들어가 보리밥을 얻어먹고 주림과 추위를 달랬다.

그러나 우리 의군들은 복종하지도 않고 기율도 따르지 않았다. 이와 같은 질서 없는 무리들을 데리고는, 비록 손자孫子나, 오자吳子나, 제갈공명이 되살아나도 어찌할 수 없을 것 같았다. 나는 다시 흩어진 무리들을 찾고 있을 무렵, 복병을 만나 한차례 저격을 받고는, 남은 사람들마저 흩어져 다시 모으기가 어려웠다.

패전 고난과 예수 전도

나는 혼자 산 위에 올라 "어리석도다. 나여! 저 같은 무리들을 데리고 무슨 일을 꾀할 수 있을 것인가. 누구를 탓하고 누구를 원망하랴."라고 탄식하고, 다시 용기를 내어 앞으로 나가 사방을 수색하다가, 다행히 서너 사람을 만나 서로 의논했다.

그런데 네 사람의 의견은 각각 달랐다. 어떤 이는 "목숨은 살아야지.", 어떤 이는 "자살해 버리고 싶다."라고 하고, 또 어떤 이는 "일본군에 투항하겠다."라고 하는 것이었다. 나는 이리저리 한참 생각하다가 동지들에게 시 한 수를 읊어 주었다.

> 사나이 뜻을 품고 나라 밖에 나왔다가
> 큰일을 못 이루니 몸 두기 어려워라
> 바라건대 동포들아 죽기를 맹세하고
> 세상에 의리 없는 귀신은 되지 말자

나는 시를 읊고 난 뒤, "그대들은 각자 뜻대로 하라. 나는 산 아래로 내려가 일본군과 한바탕 장쾌하게 싸워, 대한국 2천만의 한 사람으로서 의무를 다하면 죽어도 한이 없겠다."라고 말했다. 그리고 총을 들고 적진을 향하니, 한 사람이 몸을 날려 나를 붙들고 통곡하면서, "그대의 생각은 잘못이오. 그대는 다만 한 개인의 의무만 생각하고, 수많은 생명과 뒷날의 큰 사업은 생각지 않겠다는 것이오. 오늘의 상황으로는 혼자 죽는다 해도 아무 의미가 없는 것이오. 천금같이 소중한 몸인데, 어찌 초개같이 버리려는 것이오. 마땅히 다시 연해주로 건너가 기회를 기다렸다가, 다시 큰일을 도모하는 것이 이치에 맞는 일인데, 어찌 깊이 헤아리지 않는 것이오."라고 말하는 것이었다.

나는 생각을 돌이켜, "그대의 말이 참으로 옳소. 옛날 초패왕 항우가 오강에서 자결한 데는 두 가지의 뜻이 있는데, 하나는 무슨 면목으로 다시 강동의 어른들을 만날 수 있겠느냐는 것이고, 또 하나는 작은 강동에 가서 족히 왕이 될 만하다는 말에 천하 영웅으로서 분개하여 스스로 죽은 것이오. 그때 항우가 한번 죽고 나니, 천하에 항우가 없어지니 어찌 아깝지 아니하오. 오늘 안응칠이 한 번 죽으면, 세상에 다시는 안응칠이 없을 것은 분명하오. 무릇 영웅이란 능히 굽히기도 하고, 능히 버티기도 하는 것이라. 목적을 성취하기 위해서 마땅히 그대의 말을 따르겠소."라고 말했다.

드디어 네 사람이 길을 찾을 즈음에, 다시 서너 사람의 동료를 만

세계의 영웅, 안중근

났다. 그러나 그날 밤 장맛비가 그치지 않고 퍼부었기 때문에, 지척을 분간하기 어려워 서로 길을 잃고 흩어져 세 사람이 동행이 되었지만, 세 사람 모두 그곳의 지리를 알지 못했다.

더구나 산은 높고 골을 깊고 인가도 전혀 없어, 4, 5일 동안 헤매었다. 전혀 밥 한 끼도 먹지 못하여 배는 고프고, 발에는 신조차 신지 못해서, 춥고 주리고 고생스러움을 견디기 어려웠다. 그래서 풀뿌리를 캐어 먹고, 담요를 찢어 발을 싸매고서, 서로 위로하고 보호하면서 가노라니, 멀리서 개 짖는 소리가 들려왔다.

나는 두 사람에게 "내가 먼저 마을로 내려가서 밥도 얻고, 길도 물어올 것이니, 숲속에서 내가 올 때까지 기다리오." 하고, 인가를 찾아 내려갔더니 그 집은 일본군의 초소였다. 일본 군인들이 횃불을 들고 문으로 나오기에, 나는 몸을 피하여 산속으로 되돌아와 두 사람과 함께 달아났다. 그때 기력이 다하고 정신이 혼미하여 땅에 쓸어졌다가, 다시 정신을 차리고 하늘을 향하여, "죽어도 속히 죽고 살아도 속히 살게 해주소서!"라고 기도를 드렸다. 그리고 냇물을 찾아가 배가 부르도록 물을 마신 뒤에 나무 아래 누워서 밤을 지냈다.

이튿날 두 사람이 너무도 괴로운 탄식을 그치지 않으므로, 나는 타이르기를 "너무 걱정하지 마시오. 사람의 목숨은 하늘에 매인 것이니, 너무 걱정할 것 없소. 사람은 어려운 고난을 겪은 다음에 큰일을 이루는 것이오. 죽음을 각오해야 살아나는 것이오. 천명을 기다릴 따름이오."라고 말했다. 이렇게 말은 했으나, 어찌할 방법이 없었다.

나는, "옛날 미국 독립의 주인공인 워싱턴은 7, 8년 동안 전쟁 속에서, 고난과 고초를 어떻게 참고 견디었던가. 참으로 만고에 둘도 없는 영웅이로다. 내가 만일 뒷날에 일을 성취하면, 반드시 미국에 가서 워싱턴을 위해 추모하고 뜻을 같이 하리라."라고 다짐했다.

그날 세 사람은 죽고 사는 것을 돌아보지 않고 대낮에 인가를 찾다가, 다행히 산속의 집 한 채를 만나 주인에게 밥을 빌었다. 그 주인은 조밥 한 사발을 주면서 "당신들은 여기서 머뭇거리지 말고 어서 가시오. 어제 아랫마을에 일본 군인들이 와서, 죄 없는 양민들 다섯 사람이나 잡아가, 의병들에게 밥을 주었다는 구실로 쏘아 죽였소. 여기도 수시로 오니, 어서 가시오."라고 말했다.

그래서 우리는 아무 말 하지 않고 밥을 가지고 산으로 올라와 세 사람이 나눠 먹었는데, 그 같은 별미는 세상에서 다시는 맛볼 수 없는 것이었다. 하늘 위에 있는 신선의 요리 같았다. 그때 밥을 굶은 지 엿새나 지났던 것이다. 다시 산을 넘고 내를 건너 방향도 모르고 갔다. 언제나 낮에는 숨고 밤길을 걸었는데, 계속되는 장맛비로 괴로움은 더욱 심했다.

며칠 뒤 또 한 집을 찾아 주인을 불렀더니, 주인이 "너희는 필시 러시아에 입대한 자들일 것이니, 일본군에 묶어 보내야겠다."라고

   세계의 영웅, 안중근 ---------------

하며, 몽둥이로 때리고 같은 패거리를 불러 나를 묶으려 했다. 상황이 어쩔 수 없어 나는 몸을 피해 도망치다가, 좁은 길목에서 일본 군인과 가까운 거리를 두고 맞부딪치게 되었다. 일본 군인이 나를 향해 총을 쏘았으나 다행히 맞지는 않았다. 급히 산속으로 피해 다시는 감히 큰길로 나가지 못하고 산길만 다니며, 여러 날 동안 밥을 한 톨도 얻어먹지 못하여 춥고 주린 것이 전보다 더욱 심했다.

그때 나는 두 사람에게 "두 형은 내 말을 들으시오. 세상천지의 큰 임금이요 큰 아버지인 천주님을 신봉하지 않으면 금수만도 못할 것이오. 더구나 오늘 우리들은 죽음을 면하기 어렵게 되었으니, 속히 천주 예수의 진리를 믿어 영생을 얻는 것이 어떻소. 옛글에도 아침에 도를 얻으면 저녁에 죽어도 여한이 없다고 하였소. 형들은 속히 전날의 허물을 회개하고 천주님을 믿어 구원받는 것이 어떻겠소."라고 말했다.

그리고 천주가 만물을 창조하신 일과, 지극히 의롭고 선악을 구별하는 도리와, 예수 그리스도가 세상에 내려오셔서 인간을 구원한 일들을 설명했더니, 두 사람이 천주를 믿겠노라고 하여, 곧 교회의 규칙에 따라 대세(유사시 신부를 대신해 주는 세례)를 주었다.

다행히 깊은 산 외진 곳에 집 한 채가 있어 문을 두들기니, 늙은 이가 나와 안으로 맞아들이기에, 인사를 마치고 밥을 달라 청하니 음식상을 가득히 차려왔다. 염치 불고하고 한바탕 배부르게 먹은 뒤에 정신을 차려 생각해 보니, 지난 열이틀 동안 단 두 끼를 먹고, 목숨을 건져 여기까지 온 것이다.

주인에게 크게 감사드리고, 이제까지 겪은 고초를 낱낱이 이야기했더니, 노인은 "이렇게 나라가 위급한 때를 만나, 그 같은 고난은 국민의 의무이지요. 좋은 일이 다하면 슬픔이 오고, 쓴맛이 끝나면 단맛이 온다는 말이 있지 않소. 걱정하지 마시오. 일본 군인들이 곳곳을 뒤지고 있으니 길을 찾기가 어려울 것이오. 그러니 내가 알려주는 대로 하시오."라고 말하며, 어디로 해서 가면 편리하며, 두만강이 멀지 않으니 속히 건너가, 뒷날 좋은 기회를 만나 큰일을 도모하라고 말했다. 내가 그의 이름을 물으니, 노인은 "물을 것 없소." 하고 대답하지 않았다.

그래서 노인에게 감사하고 작별한 뒤, 그의 지시대로 하여 며칠 뒤에 세 사람 모두 무사히 두만강을 건넜다. 겨우 마음을 놓고 한 마을에 이르러 며칠을 쉰 다음, 비로소 옷을 벗어 보니 거의 다 썩어 몸을 가릴 수가 없고 이가 득실거렸다.

출전한 뒤로 전후 날짜를 헤아려보니 대체로 한 달 반인데, 집안에서는 자지 못했고 언제나 노숙으로 밤을 지냈으며, 장맛비가 그침 없이 퍼부어 그동안의 심한 고초는 붓으로 다 적을 수가 없다.

단지동맹과 이토 소식

우리는 러시아 영토인 연추에 이르렀다. 친구들이 우리를 알아보지 못했다. 피골이 상접하여 옛적 모습이 없었기 때문이다. 천만 번 생각해 보아도, 천명이 아니었다면 살아 돌아올 길이 없는 일이었다. 그곳에서 십여 일 묵으며 치료한 뒤 블라디보스토크에 이르렀다. 그곳 동포들이 환영연을 준비하여 우리들을 청했으나, 나는 사양하면서 "패한 장수가 무슨 면목으로 여러분의 환영을 받을 수 있겠소."라고 말했다.

그랬더니 여러 사람들이 "한 번 이기고, 한 번 지는 것은 군사상 언제나 있는 일이니, 무엇이 부끄럽소. 더구나 그같이 위험한 데서 무사히 살아 돌아왔으니, 어찌 환영해야 할 일이 아니겠소."라고 말했다.

그때 다시 그곳을 떠나 하바롭스크 방면으로 향했다. 기선을 타고 흑룡강 상류 수천 리를 시찰했다. 한국인 유지의 집을 방문한 뒤에, 수청水淸 등지에 이르러 교육에 힘쓰기도 하고, 단체를 조직하기도 하면서 여러 곳을 두루 다녔다.

어느 날 산골짜기 외딴곳에 이르자, 6, 7명의 흉악범이 뛰어나와 나를 묶으면서 "의병대장을 잡았다."라고 외쳤다. 그때 동행하던 두어 사람은 도망쳤다. 저들은 나에게 "너는 어째서 정부에서 금하는 의병활동을 하느냐?"라고 물었다. 나는 "현재 우리 한국 정부는 형식적으로는 있는 것 같지만, 실은 이토 히로부미 한 개인의 정부다. 한국 사람들이 정부의 명령에 복종하는 것은, 실은 이토에게 복종하는 것이다."라고 말했다. 그랬더니, 그놈들은 나를 죽여야 한다며, 수건으로 내 목을 묶어 눈 바닥에 쓰러뜨리고 무수히 때리는 것이었다.

나는 큰 소리로, "너희들이 여기서 나를 죽이면 무사할 것 같으냐. 나와 동행하던 두 사람이 여기를 빠져나갔는데, 그들이 우리 동지들에게 알릴 것이고, 뒷날 너희들을 모조리 죽여 버릴 것이니 알아서 하라."라고 꾸짖었다. 저들은 내 말을 듣고 서로 소곤거리더니, 나를 죽여서는 안 되겠다고 의논하는 것 같았다. 나는 한편으로는 타이르고 한편으로는 저항하여 결국 저들은 물러갔다. 그들은 일진회 잔당으로 본국에서 이곳으로 피난해 살면서, 내가 지나간다는 말을 듣고 그 같은 행동을 했던 것이다. 죽음을 면하고 친구 집을 찾아가, 상한 곳을 치료하며 그해 겨울을 지냈다.

이듬해 1909년 연추에 돌아와 동지 12인이 모였을 때, 내가 "우리들이 이제까지 아무 일도 이루지 못했으니, 남의 비웃음을 면하기 어려울 것이오. 뿐만 아니라, 어떠한 단체가 없으면 어떤 일이고 목적을 달성하기 어려울 것이므로, 오늘 우리들은 손가락을 끊어 맹세를 하고 증거를 보인 다음, 나라를 위해 목숨을 바쳐 기어이 목적을 달성하도록 하는 것이 어떻겠소."라고 말하자, 모두 그대로 따르겠다고 했다.

이에 열두 사람이 각각 왼편 손 약지를 끊어, 그 피로써 태극기 앞면에 글자 넉 자를 크게 쓰니 '대한독립大韓獨立'이었다. 쓰기를 마치고 대한독립 만세를 일제히 세 번 부른 다음, 하늘과 땅에 맹세하고 흩어졌다. 그 뒤에 여러 곳을 왕래하며 교육에 힘쓰고, 국민의 뜻을 모으고, 신문을 구독하는 것으로 일을 삼았다.

그때 정대호의 편지를 받고 고향 소식을 자세히 들었다. 그리고 가족들을 데리고 오는 일을 부탁하고 돌아왔다. 한편, 봄과 여름 사이에 동지 몇 사람과 함께 국내에 들어가 동정을 살피고자 했으나, 비용을 마련할 길이 없어 목적을 이루지 못한 채, 부질없이 세월만 보내다 가을이 되니 곧 1909년 9월이었다.

그때 나는 연추에 머무르고 있었는데, 하루는 마음이 울적하고 초조함을 견딜 수 없어, 친구 몇 사람에게 "나는 블라디보스토크에 가려 하오."라고 말했더니, "왜 그러느냐? 아무런 기약도 없이 졸지에 왜 가려 하오."라고 물었다. 나는 "나도 그 까닭을 모르겠소. 도저히 이곳에 머물고 있을 생각이 없어 떠나려는 것이오."라고 말했다.

친구들은 "이제 가면 언제 오는 것이오?"라 묻자, 내가 무심중에 갑자기 "다시 안 돌아오겠소."라고 말했다. 그들은 무척 괴상히 생각했을 것이고, 나도 역시 순간적으로 그렇게 대답했던 것이다. 친구들과 서로 작별하고 보로실로프(목구항)에 이르러 기선에 올라탔다. 블라디보스토크에 이르니, 이토 히로부미가 이곳에 올 것이라는 소문이 자자했다. 자세한 내용을 알고 싶어 신문을 보았더니, 하얼빈에 도착할 것이라는 소문이 참말이고 의심할 여지가 없었다. 나는 "소원하던 일을 이제야 이루게 되다니! 늙은 도둑이 내 손에 끝나는구나."라며 기뻐했다.

그러나 블라디보스토크에 온다는 소문은 아직 정확하지 않은 말이고, 하얼빈에 간 뒤에야 일을 성공할 것이 틀림없을 것이라 생각했다. 그래서 곧 일어나 떠나고 싶었지만, 활동비를 마련할 길이 없어 이리저리 궁리하다가, 마침 이곳에 와서 사는 황해도 의병장 이석산을 찾아갔다.

그때 이석산은 외출하려고 문을 나서는 참이라, 그를 급히 불러 조용한 방으로 들어가, 돈 1백 원만 꾸어 달라고 청했다. 그러나 그는 들어주지 않았다. 일이 이렇게 되고 보니 어찌할 길이 없어, 위협하여 100원을 강제로 빌려 돌아오니, 일이 반쯤은 이루어진 것 같았다.

하얼빈 의거

이때 9월 21일, 동지 우덕순을 만나 계책을 비밀리에 약속한 다음, 각기 권총을 휴대하고 기차를 타고 가면서 생각하니, 두 사람이 러시아말을 전혀 모르므로 걱정이 되었다. 도중에 수분하綏芬河에 이르러 유동하를 찾아가서 "지금 내가 가족들을 맞이하기 위해 하얼빈에 가는데 러시아말을 몰라 답답하네. 자네가 같이 가서 통역도 해 주고 여러 가지 일을 주선해 줄 수 없겠는가?"라고 물어보았다. 유동하는 "저도 역시 약을 사러 하얼빈에 가려는 참인데 같이 가는 것이 참 잘된 일이오."라 말하고, 동행이 되었다. 이튿날(22일) 하얼빈에 있는 김성배의 집에 유숙하고, 신문을 보며 이토가 오는 날짜를 확인했다.

그다음 날(23일) 남쪽으로 장춘 등지로 가서 거사하고도 싶었으나, 유동하가 나이 어린 사람이라 곧 집으로 돌아가겠다고 하므로, 다시 통역할 사람을 구하려 하던 차에 조도선을 만나, 가족들을 맞기 위해 남쪽으로 가자고 했더니 그는 바로 승낙했다. 그날 밤도 김성배의 집에서 묵었다. 그때 쓸 비용이 부족할 것이 걱정스러워 유동하를 시켜 김성배에게 50원을 빌려오라고 보냈으나, 김 씨가 밖에 나가고 없었다고 했다.

그래서 나는 홀로 차디찬 여관방에서 장차 할 일을 생각하면서, 강개한 마음을 가눌 길 없어 노래 한 수를 읊었다.

> 장부가 세상에 처함이여, 그 뜻이 크도다.
> 때가 영웅을 지음이여, 영웅이 때를 지으리로다.
> 천하를 응시함이여, 어느 날에 업을 이룰꼬.
> 동풍이 점점 차가워짐이여, 장사의 의기는 뜨겁도다.
> 분연히 한 번 나아감이여, 반드시 목적을 이루리로다.
> 쥐새끼 도적 이토여, 어찌 가히 목숨을 부지할꼬
> 어찌 이에 이를 줄 헤아렸으리오, 사세가 그러하도다.
> 동포 동포여, 속히 대업을 이룰지어다.
> 만세 만세여, 대한 독립이로다.
> 만세 만만세여, 대한 동포로다.

시 읊기를 마치고, 다시 편지 한 장을 써서 블라디보스토크에 있는 대동공보 신문사에 붙이려 했다. 그 내용의 첫째는 우리들이 행하는 목적을 신문지상에 널리 알리자는 것이고, 또 한 가지는 만일 유동하가 김성백에게서 50만 원을 꾸어 온다면 갚아줄 방법이 없기 때문에 대동공보사에서 갚아주도록 하기 위한 것이었다.

편지를 끝마치자 유동하가 돌아왔는데, 돈 꾸어 오는 일이 잘 되지 못했다고 하여 그날 밤을 뜬눈으로 지새웠다.

9월 24일, 나는 이른 아침에 우덕순, 조도선, 유동하 세 사람과 함께 하얼빈역으로 가서 역무원에 남청열차南淸列車가 만나는 정거장이 어디냐고 물으니 채가구역이라고 했다.

유동하와 작별한 뒤에 나는 우덕순, 조도선 두 사람과 함께 열차를 타고 채가구역에 이르러 여관을 정하고, 정거장으로 가서 역무원에게 "이곳에 기차가 매일 몇 차례나 내왕하는가?"라고 물었다. 그는 "매일 세 번씩 내왕하는데 오늘 밤에는 특별열차가 하얼빈에서 장춘으로 떠나, 일본 대신 이토를 영접하여 모레 아침 여섯 시에 여기에 이를 것이다."라며 대답했다. 이런 분명한 정보는 처음 듣는 소식이었다.

나는 '모레 아침 여섯 시쯤이면 날이 밝기 전이니, 이토가 정거장에 내리지 않을 것이고, 또 설령 차에서 내려 시찰한다고 해도, 어둠 속이라 분간할 수가 없을 것이다. 더구나 내가 이토의 모습을 모르는데, 어찌 정확히 일을 치를 수 있겠는가.' 깊이 생각해 보았다. 다시 장춘 등지로 가보고 싶어도, 활동비가 부족하니 어찌하면 좋을는지! 이런저런 생각에 마음만 몹시 괴로웠다.

그때 유동하에게 "우리는 여기에 이르러 하차했다. 만일 그곳에

긴급한 일이 있거든 전보를 쳐주기 바란다."라는 내용의 전보를 쳤
다. 오후 늦게 답신이 왔으나, 그 말뜻이 분명치 않아 혼란만 더했
다. 그날 밤 다시 방책을 생각한 뒤, 이튿날 우덕순에게 다음과 같
이 말했다.

"우리가 이곳에 같이 있는 것은 좋은 방법이 아니다. 첫째는 돈
이 부족하고, 둘째는 유동하의 답전이 매우 의아하고, 셋째는 이토
가 내일 새벽에 여기를 지나갈 것인즉 일을 치르기가 어려울 것이
기 때문이다. 만일 이번 기회를 놓치면 다시는 일을 도모하기 어려
울 것이다. 그러므로 그대는 여기 머물러 기회를 기다려 행동하고,
나는 오늘 하얼빈으로 돌아가, 두 곳에서 일을 치르면 더욱 확실할
것이다."

우리는 곧 작별한 뒤 나는 기차를 타고 하얼빈으로 돌아왔다. 그
날 밤 김성백의 집에서 자고, 이튿날 아침 일찍 양복 한 벌을 갈아
입은 뒤, 단총을 지니고 정거장으로 나가니 그때가 오전 7시쯤이었
다. 그곳에 이르니, 러시아 고관과 군인들이 많이 나와 이토를 맞이
할 준비를 하고 있었다.

나는 찻집에 앉아 차를 마시며 기다렸다. 9시쯤 되어 특별열차가
도착했다. 환영 인파가 인산인해였다. 나는 동정을 엿보면서 "어느
시간에 저격하는 것이 좋을까?" 스스로 생각하며 미처 결정을 하지
못할 즈음, 일행이 기차에서 내려오니 의장대가 경례하고 군악 소

　　　　　　세계의 영웅, 안중근

리가 울리며 귀를 때렸다.

그 순간 "어째서 세상일이 이처럼 공정하지 못한가. 슬프다! 이웃 나라를 강제로 빼앗고 사람의 목숨을 참혹하게 해치는 자는 이같이 날뛰고 이같이 천지를 횡행하고 다니는데, 어질고 약한 우리 민족은 왜 이처럼 곤경에 빠져야 하는가." 하는 분한 생각이 터져 나왔다.

울분을 참으며 뚜벅뚜벅 걸어 군대가 늘어서 있는 뒤편에 이르니, 러시아 관리들이 호위하고 오는 사람 중 맨 앞에 누런 얼굴에 흰 수염을 한 조그마한 늙은이가 있었다. "저자가 필시 이토일 것이다."라 생각하고, 바로 단총을 뽑아 그를 향해 4발을 쏜 다음, 생각해 보니 그자가 정말 이토인지 의심이 났다. 나는 이토의 얼굴을 모르기 때문이었다.

만일 잘못 쏘았다면 일이 낭패가 되는 것이다. 순간 뒤쪽에 일본인 무리 중에 가장 의젓해 보이며 앞서가는 자를 향해 3발을 쏘았다. 만일 관계없는 사람을 쏘았다면 일을 어찌하나 하고 생각하는 사이에, 러시아 헌병이 나를 체포하니, 그때가 1909년 10월 26일 상오 9시 반쯤이었다. 그때 나는 하늘을 향해 큰 소리로 '꼬레아 우라(대한 만세)'를 세 번 부른 다음에 헌병대로 붙잡혀 갔다.

검거된 뒤 러시아 검찰관이 한국인 통역과 함께 와서, 성명과 어느 나라 어느 곳에 살며 어디로부터 와서, 무슨 까닭으로 이토를 해

쳤는가를 물었다. 나는 대강 설명해 주었으나 통역의 말을 잘 알아
들을 수 없었다. 그때 사진을 찍는 자가 두서너 명이 있었고, 오후
8시쯤 러시아 헌병 장교가 와서 함께 마차를 타고 일본영사관에 이
르러 나를 넘겨주고 가버렸다.

세계의 영웅, 안중근

뤼순 재판 투쟁

그 뒤에 일본 관리가 두 차례 심문했고, 4일 뒤에 미조부치溝淵 검찰관이 와서 다시 신문하므로 전후 사실에 관해 세세한 것을 진술했더니, 이토를 저격한 이유를 물으므로 나는 이렇게 대답했다.

대한제국 황후를 시해한 죄요.

대한제국 황제를 폐위시킨 죄요.

5조약과 7조약을 강제로 체결한 죄요.

무고한 한국인들을 학살한 죄요.

국권을 강탈한 죄요.

철도, 광산, 산림, 천택 등을 강제로 빼앗은 죄요.

제일은행권 지폐를 강제로 사용하게 한 죄요.

대한제국 군대를 강제로 해산시킨 죄요.

교육을 방해한 죄요.

한국인들의 외국 유학을 금지시킨 죄요.

교과서를 압수하여 불태워버린 죄요.

한국인이 스스로 일본의 보호를 받고자 한다고 세계에 거짓말을 퍼뜨린 죄요.

대한제국과 일본 사이에 분쟁이 쉬지 않고 살육이 끊이지 않는데, 대한제국이 태평 무사한 것처럼 위로 천왕을 속인 죄요.

동양평화를 깨뜨린 죄요.

일본 천황폐하의 아버지 태황제를 죽인 죄요.

검찰관은 다 듣고 난 뒤에 놀라면서 "이제 진술하는 말을 들으니 참으로 동양의 의사라 하겠다. 당신은 의사이니 반드시 사형받을 법은 없을 것이니 걱정하지 말라."라고 말했다. 나는 "내가 죽고 사는 것은 논할 것 없고, 이 뜻을 속히 일본 천황폐하에게 아뢰어라. 그래서 속히 이토의 옳지 못한 정략을 고쳐서, 동양의 위급한 형세를 바로잡도록 하기를 간절히 바란다."라고 말했다.

말을 마치자 나를 지하실 감옥에 가두었다. 그 후 4, 5일 지나 "오늘은 뤼순으로 이송할 것"이라고 말했다. 그때 우덕순, 조도선, 유동하, 정대호, 김성옥과 얼굴을 알지 못하는 2, 3인이 같이 결박되어, 정거장에 이르러 기차를 타고 떠났다.

이날 장춘 헌병대에서 밤을 지내고, 이튿날 다시 기차를 타고 어느 정거장에 정차했는데, 일본 순사 하나가 올라와서 갑자기 내 뺨

    세계의 영웅, 안중근

을 주먹으로 후려갈기므로 내가 화가 나서 욕을 하자, 헌병 장교가 그 순사를 끌어내린 뒤에 나더러 "일본과 한국 간에는 이같이 좋지 못한 사람들이 있으니 화내지 마시오."라고 말했다.

그 이튿날 뤼순에 이르러 감옥에 갇히니 때는 11월 3일이었다. 감옥에 갇힌 뒤에 여러 사람과 차츰 가까이 지내는 중에, 전옥(형무소장)과 간수계장 그리고 일반 관리들도 나를 후대하므로, 나는 마음속으로 이것이 참인가 꿈인가 의심했다.

"같은 일본인인데 어째서 이같이 서로 다른가. 한국에 있는 일본인들은 횡포하기가 말할 수 없는데, 뤼순에 있는 일본인들은 어째서 이같이 후한가. 종자가 달라서 그런 것인가. 한국에 있는 일본인들은 권세를 쥔 이토가 악하기 때문에 그러하고, 뤼순에 있는 일본인들은 이곳 도독이 인자하여 그 덕에 감화하여 그런 것인가." 아무리 생각해도 그 까닭을 알 수 없었다.

그 뒤에 미조부치 검찰관이 한국어 통역관 소노키園木와 함께 감옥에 와서 십여 차례 신문을 했다. 검찰관은 나를 항상 후대하고 신문한 뒤에는 언제나 담배를 주기 때문에 담배를 피워가며 토론했는데, 동정하는 빛이 그 얼굴에 나타났다.

하루는 영국인 변호사 한 사람과 러시아인 변호사 한 사람이 찾아와서, "우리 두 사람은 블라디보스토크에 있는 한국인들의 위탁을 받고 변호를 하려는 것이오. 이미 허가를 받았으니 공판하는 날 다시 만나겠소."라 말하고 돌아갔다. 나는 크게 놀라며, "일본의 문명 수준이 여기까지 온 것인가? 오늘 영국과 러시아 변호사들의 접견을 허락하는 것을 보니, 과연 세계에서 일등 국가의 행동이라 할 만하다. 그럼 내가 오해했던 것인가? 내가 과격한 행동을 했던 것이 경망된 행동이었던가?" 하고 스스로 생각했다.

이때 조선총독부 내무부 경시(=총경)인 일본인 사카이境가 왔는데, 한국어를 잘하는 사람이라 날마다 만나서 이야기를 했다. 한국과 일본 두 나라 사람이 서로 의견을 주고받으니 정치적 견해는 서로 달랐지만, 개인의 정으로 서로 친근해져 정다운 옛 친구와 다름이 없었다. 어느 날 나는 사카이에게, "영국과 러시아 변호사에게 나를 변호할 수 있도록 법원 관리가 허가했는가?"를 물으니, 그는 "그렇다."라고 대답했다. 나는 "과연 그렇다면 동양에서는 특별한 사례다."라고 말했다.

그때 전옥(형무소장) 구리하라栗原와 간수 계장 나카무라中村는 항상 나를 보호해 주고 후대했다. 매주 목욕을 시켜주고, 오전 오후 두 차례씩 사무실로 데리고 나와 고급 담배와 서양과자와 차를 주기에 배불리 먹기도 했다. 또 하루 세 끼를 주었고 내복으로 고급품을 갈아입히고, 솜이불 네 벌을 특별히 주었으며 과일을 날마다 주었다. 매일 우유도 한 병씩 주었는데 이것은 통역관 소노키가 특별히 보내준 것이고, 미조부치 검찰관은 닭과 담배 등을 넣어주었는

    세계의 영웅, 안중근

데, 이같이 특별히 대우해 준 것을 다 적지 못한다.

11월쯤 나의 친동생 정근과 공근 두 사람이 진남포로부터 이곳에 와서 반갑게 면회를 했는데, 작별한 지 3년 만이라 생시인지 꿈인지 분간하지 못했다. 그로부터 4, 5일 만에 또는 10여 일 만에 서로 만나 이야기를 나누었다. 한국인 변호사를 청해올 일과 천주교 신부를 청하여 성사 받을 일들을 부탁하기도 했다.

그 뒤 하루는 미조부치 검찰관이 와서 신문을 하는데, 그 말과 행동이 전일과는 아주 딴 판이어서, 억압도 하고 억지소리도 하고 모멸감도 주었다. 나는 검찰관의 행동이 이처럼 돌변한 것은 아마 제 본심이 아니고, 딴 바람이 불어닥쳤기 때문이라 생각했다. 그래서 분한 마음으로 "일본이 비록 백만 군사와 천만 문의 대포를 가졌다 해도 안응칠의 목숨 하나 죽이는 권세 밖에 또 무슨 권세가 있을 것인가. 세상에 나서 한 번 죽으면 그만인데 무슨 걱정이 있을 것인가. 나는 더 대답할 것이 없으니 마음대로 하라."라고 말했다.

이때부터 앞으로의 일이 크게 잘못되고 재판도 잘못될 것이 명확해졌다. 더욱이 내 의견을 말할 기회도 없어졌고, 모든 사태를 숨기고 속이려는 것이 뚜렷해졌다. 이때 나는 분함을 참을 수 없어 두통이 심해졌다가 며칠 뒤에 나았다.

어느 날 검찰관이 "공판일이 일주일 뒤로 정해졌으며, 영국과 러시아 변호사의 변호는 일절 허가되지 않고 관선 변호사만 쓰게 된다."라고 말했다. 나는 "내가 전날에는 상등, 중등의 공판을 기대했는데, 이제는 하등 판결만 남았다."라고 생각했다.

그 뒤 공판 첫날 법정 공판석에 이르니 정대호, 김성옥 등 다섯 사람은 이미 무죄로 석방되었고, 우덕순, 조도선, 유동하 3인은 나와 함께 피고로 출석했는데 방청인도 삼백여 명이었다. 그때 한국인 변호사 안병찬 씨와 전일 왔던 영국인 변호사 등이 참석했으나, 변호권을 주지 않아 다만 방청만 할 따름이었다.

그때 재판관이 출석하여 검찰관이 심문한 내용의 대강을 신문하는데, 내가 자세한 내용을 진술하려 하면 재판관은 내 발언을 막아 진술할 기회가 없었다. 나는 이미 그 까닭을 짐작하고 있었기 때문에 하루는 기회를 타서 몇 가지만을 설명하려 했더니, 재판관은 깜짝 놀라 자리에서 일어나 방청인들을 내보내고 다른 방으로 갔다.

나는 "내 말 속에 칼이 들어 있어 그러는 것이냐, 총과 대포가 들어 있어 그러는 것이냐. 그것은 다른 까닭이 아니다. 내가 이토의 죄명을 말하는 중에 일본 고메이 천황을 죽인 대목에 이르자, 그같이 재판을 중지하고 만 것이라."라고 스스로 생각했다. 조금 뒤에 재판관이 다시 출석하여, 나에게 "다시는 그 같은 말을 하지 말라."라고 말했다.

이때 나는 "오늘 내가 당하는 일이 생시인가 꿈속인가. 나는 당당한 대한제국 국민인데 왜 오늘 일본 감옥에 갇혀있는가. 더욱이

 세계의 영웅, 안중근

일본의 재판을 받는 까닭이 무엇인가. 내가 언제 일본에 귀화한 사람인가. 판사도 일본인, 검사도 일본인, 변호사도 일본인, 통역관도 일본인, 방청인도 일본인! 이러한 때에 말해서 무엇 하랴. 아무런 말도 소용이 없다."라고 생각했다. 그래서 나는 웃으며 "재판관 마음대로 하라. 나는 어떠한 말도 하지 않겠다."라고 대답했다.

그 이튿날 검찰관이 피고의 죄상을 종일토록 입술과 혀가 닳도록 말하다가 기진해서 끝내고, 마침내 나를 사형에 처한다고 구형했다. 내가 사형 이유를 물었더니, "이런 사람이 세상에 살아 있으면 많은 한국인들이 그 행동을 본받아 일본인의 안전을 위협할 것이기 때문이다."라고 말했다. 더구나 내가 "사사로운 혐의로 이토에게 해를 가했다."라고 하는데, 내가 이토를 알지도 못하는데 무슨 사혐이 있겠는가. 참으로 터무니없는 말이다.

그 이튿날 미즈노水野와 가마타鎌田 두 변호사가 "피고의 죄상은 분명하고 의심할 여지가 없으나, 그것은 오해에서 비롯된 일이므로 그 죄가 중대하지 않다. 더구나 한국인에 대해서는 일본 사법권의 관할권이 없다."라고 변론했다. 이에 나는 "이토의 죄상은 천지신명과 모든 사람이 다 아는 사실인데 무슨 오해란 말인가. 더구나 나는 개인의 원한으로 남을 죽인 사람이 아니다. 나는 대한의군 참모 중장의 자격으로 하얼빈에서 전쟁을 하다가 포로가 되어 이곳에 온 것이다. 그러므로 뤼순 지방재판소와는 관계가 없으며, 만국

형법과 국제공법으로 재판하는 것이 옳다."라고 말했다.

제6회 공판 날, 재판관은 "안중근은 사형에 처한다. 그리고 우덕순은 3년 징역, 조도선, 유동하는 각각 1년 반 징역에 처한다."라고 선고하고, 항소 기간은 5일로 정한 뒤 공판정을 떠났다. 때는 1910년 2월 14일이었다.

나는 감옥으로 돌아와 생각해 보니 예상했던 대로다. 예로부터 수많은 충의로운 지사들이 죽음으로써 충성하고 정략을 세운 것이 훗날의 역사에 맞지 않은 것이 없다. 이제 내가 동양의 평화를 위해 정성을 다하고 온몸으로 방책을 세우다가, 끝내 허사로 돌아가니 통탄한들 어찌하랴. 동양평화가 이렇게 깨어지니 백년 난세가 어느 때에 그치리오. 일본 당국자들이 조금이라도 양식이 있었다면, 이런 정책을 쓰지 않았을 것이다.

지난 1895년 을미년에, 주한 일본 공사 미우라三浦가 군인들을 데리고 대궐을 침범하여 명성황후를 시해했는데도, 일본 정부는 미우라를 처형도 하지 않고 석방했다. 그 내막은 반드시 위에서 명령하는 자가 있어 그렇게 한 것이 분명하다. 그런데 나의 일로 말하면, 비록 개인 간의 살인죄라 할지라도, 미우라의 죄와 나의 죄 중에 누가 무겁고 누가 가벼운가. 그야말로 통탄할 일이 아닌가. 내가 무슨 죄를 범했는가?

천번 만번 생각하다가 문득 크게 깨달은 뒤에, 손뼉을 치며 크게 웃으며 "나는 과연 죄인이다. 어질고 약한 대한제국 국민이 된 죄이다."라고 생각하니 모든 의문이 풀리는 듯했다.

그 뒤 전옥(형무소장) 구리하라의 안내로, 고등법원장 히라이시平石를 만나 이야기를 나눴다. 나는 사형 판결에 불복하는 이유를 대강 설명한 뒤에, 동양 대세와 평화 전략에 대한 나의 견해를 말했다. 법원장은 내 말을 듣고 난 뒤에 감격하면서 "내가 그대를 깊이 동정하지만 정부의 방침을 바꿀 수가 없는 것을 어찌하겠는가? 다만 그대가 진술한 의견만은 정부에 품신하겠네."라고 말했다.

나는 속으로 고맙게 생각하며 "만일 허가해 준다면, 동양평화론을 저술하고 싶으니, 사형 집행 날짜를 한 달 정도 늦추어 줄 수 있겠는가?"라고 물었다. 법원장은 "어찌 한 달 뿐이겠는가. 설사 몇 달이 걸리더라도 특별히 허가하겠으니 걱정하지 말라."라고 대답했다. 그래서 나는 감사하며 항소권을 포기했다. 설사 항소한다 해도 아무런 이익이 없을뿐더러, 법원장의 말이 진담이라면 굳이 더 생각할 것도 없었기 때문이다.

그래서 동양평화론을 저술하기 시작했다. 그때 법원과 감옥의 관리들이 나의 필적을 기념하려고, 비단과 종이 수백 장을 사 넣고 요청하므로, 나는 필법이 능하지도 못하고 남의 웃음거리가 될 것도 생각지 못하고서 매일 몇 시간씩 글씨를 썼다.

내가 감옥에 있을 때 특별히 친한 두 사람이 있었다. 한 사람은 부장 아오키靑木이고, 다른 한 사람은 간수 다나카田中였다. 아오키는 성질이 어질고 공평하며, 다나카는 우리말에 능통해서 나를 진심으로 돌보아 주었기 때문에, 나와 두 사람은 정이 들어 서로 형제와 같았다.

그때 고향의 천주교회 빌렘 신부가 나의 영생 영락하는 성사를 해주기 위해서, 한국으로부터 이곳에 와서 나와 서로 면회하니, 꿈과 같아 기쁨을 형언할 수 없었다. 그는 원래 프랑스 사람으로서 파리 동양선교회 신학교를 졸업한 뒤에 사제 서품을 받아 신부가 된 사람이었다.

그는 재주가 뛰어나서 학문을 많이 하고, 영어, 불어, 독일어, 그리고 로마 고대어까지 모르는 것이 없었다. 1890년경 한국에 와서 서울과 인천에서 몇 해를 지내다가, 1895년에서 1896년 사이에 황해도에 와서 전도할 때 내가 영세를 받았고 그 뒤에도 오랫동안 같이 지냈다. 오늘 이곳에서 다시 만날 줄 누가 생각이나 했겠는가. 그의 나이는 53세다.

그때 빌렘 신부가 나에게 성서의 도리를 강론한 뒤에 고해성사를 해주고, 이튿날 아침 감옥에 와서 대례미사를 거행하고 성체성사로 천주의 특별한 은혜를 베푸니 감사하기 이를 길 없었다. 이때 감옥소에 있는 일반 관리들이 모두 와서 참례했다.

빌렘 신부는 그 이튿날 오후 2시쯤에 다시 와서 "오늘 한국으로 돌아가기에 작별하러 왔다."라고 말하고, 서로 몇 시간 동안 이야기를 나누었다. 그 뒤 "인자하신 천주께서 너를 버리지 않을 것이며, 반드시 거두어 주실 것이니 안심하고 있으라."라고 말하고, 손을 들어 나를 향해 축복한 뒤에 떠나가니, 때는 1910년 3월 11일이었다.

이상이 안중근의 32년 동안의 역사의 대강이다.

1910년 3월 15일

뤼순 옥중에서

대한국인 안중근이 쓰다

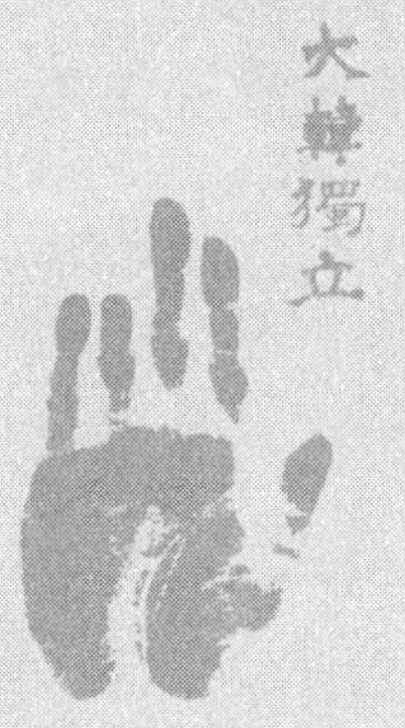

제2부

동양평화론과 안중근 기록문서

동양평화론*

서序

전감前鑑

현상現狀

복선伏線

문답問答

* 안중근 의사의 옥중 논설인 「동양평화론」은 서론, 전감(前鑑), 현상, 복선
  (伏線), 문답으로 구성되어 있는데, 그의 사형 집행이 예상보다 빨라서 서론
  과 전감만을 기술하여, 그가 구상한 동양평화론의 내용은 담고 있지 않다.

서序

대체로 합치면 성공하고 흩어지면 패한다는 것은 만고에 분명한 이치이다. 지금 세계는 동서로 나뉘어 있고, 인종도 각기 달라 서로 경쟁하는 것이 다반사이다. 농업·상업보다 무기를 더 많이 연구하여, 기관총, 비행선, 잠수함 등 새로운 발명품들을 만들었지만, 이는 모두 사람을 다치게 하고 사물을 파괴하는 기계이다.

청년들을 훈련해 전쟁터로 몰아넣고, 수많은 귀중한 생명을 희생양처럼 버리니, 피가 냇물을 이루고 살점이 땅에 질펀하게 널리는 일이 매일 그치지 않는다. 살기 바라고 죽기 싫어하는 것이 인지상정이거늘, 밝은 세상에 이 무슨 모양인가. 말과 생각이 여기에 이르니, 뼈가 시리고 심장이 서늘해진다.

근본을 따져보면 예로부터 동양 민족은 학문에만 힘쓰고 제 나라만 조심해 지켰을 뿐, 유럽 땅을 단 한 치도 침입해 빼앗은 적이 전혀 없음은 오대륙 사람이나 짐승, 초목까지도 다 아는 일이다.

 세계의 영웅, 안중근

그런데 유럽 여러 나라는 최근 수백 년 이래 도덕심을 까맣게 잊었다. 경쟁하는 마음을 기르고 무력을 일삼으면서도 조금도 꺼리지 않으니, 그중 러시아가 더욱 심하다. 러시아의 폭력과 잔인함이 서유럽이나 동아시아 어느 곳이든 미치지 않는 곳이 없이 차고 죄가 넘쳐, 신과 사람이 다 같이 분노하였다. 그 까닭에 하늘이 한 번 기회를 주어, 동해의 작은 섬나라 일본이 이같이 강대한 나라 러시아를 만주 대륙에서 한주먹으로 때려눕히게 하였다. 누가 이런 일을 헤아릴 수 있었겠는가. 이것은 하늘의 뜻에 따르고 땅의 보살핌을 얻은 것으로 인정人情에도 어울리는 일이다.

만일 당시 한국과 청 두 나라 사람 상하上下 모두 전날의 원수를 갚고자 일본을 배척하고 러시아를 도왔다면, 일본이 어찌 대승 거둘 것을 예상이나 했겠는가. 그러나 한국과 청 두 나라 사람들은 이같이 행동할 생각도 없었을 뿐 아니라, 오히려 일본 군대를 환영하고 운수, 도로 정비, 정탐 등 힘들고 수고스러운 것을 잊고 힘써주었다. 이것은 무슨 이유인가. 큰 이유 두 가지가 있다.

일본과 러시아가 전쟁을 시작할 때, 일본 천황은 선전포고 조서에서 "동양평화를 유지하고 대한독립을 공고히 한다."라고 했다. 이 같은 대의가 밝은 대낮보다 더 밝았기에, 한국과 청 사람들은 지혜로운 이나 어리석은 이를 막론하고, 한결같은 마음으로 따른 것이 그 이유 중 하나이다.

하물며 일본과 러시아의 다툼은 황인종과 백인종의 경쟁이라 할 수 있으므로, 지난날 원수진 마음이 하루아침에 사라지고, 도리어 하나의 큰 애종당愛種黨(같은 인종을 사랑하는 무리)을 이루었으니, 이것도 인정과 이치에 합당한 또 하나의 이유라 할 수 있다.

통쾌하고 장하도다. 수백 년 동안 악을 행하던 백인종의 선봉을 북소리 하나로 크게 부수었도다. 참으로 천고千古에 드문 일이며, 세계가 기념할 업적이다. 당시 한국과 청 두 나라의 뜻있는 이들이 하나같이 기뻐해 마지않은 것은, 일본의 정략이나 일 처리가 동서양 천지가 개벽한 이래, 가장 뛰어난 대사업이며 시원스러운 일이라 여겼기 때문이다.

슬프다. 천만뜻밖에도 일본이 크게 승리한 이후, 가장 가깝고 가장 친하며, 약하지만 어진 같은 인종 한국을 힘으로 눌러 조약을 정하고, 만주 장춘長春 이남을 조차租借를 빙자하여 점거하였다. 그 때문에 세계 모든 사람의 머릿속에 의심이 구름처럼 홀연히 일어나, 일본의 명성과 정대正大한 공훈이 하루아침에 뒤집혀, 만행을 일삼는 러시아보다 더 못된 나라로 여기게 되었다.

슬프다. 용과 호랑이 위세로 어찌 뱀이나 고양이처럼 행동한단 말인가. 이렇게 좋은 기회를 어떻게 다시 찾을 수 있을까. 아깝고 통탄할 일이다.

'동양평화'와 '한국 독립' 문제는 이미 전 세계 모든 나라 사람이

 세계의 영웅, 안중근

다 아는 사실이며 당연한 일로 굳게 믿었고, 한국과 청 두 나라들의 마음에 깊이 새겨졌다. 이와 같은 사상은 비록 하늘도 소멸시키기 어려울 것인데, 하물며 한두 사람의 꾀로 어찌 말살할 수 있겠는가.

지금 서양 세력이 동양으로 침략의 손길을 뻗쳐오고 있는데, 이 환란을 동양 인종이 일치단결해서 힘껏 방어함이 최상의 방법임은 어린아이라도 다 알고 있다. 그런데 무슨 이유로 일본은 이러한 자연스러운 형세를 돌아보지 않고, 같은 인종인 이웃 나라를 강제로 빼앗고 친구의 정을 끊어, 스스로 조개와 도요새가 서로 물고 물리는 형국이 되어, 어부를 기다리듯 하는가. 한국과 청 두 나라 사람들의 소망이 완전히 끊어지고 말았다.

만약 일본이 정략을 고치지 않고 이웃 나라들을 날로 심하게 핍박한다면, 차라리 다른 인종에게 망할지언정 같은 인종에게 욕을 당하는 것은 참을 수 없다는 의론이, 한국과 청나라 사람들의 마음 깊은 곳에서 용솟음쳐서, 모두가 스스로 백인의 앞잡이가 될 것이 불을 보듯 뻔하다.

그렇게 되면 동양의 수억 황인종 가운데 수많은 뜻있는 이들과 울분에 쌓인 사람들이 수수방관하며, 동양 전체가 까맣게 타죽는 참상을 앉아서 기다릴 것이니, 그래서야 어찌 되겠는가.

그래서 동양평화를 위한 의로운 싸움을 하얼빈에서 시작하고,

옳고 그름을 가리는 자리는 뤼순구旅順口에 정했다. 그리고 동양
평화에 관한 의견을 제출하니, 여러분은 깊이 살펴 주시기 바란다.

1910년 경술庚戌 2월

대한국인 안중근

뤼순 옥중에서 쓰다

전감前鑑

예로부터 지금에 이르기까지 동서남북의 6대주 어디를 막론하고, 헤아리기 어려운 것은 대세가 뒤엎어지는 것이고, 알 수 없는 것은 인심이 변하는 것이다.

지난날(갑오년·1894년) 청일전쟁을 보더라도 그때 조선의 쥐새끼 같은 도적 무리인 동학당東學黨의 소요로, 청과 일본 두 나라가 병력을 동원해 조선에 건너와, 함부로 전쟁을 벌이며 충돌하였다.

청이 패하고 일본이 승승장구하여 요동의 반을 점령하였다. 험준한 요새인 뤼순을 함락시키고 청나라의 북양함대를 격파한 후, 시모노세키에서 담판을 열어 조약을 체결하여, 타이완을 할양받고 2억 원을 배상금으로 받기도 하였다. 이는 일본의 메이지 유신 후 큰 기적이라 할 만하다.

청은 물자가 풍부하고 땅이 넓어 일본에 비하면 수십 배는 족히 되는데, 어떻게 이렇게 패했는가. 예로부터 청나라 사람은 자신을 중화대국中華大國이라 일컫고, 다른 나라를 오랑캐라 부르며 무척 교만했다. 더구나 권력을 가진 신하와 친족들이 국권을 마음대로 휘두르고, 관료와 백성이 원수가 되어 위아래가 불화했기 때문에, 이처럼 욕을 당한 것이다.

일본은 메이지 유신 이래로, 민족이 화목하지 못하고 다툼이 끊이지 않았으나, 외교 분쟁이 생겨난 후에는 집안싸움이 하루아침에 그치고, 힘을 합쳐 한 덩어리로 애국당愛國黨(애국의 무리)을 이루었으므로, 이 같은 승리를 올리게 된 것이다. 이것이 이른바 외인外人은 아무리 친해도 다투는 형제보다 나을 수 없다는 말이다.

이때 러시아가 한 행동을 기억해야 한다. 당시 러시아는 동양 함대를 조직하고, 프랑스와 독일 두 나라와 연합하여, 일본 요코하마 항구 해상에서 대규모 시위를 벌였다. 이에 일본은 요동반도를 청에 되돌려주고, 청은 내야 할 배상금이 줄어들었다. 그 밖으로 드러난 행동을 보면 가히 천하의 공법이고 정의라 할 수 있다. 그러나 그 내용을 들여다보면 호랑이 심술보다 더 사납다. 불과 수년 만에 러시아는 민첩하고 교활한 수단으로 뤼순구를 조차한 후, 군항을 확장하고 철도를 부설하였다.

이런 일의 근본을 따져 보면 수십 년 전부터, 봉전對田(선양의 이전 명칭) 이남 대련·뤼순·뉴좡 등 바다가 얼지 않는 항구를 한 곳이나마 억지로 가지고 싶어 한 러시아의 욕심이 불같고 밀물 같았다. 그러

 세계의 영웅, 안중근

나 감히 손쓰지 못한 것은 영국과 프랑스 두 나라에게 천진天津을 침략당한 청이 광동廣東의 각 진영에 신식 군사시설을 많이 설치했기 때문이다. 감히 손 쓸 마음을 먹지 못하고, 끊임없이 침만 흘리면서 오랫동안 때가 오기를 기다렸다. 그러다가 지금에 이르러 계산이 들어맞은 것이다.

당시 뜻이 있고 안목을 갖춘 일본인이라면, 누구라도 창자가 갈기갈기 찢어지지 않았겠는가. 그러나 이유를 따져보면 이 모두가 일본의 허물이다. 이것이 바로 구멍이 있으면 바람이 생기는 법이요, 자기가 먼저 치니까 남도 친다는 격이다. 만일 일본이 먼저 청을 침범하지 않았다면, 러시아가 어찌 감히 이렇게 행동했겠는가. 제 도끼에 제 발등 찍힌 것이라 할 수 있다.

이로부터 중국 전체의 모든 사회 언론이 들끓었으므로, 무술변법戊戌變法이 자연스럽게 양성되는 듯했으나, 곧이어 의화단義和團이 들고 일어났으며, 일본과 서양을 배척하는 대재난이 크게 일어났다.

그래서 8개국 연합군이 발해渤海 해상에 운집하여 천진을 함락하고, 북경으로 쳐들어갔다. 청 황제가 시안부로 피신하는가 하면, 군인과 민간인 가릴 것 없이 상해를 입은 자가 수백만 명에 이르고, 금은 재화의 손해는 그 수를 헤아릴 수 없었다. 이 같은 참화는 세계 역사상 드문 일이자 동양의 큰 수치일 뿐 아니라, 장래 황인종과 백인종 사이가 나뉘어, 다툼이 그치지 않을 첫 징조였다. 어찌 경계하고 탄식하지 않을 것인가.

이때 러시아 군대 십일만 명이 철도 보호를 핑계로 만주 접경지역에 주둔해 있으면서 끝내 철수하지 않았으므로, 러시아 주재 일본 공사 구리노栗野 씨가 혀가 닳고 입술이 부르트도록 그 폐단을 주장하였지만, 러시아 정부는 들은 체도 하지 않았을 뿐 아니라, 도리어 군사를 늘렸다.

슬프다. 일본과 러시아 두 나라 사이의 대 참화를 끝내 벗어나지 못하였다. 그 근본 원인을 논한다면, 궁극적으로 어디로 돌아가게 될 것인가. 이야말로 동양의 일대一大 전철前轍이 될 만하다.

당시 일본과 러시아 두 나라가 각각 만주로 출병할 때, 러시아는 단지 시베리아 철도로 팔십만 군비를 실어 날랐으나, 일본은 바다를 건너 남의 나라를 지나, 네댓 군단과 군수품과 군량을 수륙 양면으로 보내 요하 일대에 수송했으니, 비록 예정한 계획이었다고는 하지만, 어찌 위험하지 않았겠는가. 결코 완전한 방책이 아니요, 참으로 마구잡이 싸움이라 할 수밖에 없다.

일본 육군이 잡은 길을 보면, 한국의 각 항구와 홍경興京, 금주만錦州灣 등지에 상륙하였으니, 사오천 리를 이동하며 겪었을 수륙水陸의 괴로움은 말하지 않아도 짐작할 수 있다.

이때 일본군이 연전연승은 했지만 여전히 함경도를 벗어나지 못했고, 뤼순구旅順口도 아직 격파하지 못했으며, 봉전對田서도 이기지 못했다.

만약 한국의 관민이 일치하여, 한목소리로 일본인이 을미년(1895 년)에 한국 명성황후明成皇后 민씨閔氏를 무고히 시해했으니, 그 원수를 이 기회에 갚아야 한다고 사방에 격문을 띄우고 일어났다면, 함경·평안 양도 사이에 있던 러시아 군대가 예상치 않은 곳에서 오가며 생각지 못한 곳을 공격하여서 일본군과 전후좌우로 충돌하고, 청 또한 위아래가 협동해 지난날 의화단 때처럼 들고일어나, 갑오년(1894년)의 묵은 원수를 갚겠다면서 북경 일대 사람들이 폭동을 일으키고, 허실을 살펴 방비 없는 곳을 공격해, 개평蓋平·요양遼陽 방면으로 유격 기습을 벌이며 싸우고 지켰다면, 일본군은 남북이 분열되고 앞뒤로 적을 맞아, 중심과 주변 모두 곤경에 처하는 어려움을 면하기 쉽지 않았을 것이다.

만일 이 지경에 이르렀다면 뤼순, 봉전 등지의 러시아 장졸들은 예기銳氣가 높아지고 기세가 배가해서, 앞뒤로 가로막고 좌충우돌했을 것이다. 그랬다면 일본군 세력이 머리와 꼬리가 닿지 않아, 군수품과 군량미를 이어댈 방법 찾기가 매우 어려웠을 것이다.

그렇게 되었다, 야마가타 아리토모와 노기 마레스케의 방책과 계략은 분명히 무산되었을 것이고, 또한 이때 청 정부와 주권자들의 야심도 폭발해서 묵은 한을 갚는 시기를 놓치지 않았을 것이다.

이른바 '만국공법萬國公法'이나 '엄정중립嚴正中立'같은 말들은 모두 근래 외교가의 교활한 속임수이니, 언급할 바가 못 된다. 군사 행동에서는 적을 속이는 것을 꺼리지 않거나, 의외의 허점을 치고 나가는 것을 전략가의 묘책이라고 말하면서, 청의 관민이 하나가 되어 명분 없이 군사를 동원하여, 일본을 배척하는 상태가 무척 극렬했다면, 동양 전체를 휩쓸 백년풍운百年風雲을 어찌할 뻔했는가.

만일 이와 같은 지경이 되었다면, 유럽 열강이 뜻밖에 좋은 기회를 얻었다며, 각기 앞을 다투어 군사를 출동시켰을 것이다. 그때 영국은 인도, 홍콩 등지에 주둔하고 있는 육군과 해군을 병진시켜, 위해위威海衛 방면에 집결시켜 놓고는, 분명히 강경한 수단으로 청 정부와 교섭하고 추궁했을 것이다.

또, 프랑스는 사이공과 마다가스카르에 있는 육군과 군함을 일시에 지휘해서, 아모이 등지로 모여들게 했을 것이고, 미국, 독일, 벨기에, 오스트리아, 포르투갈, 그리스 등의 동양 순양함대는 발해 해상에서 연합하여, 합동 조약을 미리 준비하여 이익을 서로 나누길 바랐을 것이다. 그렇게 되면 일본은 어쩔 수 없이, 밤새워 전국의 군비와 국가의 모든 재정을 편성한 뒤에 만주, 한국 등지로 곧바로 수송했을 것이다.

청은 격문을 사방으로 띄워 만주, 산동, 하남, 경상 등지의 군대와 의용병을 아주 급히 소집해, 용과 호랑이가 다투는 행세로 일대

풍운을 자아냈을 것이다. 만약 이러한 형세가 벌어졌다면, 동양의 참상은 말로 하지 않아도 상상하고 남음이 있다.

이때 한국과 청 두 나라는 그렇게 하지 않았을 뿐만 아니라, 오히려 약장約章을 준수하고 털끝만큼도 움직이지 않아, 일본이 만주 땅 위에서 위대한 공훈을 세우게 했다. 이를 보면 한국과 청 두 나라 인사의 개명開明 정도와 동양평화를 희망하는 정신을 충분히 알 수가 있다. 그러니 동양의 뜻있는 인사들의 깊은 생각과 헤아림은 가히 훗날의 모범이 될 것이었다.

그런데 러일전쟁이 끝날 무렵 강화조약 성립을 전후해서, 한국과 청 두 나라의 뜻있는 인사들의 수많은 소망이 모두 잘려버렸다.

당시 일본과 러시아 양국 전쟁의 형세를 논한다면, 개전 이후로 크고 작은 교전이 수백 차례였으나, 러시아 군대는 연전연패로 상심 낙담하여, 멀리서 적을 보기만 해도 싸우지 않고 달아났다.

일본 군대는 백전백승 승승장구하여, 동으로는 블라디보스토크 가까이 이르고, 북으로는 하얼빈에 육박하였다. 사세가 여기까지 이르렀으니 기회를 놓칠 수 없었다. 이왕 벌인 일이니, 비록 전 국력을 기울여서라도 한두 달 사력을 다해 나아가 공격하면, 동으로 블라디보스토크를 차지하고 북으로 하얼빈을 격파하는 것은 불을 보듯 뻔한 형세였다.

만약 그렇게 되었다면, 러시아의 백년대계는 분명히 하루아침에 흙이 무너지고 기와가 깨어지는 모습이 되었을 것이다. 그런데 무슨 이유로 그렇게 하지 않고 은밀히 구구하게 먼저 강화를 청해, 화근을 뿌리째 뽑아버리지 않았는지 가히 한탄스러운 일이다.

게다가 일본과 러시아의 강화 담판을 보더라도, 천하에 어떻게 워싱턴을 장소로 정했단 말인가? 당일 형세가 비록 미국이 중립을 지켜 편파적인 마음이 없었다지만, 짐승이 다툴 때도 오히려 주객의 형세가 있는 법인데, 하물며 인종의 다툼에 있어서랴. 일본이 전승국이고 러시아는 패전국인데, 일본이 어찌 제 본뜻대로 정하지 못했는가. 동양에서는 마땅히 알맞은 곳이 없어서 그랬단 말인가.

고무라 주타로小村壽太郎 외상이 구차스레 수만 리 밖 워싱턴까지 가서 강화조약을 체결할 때, 사할린 절반을 벌칙 조항에 넣은 일은 혹 그럴 수도 있어 이상하지 않지만, 한국을 그 가운데 집어넣어 우월권을 갖겠다고 한 것은 근거도 없고 합당하지도 않은 처사이다.

지난날 시모노세키조약 때는 본시 한국은 청의 속방屬邦이므로, 그 조약 중에 간섭이 반드시 있게 마련이지만, 한국과 러시아 두 나라 간에는 처음부터 관계가 없는 터인데, 무슨 이유로 그 조약에 들어가야 한단 말인가.

일본이 한국에 대해 이미 큰 욕심을 가지고 있었다면, 어찌 자기 수단으로 마음대로 하지 못하고, 이와 같이 유럽 백인종과의 조약 중에 끼워 넣어 영원히 문제가 되도록 하였단 말인가. 도무지 어이

　　　　　세계의 영웅, 안중근

없는 처사이다. 또 이미 중재의 주역이 된 미국 대통령도 한국이 구미 사이에 놓인 것을 보고, 분명히 몹시 놀라고 좀 괴이하다고 생각했을지라도, 같은 종족을 아끼는 의리로 일을 처리했을 리는 만무하다.

또한 미국 대통령은 노련한 수단으로 고무라 주타로 외무상을 농락하여, 약간의 섬 지역과 파손된 배와 철도 등 남은 물건을 배상으로 나열하고는, 거액의 벌금은 모두 없애버렸다.

만일 이때 일본이 패하고 러시아가 승리해서 담판하는 자리를 워싱턴에서 개최했다면, 일본에 대한 배상 요구가 어찌 이처럼 약소했겠는가. 그러하니 세상일이 공평하지 않음을 이를 미루어 알 수 있다.

이는 다른 까닭이 아니라, 지난날 동쪽을 침략하고 서쪽을 정벌하던 러시아의 행위가 뼈아프고 가증스러워, 구미 열강이 각자 엄정중립을 지켜 서로 돕지 않았던 탓이다. 이처럼 황인종에게 패전당한 뒤 일을 매듭짓는 자리에서, 어찌 같은 인종으로서의 정의情誼가 없었겠는가. 이것은 인정세태의 자연스러운 형세이다.

슬프다. 그러므로 자연의 형세를 돌아보지 않고, 같은 인종인 이웃 나라를 해치는 자는 끝내 따돌림을 받아 혼자가 되는 재앙을 결코 피하지 못할 것이다.

청취서*

* 안중근 의사는 사형선고를 받은 뒤, 일본 관동도독부 고등법원장(平石氏
  人)과 면담을 했는데, 그 면담 기록인 「청취서」(1910.2.17)에 안중근 의사
  가 구상한 동양평화론의 내용이 담겨져 있다.

청취서

살인범 피고인 안 중 근

　위 피고인 안중근은 지방법원 판결에 대한 항소 여부를 정하기 전에, 고등법원장에게 말하고 싶은 것이 있다고 형무소장을 통해 요청했으므로, 고등법원장은 촉탁 통역인 소노키 스에키園木末喜에게 통역을 맡기고 그를 만나자 피고는 다음과 같이 진술했다.

　—— 나의 살인 피고사건에 대한 지방법원 판결에 이해되지 않는 점이 있어, 먼저 이 부분부터 말하겠다.

　—— 나는 이토 히로부미를 만난 적이 없다. 그런데도 그를 죽인 것은 나라를 위해서 한 일이었으며 결코 한 개인 자격으로 한 것이 아니었다. 그러므로 본 건은 단지 한 살인범을 심리하는 문제가 되어선 안 된다. 따라서 이 재판은 합당하지 않은 것으로, 받아들일 수 없다.

——— 일한 5개조(1905년 을사늑약) 및 7개조(1907년 정미조약) 협약은 한국 황제를 비롯해 한국의 온 국민이 원해서 체결한 것이 아니다. 일본이 병력의 위압으로 강제로 체결시킨 것이다. 그러므로 우리는 의병을 일으켜 이에 반대하고, 이토 히로부미를 죽이게 되었다. 만약 이번 재판에 승복한다면 이 협약에 동의하는 바가 되므로 이 점에서도 불만이다.

——— 내가 한국의 의병 중장으로서 일한 것은 일본인도 인정한다. 일본 군대 및 경찰관도 안응칠安應七(안중근)이라는 자가 함경북도와 러시아 경내에서 한국을 위해 일한 것을 인정하고 있다. 이번 행위도 그 자격으로 행한 것이니 포로로 취급받아야 한다. 따라서 국제공법이나 만국공법을 적용해야 하니 뤼순 지방법원에서 심리하여 판결을 내리는 것은 매우 부당한 일이며, 한일협약에도 위배되는 것이다. 가령 내가 이번 재판에 승복하여도, 각 나라는 일본을 야만국이라며 비웃을 것이다. 이러한 이유에서도 이번 판결에 불복하지 않을 수 없다.

——— 이토 히로부미가 통감으로서 한국에 부임할 때 한국을 위한 것이라고 얘기했지만, 이는 단지 각 나라를 향한 핑계일 뿐 그 진의는 완전히 달랐다. 그 증거로 예를 들면, 한일협약을 체결한 이

완용 같은 놈은 한국인 모두가 개만도 못한 놈으로 취급하며, 그 이름을 입에 담기조차 수치스러워하고, 이토를 적대시한다. 이토를 살려 두면 동양평화를 해칠 뿐이다. 동양의 한 구성원으로서 나는, 이런 악당을 제거하는 일이 의무라고 믿고 죽인 것이다. 따라서 나를 한낱 살인범으로 처분하는 것은 대단히 잘못된 일이다. 또한 몰상식도 유분수지 나를 악당이라 부르는 자가 있는 것은 참으로 개탄할 일이니 이 점에서도 불만이다.

—— 이토 히로부미는 사리사욕을 채우려 행동해 왔다. 이토는 일본 천황의 위덕을 덮어버리고 해하는 악인이다. 지난번 공판정에서 검찰관은, 이토가 현재 통감이 아니어서 그를 죽이는 것은 개인적 원한이라고 했지만, 그것은 틀렸다. 이토는 통감을 사임한 후에도 여전히 여러 방면에서 간섭하고, 합병 문제까지 일으켰다. 나는 결코 개인적 원한이나 한 개인으로서 이토를 죽인 것이 아니다.

—— 이토 히로부미는 한국의 위아래 백성 모두가 행복해하며 만족해한다고 세계에 선전하지만, 이는 사실과 다르다. 제대로 볼 줄 아는 사람은 반드시 진실을 헤아릴 것이다. 한 예를 들자면, 한국 고종 황제는 총명하시므로, 이토가 마음대로 황제를 좌우할 수 없어 입장이 불리해지자, 고종 황제를 폐하고 이에 뒤떨어지는 현

     세계의 영웅, 안중근

황제를 세웠다. 한국인은 개국 이래 다른 나라를 침략하려 한 적이 없는, 즉 무武의 나라가 아니라 문文의 나라이며 선의의 민족이다. 그런데도 이토는 한국을 침략하여, 자기 뜻대로 지배하려 했으며 유능한 모든 자를 살해했다. 이런 자를 살려 두면 동양평화를 해치게 되므로, 나는 동양평화를 위해 그를 이 세상에서 제거한 것이지, 개인 자격으로 한 것이 아니다.

—— 여러 번 주장했지만, 러일전쟁 개전 당시 일본황제는 선전 조서에 한국 독립을 강고하게 한다고 적었으며, 또한 한일협약에도 같은 내용이 쓰여 있다. 그런데도 이토 히로부미는 한국군부를 폐지하는 동시에, 일본이 사법권을 이어받게 하더니 행정권까지도 탈취하려고 한다. 이는 '한국 독립' 운운한 것과는 상반되며, 한국 황실의 존엄을 유지한다는 것도 말만 그렇지 속은 그렇지 않다. 러시아와 일본 전역에서 일본 청년 수만 명이 목숨을 잃었고, 한일협약이 성립될 때도 수많은 인명을 잃었다. 이는 모두 이토의 정책이 좋지 않았기 때문에 생긴 것이다. 이러한 악당을 제거했는데, 왜 지나치게 무거운 처벌을 받아야 하는가? 마치 큰 도적을 용서하고 좀도둑을 처벌하듯 참으로 부당하다.

—— 세상 사람은 이토 히로부미를 20세기 영웅 또는 위대한 인

물로 칭찬하고 있지만, 나는 그가 지극히 작은 자이며 간악무도한 놈이라고 본다. 청일, 러일, 한일 모든 관계에서 이토의 정책은 합당치 않아, 탄환이 날아들지 않는 날이 하루도 없었다. 하늘을 따르는 자는 흥하고 하늘을 거역하는 자는 망한다는 속담이 있다. 러일 선전 조칙에 한국의 독립을 공고히 한다는 내용이 있고, 이는 하늘의 뜻을 받은 것으로 일본 황제의 높은 뜻이라고도 생각한다. 개전 당시에는 아무도 일본의 승리를 예측한 사람이 없었다. 그런데도 승리한 것은 하늘 뜻에 따르면 흥한다는 이치에도 맞는 것 같다. 이토는 일본 황제의 높은 뜻에 어긋나는 정책을 취했기에, 오늘날 이처럼 일본과 한국을 궁지에 빠뜨렸다. 너무 강하면 부러진다는 말이 있다. 이토의 행위는 간악무도하고 너무 강하다. 그것은 인심을 따르지 않았을 뿐만 아니라, 도리어 반항심을 불러일으켰다.

—— 이토 히로부미의 정책은 어쩔 수 없이 내놓은 것임을 나도 이해는 한다. 오늘날 일본은 재정 상황이 매우 심각하여 재정 결손을 메우기 위해, 청과 한국 두 나라에 똑같은 정책을 쓰고 있다. 그러나 그것은 잘못이다. 마치 자기 살을 찢어서 허기를 견디려는 것과 같아, 일시적으로 굶주림은 면할지라도 다음에 더 큰 고통이 올 것을 모르고 한 일이므로, 양심 있는 사람들 가운데 이토의 정책을 비웃지 않는 자는 없다.

　　　　　세계의 영웅, 안중근 ————————

일본의 동양에서의 지위는 인체에 비유하면 마치 머리와 같다. 그러므로 국제간 문제를 조심스럽게 다루지 않으면 안 된다. 그런데도 이토의 정책을 두고, 국제 정세에 어두운 한국인은 물론, 러시아·청·미국 각 나라도 일본을 응징할 기회가 올 때만을 기다리고 있다. 오늘 그것을 바꾸지 않으면 일본은 머지않아 큰 화를 입게 될 것이고, 각 나라에 동양평화를 교란한 책무를 지지 않으면 안 될 것이다.

일본은 동양평화에 대해서는 어쨌든 책임을 면할 수 없다. '허물이 있으면 고치기를 꺼리지 말아야 한다.'라는 금언이 있다. 만약 내가 일본의 책임자라면 취해야 할 정책에 관해 의견이 있다. 지금 그것을 진술하면 악영향을 끼칠 수도 있으니 여기에서는 진술하지 않겠다.

지금까지 동양평화를 둘러싼 정세를 말했는데, 이 역시 이번의 내 행위가 죄가 되지 않는 이유이다.

고등법원장은 피고가 가슴에 품은 정책이 어떤 것인지 물었다.

—— 내가 생각하는 정책을 말해도 지장이 없다면 말해보겠다. 내 의견이 어리석다며 웃음을 살지도 모르겠지만, 어제오늘 생각한 것이 아니고 몇 년 전부터 생각해 온 것이다. 내가 지금 말하는

정책을 실행한다면, 일본은 태산같이 평안하고 태평하여, 여러 나라로부터 대단한 명예를 얻게 될 것이다.

패권을 장악하려면 비상수단을 취해야 한다. 일본이 벌여온 정책은 20세기에는 심히 만족스럽지 못했다. 즉 이전에 여러 나라에서 사용한 방법을 흉내 내었는데, 바로 약소국을 쓰러뜨리고 그 나라를 병탄하려는 방법이었다. 이러한 방법으로는 결코 패권을 장악할 수 없다. 지금까지 세계열강이 하지 않았던 일을 해야 한다.

이제 일본은 일등 국가로서 세계열강들과 어깨를 나란히 하여 나아가고 있지만, 급한 성질은 일본의 결점이며, 일본을 위한다면 삼가야 할 점이다.

—— 일본이 해야 할 급선무로 첫 번째는 재정 정리이다. 재정은 인간으로 치면 건강이므로, 재정을 육성하여 나라 건강을 튼튼하게 만드는 것이다. 두 번째는 세계열강의 신용을 얻는 것이다. 오늘날 일본은 신용을 얻지 못하고 있다. 세 번째는 먼저 언급한 바와 같이, 각 나라가 일본의 틈을 엿보며 기회를 노리고 있으므로, 거기에 대응하는 방법을 염려하지 않으면 안 된다.

이 3대 급선무를 해결하는 완전한 방법은 무엇인가? 내 생각에는 쉬운 일이다. 전쟁이나 아무것도 필요하지 않다. 단 하나, 마음을 고쳐먹어야 한다. 일을 시작하는 방법의 하나는 이토의 정책을 바꾸는 것이다. 이토의 정책은 전 세계의 신용을 잃게 하며, 한일협약 같은 정책은 상대방이 기꺼이 받아들이기는커녕 도리어 반항심을 부추기며, 상대를 도발하는 것에 지나지 않는다. 얻는 것이 전혀 없다.

일본·한국·청은 형제 국가이므로 서로 지극히 친밀하게 지내야 한다. 오늘날 상황은 형제 사이가 나빠 싸우는데, 한 사람이 남에게 도움을 바라는 모습 같다고 할 수 있다. 그것은 세계 곳곳에 형제간 불화를 드러내 알리는 것과 같다.

일본이 지금까지 해온 정책을 바꾸겠다고 세계에 발표하는 일은 매우 치욕스러울 수 있겠지만, 그것 또한 감수하고 가야 할 일이다.

이를 위한 새로운 정책으로 뤼순을 개방하여 일본·청·한국의 군항으로 두고, 이 세 나라의 능력 있는 자들을 그 땅에 모아 평화회平和會 같은 모임을 조직하여 세계에 공표하는 것이다. 이는 일본이 야심이 없음을 보여주는 것이다. 뤼순을 일단 청에 돌려주고, 평화의 근거지로 삼는 것이 가장 합당한 책략이라고 믿는다.

패권을 장악하려 한다면 비상수단이 필요한데, 바로 이 점이다. 뤼순의 상처가 일본에는 고통이 되겠지만, 결과적으로는 오히려 이익을 안겨다 줄 것이다. 세계 각 나라는 이 슬기로운 결정에 감탄하여 일본을 칭찬하고 신뢰할 것이며, 일본·청·한국은 평화와 행복을 영구히 얻을 것이다.

또 재정 정리를 위해 뤼순에 동양평화회를 조직해 회원을 모집하고, 각 회원에게서 1엔을 회비로 징수하는 것이다. 일본·청·한국 국민 수억이 이에 가입하리라는 것은 의심의 여지가 없다. 은행을 설립해 각 나라가 공유하는 화폐를 발행하면, 반드시 신용을 얻게 되니 금융은 자연스럽게 돌아갈 것이다. 중요한 지역마다 평화 지회를 마련하는 동시에 은행 지점을 두기로 한다. 이렇게 하면 일본의 금융은 비로소 원만해지고 재정도 완전해질 것이다.

뤼순을 경비하기 위해 일본 군함 5, 6척을 뤼순항에 계류해 둔다. 이상과 같이하면 뤼순을 돌려주어도, 일본이 영유한 것과 조금도 다르지 않을 것이다.

—— 이상의 방법으로 동양평화는 완전해지지만, 세계열강에 대비하려면 무장을 해야 한다. 일본·청·한국 세 나라로부터 각 대표를 파견해 이를 담당하게 하고, 세 나라의 강건한 청년을 모아서 군단을 편성한다. 청년들에게 각각 두 나라 언어를 배우게 하면 어학의 진보에 따라 형제 나라라는 관념이 강고해질 것이다.

이렇게 일본이 위대한 태도를 세계에 보여준다면, 세계는 탄복하며 일본을 숭배하고 경의를 표하게 될 것이다. 가령 일본에 대한 야심을 가진 나라가 있다 한들, 기회를 얻기가 어려워질 것이다. 이렇게 하여 일본은 수출이 점점 많아지고 재정도 풍부해져, 태산 같은 안정을 얻게 될 것이다. 청·한국 두 나라 모두 그 행복을 누리고,

또 여러 나라에 모범을 보일 것이다. 물론 청·한국 두 나라는 일본을 주인으로 우러러볼 것이므로, 경쟁하지 않더라도 상공업 패권이 일본에 돌아오게 된다. 만주 철도 문제에서 파생한 분쟁 같은 것은 꿈에서마저 볼 수 없게 된다.

이렇게 되면 인도·태국·베트남 등 아시아 여러 나라는 자처해서 가맹을 신청할 것이고, 일본은 앉은 채 동양을 손아귀에 넣게 된다.

── 은殷나라가 망할 즈음 여러 나라는 주周나라 황제를 옹립하여, 드디어 주나라는 천하의 패권을 쥐었다.

오늘날 세계열강이 도저히 해낼 수 없는 것이 있다. 나폴레옹 시대까지는 가톨릭 교황으로부터 왕관을 받아 왕위에 올랐다. 그러나 나폴레옹이 그 제도를 파괴하여, 그 이후 이를 할 수 있는 사람이 없었다.

일본이 이런 식으로 패권을 장악한 후, 일본·청·한국의 황제가 로마 가톨릭 교황과 대면하여 맹세하고 왕관을 쓰면 세계는 무척 경탄할 것이다. 현재 가톨릭교는 세계 종교의 삼분의 이를 차지하고 있다. 세계 삼분의 이에 해당하는 민중에게서 신용을 얻게 되면, 그 세력은 어마어마할 것이다. 만약 이들이 반대한다면, 일본이 아무리 강국이어도 어떻게 할 도리가 없다.

―― 한국은 일본 손안에 있으므로 일본의 방침에 따라 어떻게
도 될 수 있다. 그러므로 일본이 위에 말한 바와 같은 정책을 취한
다면, 한국도 그 여경餘慶(남에게 한 좋은 일로 자손이 받는 경사)을 입게 될
것이다.

―― 또 일본을 위해서 개탄을 금치 못 하는 것이 있다. 러일전
쟁 당시는 '해가 나니 이슬이 사라졌다日出露消(해는 일본, 이슬은 러시아)'
고 일컫는 일본의 전성시대였다. 그러나 오늘 청과 한국인은 "날로
차갑게 바뀐다日冷日異"라고 한다. 이는 일본이 쇠망한 상태임을 말
하는 것이니, 일본이 크게 주의를 기울여 정책을 행하지 않으면, 회
복할 수 없는 역경에 빠지고 말 것이다. 이 점은 일본 당국이 반성
해야 한다.

여기서 고등법원장은, 피고가 의견을 내더라도 법원은 피고를 단지
살인범으로 취급할 뿐이므로, 피고의 의견을 배려하거나 그에 맞는
특별한 절차를 취할 수 없다고 말하니, 피고는 그 뜻을 이해했다.

―― 나는 처음부터 목숨을 걸고 국가를 위해 힘을 다할 생각이
었으니, 이제 와서 죽음을 두려워하여 항고抗告를 신청하지 않겠다.

지금 옥중에서 동양 정책 및 나의 전기를 쓰고 있으니 단지 이것을 완성하고 싶다. 또 홍(빌렘) 신부님이 한국에서 나를 만나러 온다고 하니, 면회할 기회를 얻고 싶다. 따라서 내 형의 집행은 내가 믿는 가톨릭교에서 기념해야 할 오는 3월 25일까지 유예해 주기를 탄원한다.

위와 같이 기록하다.

메이지 43년(1910년) 2월 17일

관동도독부 고등법원 서기 다케우치 시즈에竹內靜衞

안중근 기록 문서[*]

* 안중근 의사는 글과 말, 옥중 서신, 유묵 등이 전해진다.

안중근의 글과 말

1. 인심결합론

안중근 의사가 1908년 3월 21일, 연해주 블라디보스토크에서 간행하는 「해조신문」에 기고한 글.

무릇 사람이 만물보다 귀하다는 것은 다른 것이 아니라, 삼강오륜 三綱五倫을 알기 때문이다. 그러므로 사람이 세상에 처하되 첫째는 몸을 닦고, 둘째는 집을 정돈하고, 셋째는 나라를 보호하는 것이다.

그래서 사람은 몸과 마음을 서로 합하여 생명을 보호하고, 집은 부모와 처자에 의해서 유지되고, 나라는 국민 상하의 단결에 의해서 보존되는 것이거늘, 슬프다! 우리나라가 이같이 참담한 경지에 빠졌으니, 그 까닭은 다른 것이 아니라, 서로 화합하지 못한 것이 제일 큰 원인이다.

이 불화하는 병의 근원은 교만 병이다. 하고많은 해독이 교만으로부터 생겨나니, 소위 교만한 무리들은 저보다 나은 자는 시기하

　　　세계의 영웅, 안중근

고, 저보다 약한 자는 업신여기며, 동등한 자는 서로 다투어 아랫사람이 안 되려 하니, 어찌 서로 결합함을 얻을 수 있을 것인가.

그러나 교만을 바로잡는 것은 바로 겸손이다. 사람이 만일 각각 겸손을 주장 삼아 자기를 낮추고 남을 공경하여, 남이 자기를 꾸짖는 것을 너그러이 하고 자기 공을 남에게 양보한다면, 사람이 짐승이 아니거늘 어찌 서로 불화할 일이 있겠는가.

옛날 어느 나라 임금이 죽을 적에 자식들을 불러 경계하여 말하되, "너희들이 만일 내가 죽은 뒤에 형제끼리 마음을 합하지 못하면, 쉽게 남의 꺾임이 되려니와, 마음을 합하기만 하면 어찌 남들이 꺾을 수 있겠느냐."라고 하였다.

이제 고국산천을 바라보니 동포들이 원통하게 죽고, 죄 없는 조상의 백골마저 깨뜨리는 소리를 차마 듣지 못하겠다.

깨어라! 연해주에 계신 동포들이여! 본국의 이 소식을 듣지 못했는가? 당신들의 일가친척은 모두 대한 땅에 있고, 당신들의 조상의 분묘도 모국 산하에 있지 않단 말인가.

뿌리가 마르면 가지 잎새도 마르는 것이니, 조상이 같은 피의 족속이 이미 굴욕을 당했으니, 내 몸은 장차 어떻게 하리오. 우리 동포들아! 각각 '불화' 두 자를 깨뜨리고 '결합' 두 자를 굳게 지켜 자녀들을 교육하며, 청년자제들은 죽기를 결심하고 속히 우리 국권을 회복한 뒤에, 태극기를 높이 들고 처자 권속과 독립관에 서로 모여,

일심단체로 6대주가 진동하도록 대한독립 만세를 부를 것을 기약하자.

2. 한국인 안응칠 소회

안응칠 소회는 1909년 11월 6일 뤼순형무소로 이감한 직후에 검찰관의 첫 신문에 앞서 이토의 죄목 15개 조와 함께 서면으로 제출한 것.

하늘이 사람을 내어 세상이 모두 형제가 되었다. 각자 자유를 지켜 삶을 좋아하고 죽음을 싫어하는 것은 누구나 가진 떳떳한 정이라. 오늘날 세상 사람들은 으레 문명한 시대라 일컫지마는, 나는 홀로 그렇지 않은 것을 탄식한다.

무릇 문명이란 것은 동서양을 불문하고, 잘 난이 못난이 남녀노소를 물을 것 없이, 각자 천부의 성품을 지키고 도덕을 숭상하며, 서로 다투는 마음이 없이 제 땅에서 편안히 생업을 즐기면서 같이 태평을 누리는 것이다.

그런데 오늘의 시대는 그렇지 못하여, 이른바 선진사회의 상층 인물들은 의논한다는 것이 경쟁하는 것이요 연구한다는 것이 사람 죽이는 무기이다. 그래서 동서양 6대주에 대포 연기와 탄환 빗발이 그칠 날이 없으니, 어찌 개탄할 일이 아닌가.

이제 동양 대세를 말하면, 비참한 현상이 더욱 심하여 참으로 기

     세계의 영웅, 안중근

록하기 어렵다. 이른바 이토 히로부미는 천하대세를 깊이 헤아려 알지 못하고, 함부로 잔혹한 정책을 써서 동양 전체가 장차 멸망을 면하지 못하게 되었다.

슬프다! 천하대세를 걱정하는 청년들이 어찌 팔짱만 끼고 아무런 방책도 없이 앉아서 죽기를 기다리는 것이 옳을 것인가. 그러므로 나는 생각다 못하여, 하얼빈에서 총 한 방으로 만민이 보는 앞에서 늙은 도적 이토의 죄악을 벌하여, 뜻 있는 동양 청년들의 정신을 일깨우려고 한 것이다.

3. 이토 히로부미의 죄상 15개 조

하얼빈 의거 직후 미조부치 일본 검찰관이 이토를 저격한 사유를 물었을 때 안중근 의사가 답변한 내용.

1. 대한제국 황후를 시해한 죄
2. 대한제국 황제를 폐위시킨 죄
3. 을사늑약과 정미조약을 강제로 체결한 죄
4. 무고한 한국인들을 학살한 죄
5. 한국의 국권을 강제로 빼앗은 죄
6. 철도, 광산, 산림, 농상공업을 강탈한 죄
7. 제일은행권을 강제로 사용케 한 죄
8. 대한제국 군대를 해산시킨 죄

9. 한국의 교육을 방해한 죄

10. 한국인들의 외국 유학을 금지시킨 죄

11. 교과서를 압수하여 불태워버린 죄

12. 한국인이 일본의 보호를 원한다고 세계에 거짓말을 한 죄

13. 한국과 일본 간에 분쟁과 살육이 계속되는데 한국이 태
평 무사한 것처럼 천황을 속인 죄

14. 동양평화를 깨뜨린 죄

15. 일본 천황의 아버지 태황제를 죽인 죄

4. 동포에게 고함

안병찬 변호사가 면회한 자리에서 동포에게 전한 말로 1910년 3월 26일 자 대한매일신보에 게재됨.

내가 대한국의 독립을 회복하고 동양평화를 유지하기 위하여, 삼 년 동안 해외에서 풍찬노숙하였으나, 그 목적을 이루지 못하고 이곳에서 죽으니, 우리 2천만 형제자매는 각자 스스로 분발하여, 학문에 힘쓰고 산업을 진흥하여, 나의 뜻을 이어 자유 독립을 회복하면 죽는 자 여한이 없겠다.

5. 최후의 유언

안중근 의사가 순국 직전에 정근, 공근 두 아우를 통하여 국민에게
전하는 유언

내가 죽은 뒤에 나의 뼈를 하얼빈 공원 곁에 묻어 두었다가, 국권
이 회복되면 고국으로 옮겨다오. 나는 천국에 가서도 마땅히 우리
나라의 독립을 위해 힘쓸 것이다.

너희들은 돌아가서 동포들에게, 각자 나라를 위해 책임을 지고
국민의 의무를 다하여, 마음을 같이 하고 힘을 합하여, 공을 세우고
업을 이루도록 말해다오. 대한독립의 소리가 천국에 들려오면, 나
는 마땅히 춤추며 만세를 부를 것이다.

옥중 서신과 전언

1. 어머니 전 상서

예수를 찬미합니다.

불초한 자식은 감히 한 말씀을 어머니 전에 올리려 합니다. 엎드려 바라옵건대, 자식의 막심한 불효와 아침저녁 문안인사 못 드림을 용서하여 주시옵소서.

이 이슬과도 같은 허무한 세상에서 감정에 이기지 못하시고, 이 불초자를 너무나 생각해 주시니, 훗날 영원의 천당에서 만나 뵈올 것을 바라오며 또 기도하옵니다.

이 현세의 일이야말로 모두 주님의 명령에 달려 있으니, 마음을 평안히 하옵기를 천만번 바라올 뿐입니다. 분도는 장차 신부가 되게 하여 주기를 희망하오며, 후일에도 잊지 마옵시고 천주께 바치도록 키워 주십시오.

이상이 대요이며, 그 밖에도 드릴 말씀은 허다하오나, 후일 천당에서 기쁘게 만나 뵈온 뒤 누누이 말씀드리겠습니다.

위아래 여러분께 문안도 드리지 못하오니, 반드시 꼭 주교님을 전심으로 신앙하시어, 후일 천당에서 기쁘게 만나 뵈옵겠다고 전해 주시기 바라옵니다.

이 세상의 여러 가지 일은 정근과 공근에게 들어 주시옵고, 배려를 거두시고 마음 편안히 지내시옵소서.

아들 도마 올림

2. 분도 어머니에게 부치는 글

예수를 찬미하오.

우리들은 이 이슬과도 같은 허무한 세상에서 천주의 안배로 배필이 되고, 다시 주님의 명으로 이제 헤어지게 되었으나, 또 머지않아 주님의 은혜로 천당 영복의 땅에서 영원에 모이려 하오.

반드시 감정에 괴로워함이 없이, 주님의 안배만을 믿고 신앙을 열심히 하고, 어머님에게 효도를 다하고 두 동생과 화목하여 자식의 교육에 힘쓰며, 세상에 처하여 심신을 평안히 하고 후세 영원의 즐거움을 바랄 뿐이오.

장남 분도를 신부가 되게 하려고 나는 마음을 결정하고 믿고 있으니, 그리 알고 반드시 잊지 말고, 특히 천주께 바치어 후세에 신부가 되게 하시오.

많고 많은 말을 천당에서 기쁘고 즐겁게 만나보고, 상세히 이야기할 기회가 있을 것을 믿고 또 바랄 뿐이오.

1910년 경술 2월 14일

장부 도마 올림

3. 홍(빌렘) 신부 전상서

예수를 찬미합니다.

자애로우신 신부님이시여. 저에게 처음으로 세례를 주시고, 또 최후의 그러한 장소에 수많은 노고를 불구하고, 특히 와주시어 친히 모든 성사를 베풀어주신 그 은혜야말로, 어찌 다 사례를 할 수 있겠습니까.

감히 다시 바라옵건대 죄인을 잊지 마시고, 주님 앞에 기도를 바쳐 주시옵고, 또 죄인이 욕되게 하는 여러 신부님과 여러 교우들에게 문안드려 주시어, 모쪼록 우리가 속히 천당 영복의 땅에서 흔연히 만날 기회를 기다린다는 뜻을 전해 주시옵소서.

그리고 주교께도 상서하였사오니 그리 아시기를 바랍니다. 끝으로 자애로우신 신부님이 저를 잊지 마시기를 바라오며, 저 또한 결코 잊지 않겠습니다.

1910년 경술 2월 15일

죄인 안도마 올림

4. 안중근 어머니의 전언

네가 늙은 어미보다 먼저 죽는 것을 불효라 생각한다면 이 어미는 웃음거리가 될 것이다.

너의 죽음은 너 한 사람의 것이 아니라 조선인 전체의 공분公憤을 짊어진 것이다.

만약 네가 항소抗訴한다면 그것은 일제에 목숨을 구걸하는 것이다. 네가 나라를 위해 이에 이르렀으니, 다른 마음 먹지 말고 죽으라.

옳은 일을 하고 받은 형刑이니 비겁하게 삶을 구하지 말고 대의를 위해 죽는 것이 이 어미에 대한 효도이다.

아마도 이 편지가 이 어미가 너에게 쓰는 마지막 편지가 될 것이다. 여기에 수의를 지어 보내니 이 옷을 입고 가거라.

안중근의 유묵

안중근 의사의 유묵은 1910년 2월과 3월에 쓴 것들로 대부분 "경술 이(삼)월 뤼순 옥중에서 대한국인 안중근 서"라 쓰고 인장 대신에 먹을 손바닥에 묻혀 장인으로 찍었다.

1910년 2월 14일의 공판에서 사형이 언도되었고, 2월 17일 고등법원장과 만나 「동양평화론」을 쓸 때까지 사형을 연기해 줄 것을 약속받고 공소권 청구를 포기했다.

그때 법원과 형무소의 일본 관리들이 안중근의 글을 기념 삼고자, 비단과 종이를 넣어 주어 매일 몇 시간씩 글을 썼다. 200여 점을 쓴 것으로 알려졌다. 현재는 63점이 남아 있는데, 25점이 보물로 지정되어 있다.

안중근 의사의 유묵은 경전의 구절이나 격언, 그리고 자신의 심정을 적은 시 등으로 국가와 민족을 향한 그의 충정과 사랑 그리고 장부의 기상이 잘 나타나 있다. 그리고 장렬한 최후를 앞둔 독립투사의 결연한 의지가 깃들어 있다.

안중근 의사의 유묵은 글씨로서도 훌륭한 가치를 지니고 있다. 글자 획이 웅장하고 힘이 있으며, 글의 내용에 따라 부드러우면서도 날카로운 필치를 보인다. 누구의 필체와도 다른 안중근체라 할 수 있다.

안중근 의사의 유묵은 천주교 신앙, 교육과 교훈, 애국과 군인본분, 장부와 지사의 기상, 삶의 자세와 인간 세상, 세계정세와 일본 비판 등 다양한 내용을 포괄하고 있다. 그 내용을 정리해 보면 다음과 같다.

1. 천주교 신앙 관계

① 경천 敬天 : 하나님을 공경하라!

34cm×65.3cm, 천주교 서울대교구 소장

② 극락 極樂 : 천당의 지극한 즐거움.

33.2cm×68.2cm, 안중근의사숭모회 소장, 보물 지정일: 1972. 8. 16.

③ 천당지복 영원지락 天堂之福 永遠之樂 : 천당의 복은 영원한 즐거움이다.

136.2cm×33.2cm, 안중근의사숭모회 소장

안중근 의사의 깊은 신앙을 잘 표현한 글이다. 안중근 의사는 아내에게 "주님의 은총에 의해 천당영복天堂永福의 땅에서 영원히 모이려 하오. 세상에 처하여 신심身心을 편안하게 가지시고, 후세의 영원의 낙樂만을 기원할 뿐이오."라는 유서를 보냈다.

이 유묵은 뤼순 감옥 안중근 의사 담당 교도관 치바 도시치의 처조카인 가노 타쿠미의 장남인 가노 켄이 안중근의사숭모회에 기증했다.

 세계의 영웅, 안중근

2. 교육과 수양 관계

① 일일부독서 구중생형극 一日不讀書 口中生荊棘 :

하루라도 글을 읽지 않으면 입안에 가시가 돋친다.

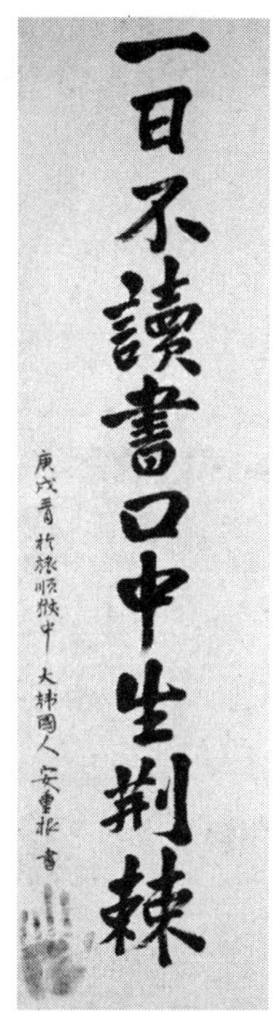

148.4cm×35.2cm, 동국대학교박물관 소장, 보물 지정일: 1972. 8. 16.

안중근 의사 유묵 중 독서를 권장하는 유명한 구절이다.

② 민이호학 불치하문 敏而好學 不恥下問 :

　　　민첩하고 배우기를 좋아하며, 아랫사람에게 묻는 것을

　　　부끄러워하지 않는다.

③ 박학어문 약지이례 博學於文 約之以禮 :

　　　널리 글을 배우고 예로써 몸을 단속하라.

②

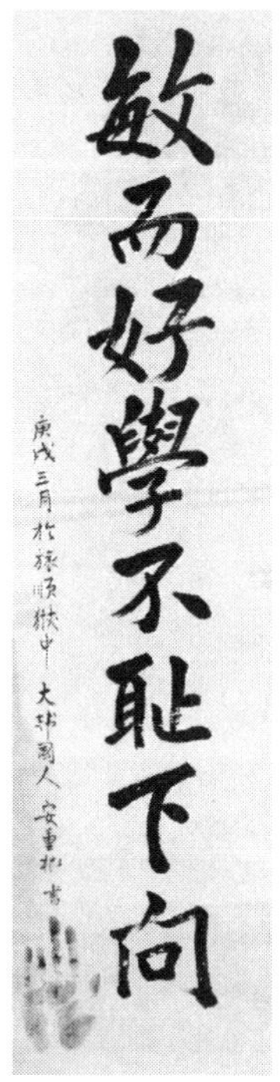

③

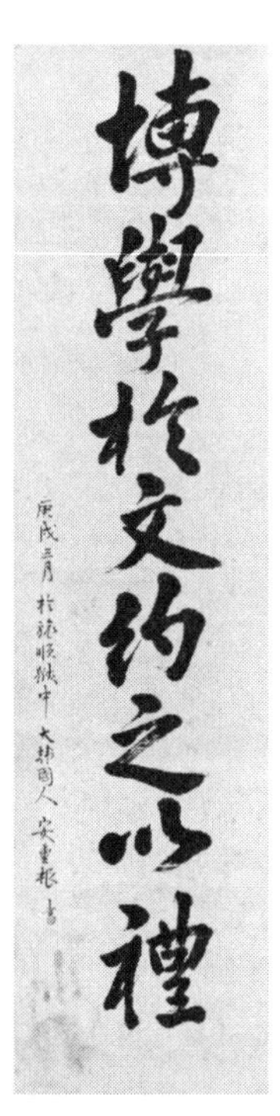

150cm×40cm,
일본 정심사 소장,
교토 류코쿠대학에 기탁 보관

137.4cm×33cm,
안중근의사숭모회 소장,
보물 지정일: 1972. 8. 16.

논어에서 인용한 글이다.

④ 백일막허도 청춘부재래 白日莫虛渡 靑春不再來 :

　세월을 헛되이 보내지 마라, 청춘은 다시 오지 않는다.

⑤ 황금백만냥 불여일교자 黃金百萬量 不如一敎子 :

　황금 백만 냥도 자식 하나 가르침만 못하다.

④

145cm×31cm,
정석주 소장

⑤

150cm×35cm,
대한민국역사박물관 소장,
보물 지정일: 2022. 6. 23.

3. 애국과 군인의 자세

① 독립 獨立 : 독립하자!

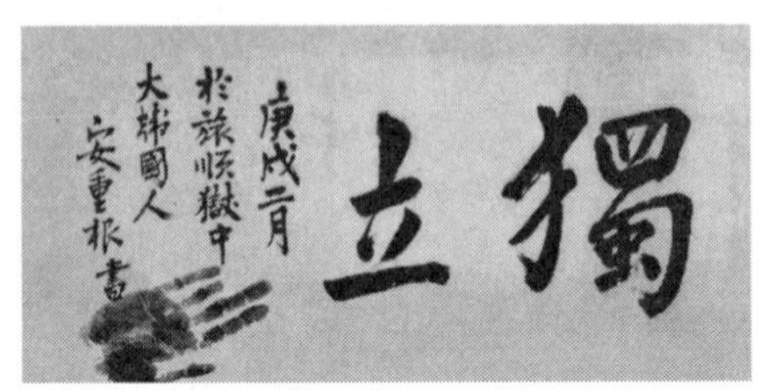

31.8cm×66.2cm, 히로시마 간센지願船寺 소장,
교토 류코쿠대학에 기탁 보관

안중근 의사가 목숨을 건 간절한 소망이다. 뤼순 감옥 간수 시타라 마사오 設樂正雄가 안중근 의사로부터 직접 받은 유묵이다. 후손 히로시마 간센지願船 寺 시타라 마사스미가 소장하고 있다가 교토 류코쿠대학에 기탁하였다.

② 대한독립 大韓獨立 : 대한이여 독립하라!

안중근 의사의 단지혈서 엽서

1909년 2월 노령 연해주 연추에서 동지 11명과 단지동맹을 맺을 때, 조국 의 독립을 위해 헌신하겠다는 맹서를 하며 쓴 혈서이다. 대한독립을 위한 헌 신의 표시이다.

③ 제일강산 第一江山 : 첫째가는 우리나라!

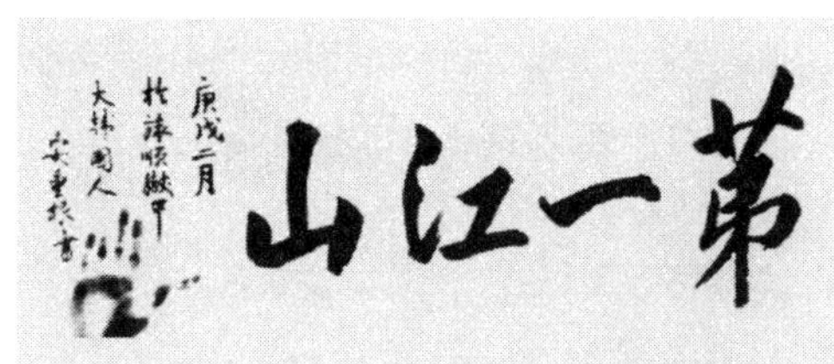

38.6cm×96.6cm, 숭실대학교 한국기독교박물관 소장,
보물 지정일: 1972. 8. 16.

우리나라에 대한 자랑과 사랑을 함축하여 표현한 글이다.

④ 국가안위 노심초사 國家安危 勞心焦思 : 국가의 안위를 걱정하고 애태운다.

149.3cm×38.5cm, 안중근의사숭모회 소장, 보물 지정일: 1993. 1. 15.

안중근 의사에게 친절했던 야스오카安岡 검찰관에게 써준 유묵이다.

⑤ 위국헌신 군인본분 爲國獻身 軍人本分 :

　나라를 위해 몸을 바치는 것은 군인의 본분이다.

⑥ 임적선진 위장의무 臨敵先進 爲將義務 :

　적을 맞아 먼저 나가는 것은 장수 된 자의 의무이다.

⑤

126.1cm×25.9cm, 명주천,
안중근의사숭모회 소장,
보물 지정일: 1993. 1. 15.

⑥

126.1cm×25.9cm, 명주천,
진해 해군사관학교박물관 소장,
보물 지정일: 2007. 10. 24.

안중근 의사를 경호했던 치바 도시치天葉十七에게 써준 유묵이다. 군인의 본분을 간명하게 밝힌 글로, 오늘날 한국군의 좌우명이 되었다.

4. 장부와 의사의 기상

① 장부수사심여철 의사임위기사운 丈夫雖死心如鐵 義士臨危氣似雲 :

　장부는 비록 죽을지라도 마음은 쇠와 같이 굳고, 의사는 위험에 처할지라도 그 기상은 구름과 같도다.

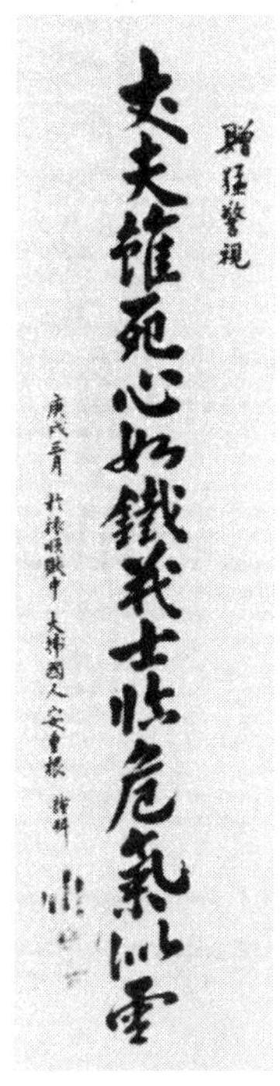

135.4㎝×31.7㎝, 숭실대학교 한국기독교박물관 소장, 보물 지정일: 1972. 8. 16. 안중근 의사가 사형 집행을 당하기 5분 전에 간수에게 전한 유묵이다.

② 지사인인 살신성인 志士仁人 殺身成仁 :

뜻있는 선비와 어진 사람은 옳은 일을 위해 목숨을 바친다.

149.3cm×37.8cm, 안중근의사숭모회 소장, 보물 지정일: 2022. 6. 23.

논어에서 인용한 글이며 일본 변호사 미즈노 키치타로水野吉太郎에게 써준
유묵이다.

③ 견리사의 견위수명 見利思義 見危授命 :

　　이익됨을 보면 의를 생각하고,

　　위태로움을 보면 목숨을 바쳐라.

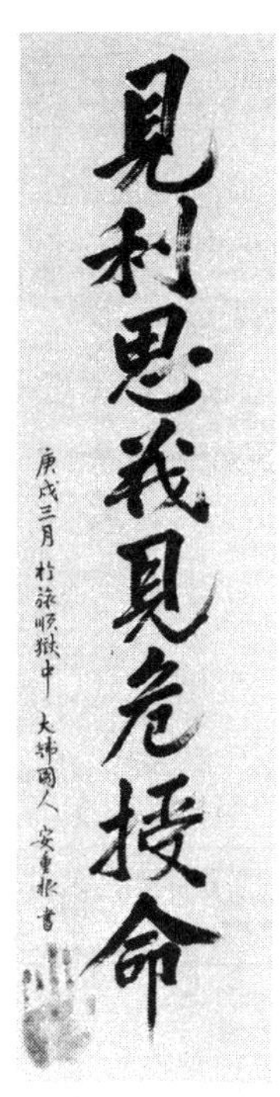

140.8㎝×30.6㎝, 동아대학교박물관 소장, 보물 지정일: 1972. 8. 16.

　논어에서 인용한 글로, 안중근 의사의 의로운 삶과 희생정신을 잘 나타낸 글이다.

5. 삶의 자세

① 인내 忍耐 : 참고 견디라.

② 고막고어자시 孤莫孤於自恃 :

　　스스로 잘난 체하는 것보다 더 외로운 것은 없다.

①
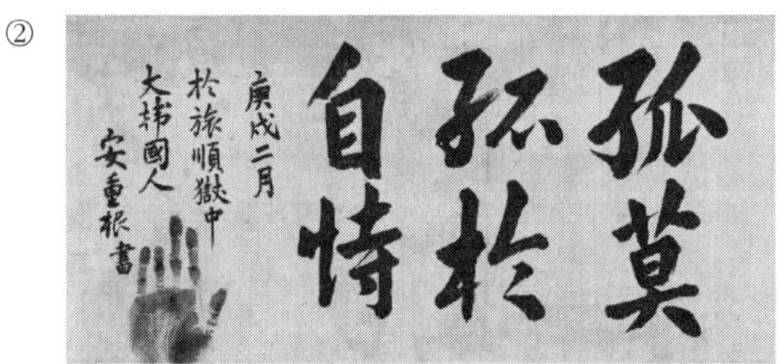

26.8cm×72.1cm,
김신화 소장,
보물 지정일: 1972. 8. 16.

②

39.7cm×74.9cm,
남화진 소장,
보물 지정일: 1972. 8. 16.

　　　　세계의 영웅, 안중근

③ 백인당중유태화 百忍堂中有太和 :

　　백번 참는 집안에 태평과 화목이 있다.

　　중국 당 고종의 글이다.

④ 빈이무첨 부이무교 貧而無諂 富而無驕 :

　　가난하되 아첨하지 않고 부유하되 교만하지 않는다.

　　논어에서 인용한 글이다.

③

④
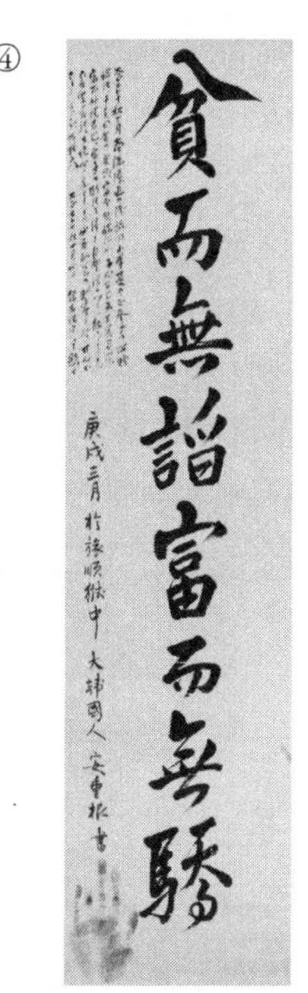

137.4cm×33.2cm,
강석주 소장,
보물 지정일: 1972. 8. 16.

137cm×32cm,
도쿄 도립 로카기념관 소장

6. 세계정세와 일본 비판

① 일출로소혜 정합운리 일영필측혜 불각기조

日出露消兮 正合運理 日盈必厠兮 不覺其兆

: 해가 뜨면 이슬이 사라지나니 천지의 이치에 부합하도다.

해가 차면 반드시 기우나니 그 징조를 깨닫지 못하는 도다.

당시에는 일본이 번성하지만, 때가 되면 일본도 쇠망할 것인
데, 일본이 그것을 깨닫지 못함을 비유한 글이다. 해는 일본을
이슬은 러시아를 비유한 것이다.

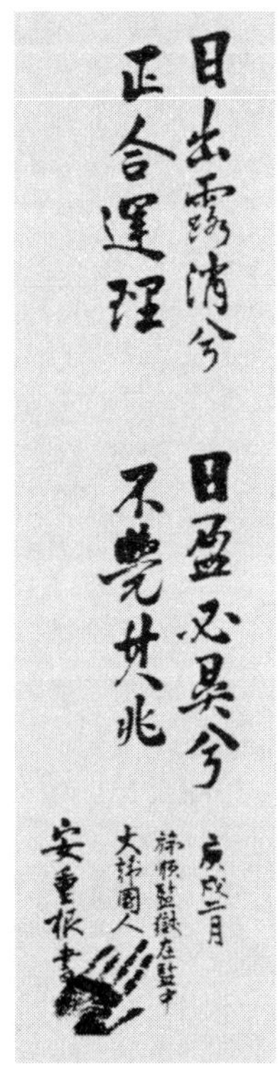

143cm×47cm, 일본인 소장

② 동양대세사묘현 유지남아기안면 東洋大勢思妙玄 有志男兒豈安眠

　화국미성유강개 정략불개진가련 和局未成猶慷慨 政略不改眞可憐

　　　： 동양 대세 생각하니 아득하고 어두우니,

　　　뜻있는 사나이 어찌 편히 자리오.

　　　평화 시국 못 이루니 너무도 슬프고,

　　　정략을 고치지 않으니 참으로 가엽도다.

　　　동양의 상황이 평화롭지 못함을 슬퍼하고, 일본이 침략 정책

　　　을 고치지 않음을 가엽게 여기는 글이다.

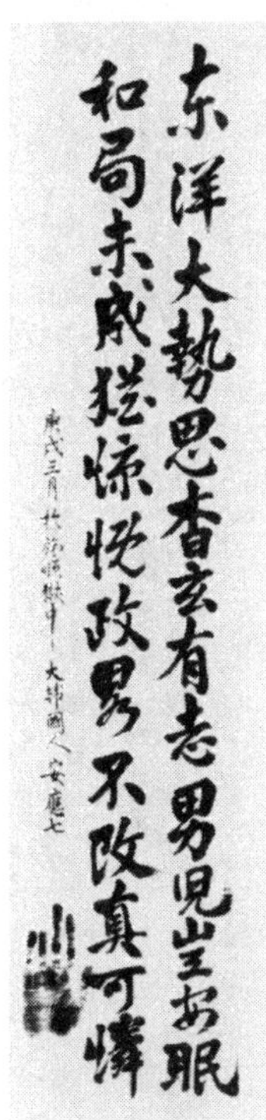

138.5cm×36cm,
원 김양선 목사가 소장하던 것으로 숭실대학교 한국기독교박물관에 기증,
보물 지정일: 1972. 8. 16.

③ 욕보동양선개정략, 시과실기추회하급

欲保東洋先改政略, 時過失機追悔何及

: 동양을 보호하려면 먼저 정략을 고쳐야 한다.

때를 놓쳐 기회를 잃으면 후회한들 어찌하리오.

동양을 보호하기 위해서는 일본이 침략 정책을 고쳐야 하는
데, 기회를 잃으면 일본이 후회할 것이라는 글이다.

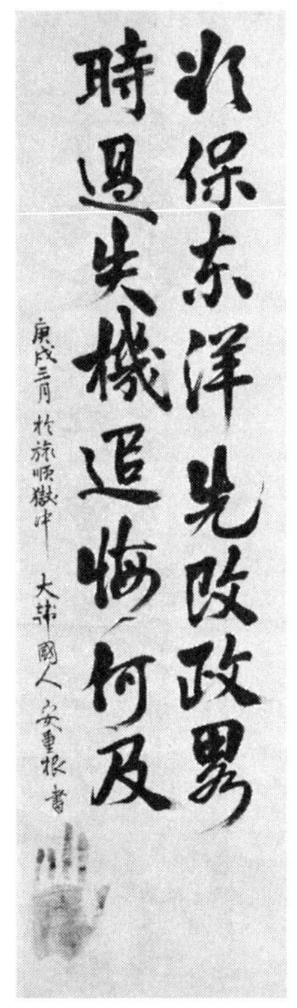

136.5cm×34cm,
단국대학교 석주선기념박물관 소장,
보물 지정일: 1991. 7. 12.

   세계의 영웅, 안중근

④ 언어무비보살 수단거개호랑 言語無非菩薩 手段擧皆虎狼

: 말은 보살 아닌 것이 없지만, 하는 짓은 모두 간악하다.

이토가 주장하는 평화론의 허구성을 지적한 글이다.

일본인 소장, 안중근의사기념관 사진본 보관

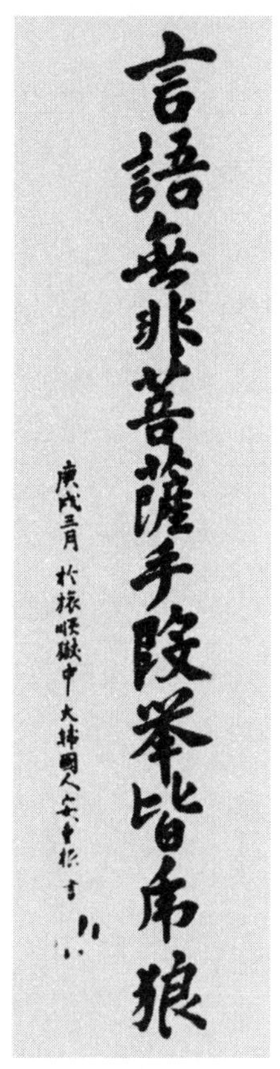

일본인 소장

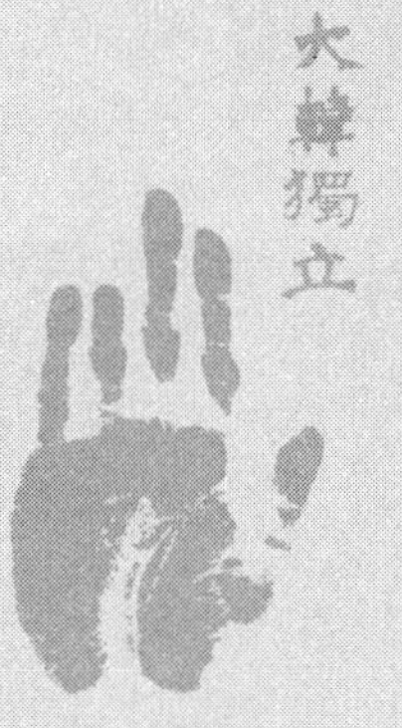

제3부

안중근을 보는 시각

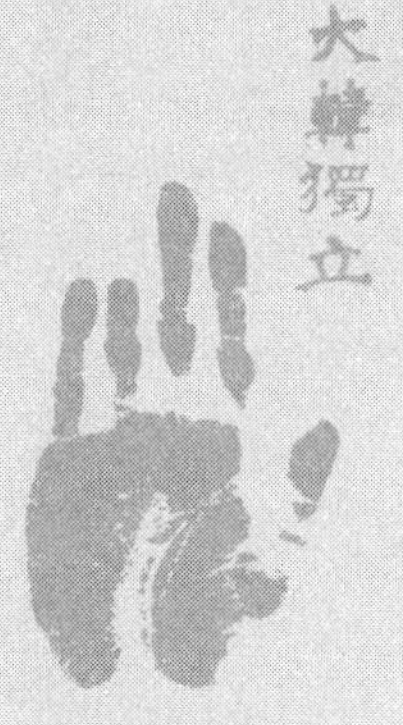

안중근의 삶

안중근의 의로운 삶

안중근 의사는 불의를 보고 참지 못하는 의협심이 강한 인물이었다. 견리사의 견위수명見利思義 見危授命, 곧 "이로움을 보면 의義를 생각하고, 위태로움을 보면 목숨을 바친다."라는 안중근 의사의 유묵이 말해 주듯이, 그는 매사를 의義에 기준을 두어 판단하고 의로운 삶을 추구했다. 그래서 저명한 중국의 사상가 장빙린章炳麟은 안중근 의사를 '아시아 제1의 의협'이라 부르기도 했다. 그럼, 안중근 의사의 의로운 삶을 살펴보기로 한다.

한국 사회의 불의에 맞서다

안중근 의사는 자서전에서, "1894년 동학당이 일어나 외국인을 배척한다는 구실로 관리들을 죽이고 백성의 재산을 약탈했을 때, 내 아버지는 동학당의 폭행을 견디기 어려워 동지들을 모아 '의거'를 일으켜 동학당에 항거했다."라고 기록하고 있다. 곧 그는 부친의 동학군 진압 활동을 '의거'로 규정했다. 당시 16세의 안중근 의사는 부친이 지휘하는 '의병'의 선봉장으로 활동했다.

청년 안중근 의사는 정의감과 의협심이 강했다. 예를 들면, 전직 참판이 천주교 신도인 옹진군민으로부터 5천 양을 갈취한 사건이 발생했을 때, 안중근 의사는 신도들의 대표로 뽑혀 서울로 가서, 그 전직 참판을 만나 사리를 따져 돈을 돌려받을 것을 약속받기도 했다. 또 해주지방대 장교가 천주교 신도의 아내와 재산을 빼앗은 사건이 발생했을 때, 안중근 의사는 역시 신도들의 대표로 뽑혀 힘겨운 법정투쟁을 벌이기도 했다.

이 외에도 안중근 의사의 자서전에는 그의 의협 활동이 다수 기록되어 있다. 이처럼 안중근 의사는 주변의 여기저기서 일어나는 불의한 일을 보고 참지 못했으며, 불의를 시정하고 사회정의를 실현하는 일에 앞장섰다.

이런 과정에서 안중근 의사는 관리들의 부정부패와 백성들에 대한 수탈 행위에 울분을 느끼고, "정부를 개혁하여 탐관오리를 제거하고, 문명국가를 이루어 국민이 자유와 민권을 누리게 해야 한다."라는 자유민권自由民權 의식을 가지게 되었다.

일본의 불의한 침략에 맞서다

1904년 일본이 동양평화와 한국 독립을 명분으로 러시아에 선전을 포고했다. 이에 안중근 의사는 러일전쟁을 러시아의 불의한 침략에 대한 '의로운 전쟁' 곧 '의전義戰'으로 생각했다.

그러나 러일전쟁과 동시에 일본이 한국을 침략해 오자, 안중근 의사는 중국으로 건너가 일본의 불의한 침략에 '의거義擧'를 일으키려 했다. 그러나 안중근 의사는 상해 유력자들의 협조를 얻지 못하고 귀국한 뒤, 학교를 설립하여 교육 구국운동에 힘썼다.

1907년 이토 통감이 고종황제를 폐위시키고 한국 군대를 해산시켜 국가가 멸망 지경에 이르자, 안중근 의사는 연해주로 건너가 동지들을 모아 '의거'할 일을 모의했다. 그는 항일 독립투쟁을 계속 '의거'라 표현했는데, 그것은 일본의 불의에 대한 의로운 거사이기 때문이었다.

안중근 의사는 의군을 모집하는 연설에서, 일본군이 전국 각지에서 일어난 의병을 폭도라 하고, 잔인한 '폭도 진압 작전'을 벌여 수많은 의병들을 살육했는데, 남의 강토를 뺏고 사람들을 죽이는 일본군이야말로 폭도이고 불의한 세력이라고 주장하며 항일투쟁을 강조했다.

요컨대 안중근 의사는 일본이 침략해 오는 "이런 위급한 때 우리 한국인들이 해야 할 일은 한번 '의거'를 일으키는 것, 적을 치는 것"
이라 하여, 일본의 불의한 침략에 맞설 것을 주장했던 것이다.

대한의군을 조직하여 의전을 벌이다

안중근 의사는 동지들과 연해주 한인 마을을 돌아다니며 의군을
모으는 연설을 하여 크게 호응을 받았다. 그리하여 안중근과 동지
들은 연추에서 의군 조직을 위해 동의회同義會를 조직했다. 동의회
는 일본의 불의에 대항하여 '의義를 함께하는 모임'이라는 의미이
다. 동의회 군대가 안중근 의사가 말하는 '대한의군'이다.

안중근 의사는 대한의군의 우영장이 되어 1908년 여름 2개월 동
안 여러 차례 국내진공작전을 전개했다. 안중근 의사는 국내진공
작전의 출정식에서 다음과 같은 연설을 했다.

이제 우리들이 한 번의 '의거'로서 성공할 수 없을 것이
니, 한 번에 이루지 못하면, 열 번, 백 번 꺾여도 굴함이 없
이, 금년, 내년, 10년, 백 년까지, 아들 대, 손자 대까지 가서
라도 반드시 대한국의 독립권을 회복해야 한다.

이처럼 안중근 의사는 항일 독립전쟁을 '의거'라고 표현했으며,
안중근 부대는 국내진공작전 중에 10여 명의 일본군을 포로로 잡

았는데, 안중근 의사는 일본군 포로들도 일본 군국주의자들의 희생자라 하고, 국제공법에 의해 포로들을 석방해 주었다.

안중근 의사는 부하들이 일본군 포로들의 석방에 반대하자, "우리는 약하고 적은 강하니 '의로운 거사'로서 이토의 포악한 정략을 세계에 알려 열강의 동정을 얻어야 국권을 회복할 수 있다."라고 설득했다. 안중근 의사는 불의한 강적을 '의로운 거사' 곧 의로운 방법으로 싸우는 것이 약자가 승리하는 길이라고 생각했던 것이다.

이처럼 안중근 의사는 일본의 불의한 침략에 대항하여, 의로운 항일 독립전쟁을 의로운 방법으로 수행하기 위하여, 대한의군을 조직하여 항일의전을 전개했던 것이다.

불의한 침략의 원흉을 제거하다

안중근 의사 등이 지휘한 대한의군은 일본군을 상대로 힘껏 싸웠으나, 중과부적衆寡不敵으로 더 이상 국내진공작전을 할 수 없게 되었다. 이에 안중근 의사는 11명의 동지들을 모아 "의義를 함께 하여 손가락을 자른 모임"이란 의미의 동의단지회同義斷指會, 곧 단지동맹을 결성했다.

동의단지회는 침략의 원흉과 매국노들을 처단하려는 의혈투쟁 조직으로 독립군부대인 동의회同義會의 연장선에 있는 의혈결사대

 **세계의 영웅, 안중근

라고 할 수 있다. 그리고 안중근 의사는 1909년 10월, 만주의 이권과 한국의 병합을 러시아 재무대신과 협의하기 위해, 하얼빈에 나타난 이토 히로부미를 처단했던 것이다.

안중근 의사는 "일본이 잔혹한 정책을 쓰는 것은 이토 때문이다. 이런 도둑놈을 죽이지 않으면 한국은 없어지고, 동양 또한 망하고 말 것이다."라고 생각했다. 곧 안중근 의사는 이토를 일본 군국주의 침략을 주도하는 핵심 인물로 파악하고, 한국의 독립과 동양평화 나아가 세계평화를 위해 이토를 처단했다.

안중근 의사는 이토 처단을 남의 집에 침입하여 처자식들을 무자비하게 죽이고, 물건을 빼앗는 떼강도들의 두목을 제거한 것, 곧 불의한 악당의 두목을 제거한 '의거'로 생각했던 것이다.

뤼순 법정에서 옳고 그름을 가리다

안중근 의사는 1910년 2월 옥중에서 쓴 「동양평화론」의 서문에서 "동양평화를 위한 의로운 싸움을 하얼빈에서 시작하고, 옳고 그름을 가리는 자리는 뤼순으로 정했다."라고 썼다.

안중근 의사는 하얼빈역에서 이토를 처단한 것을 '의로운 싸움', 곧 '의전'이라고 규정했다. 그리고 그는 뤼순 법정을 "옳고 그름을 가리는 자리"라 하여, 역시 뤼순 재판 투쟁도 '의전'으로 생각했다.

한편, 안중근 의사는 뤼순 법정에서 자신은 대한의군 참모 중장으로서 적장을 처단한 전쟁포로이고, 죄인은 바로 이토라 하고 당당하게 이토의 죄목 15개를 천명했다. 영국의 신문『더 그래픽』은 "법정에서 자신의 정당성을 주장하는 열변을 토한 안중근은 마침내 영웅의 왕관을 손에 들고 늠름하게 법정을 떠났다. 세상을 떠들썩하게 한 '유명한 재판사건'은 안중근의 승리로 끝난 것이 아닐까."라고 보도했다.

일본의 동맹국인 영국의 신문도 뤼순 법정투쟁의 승리자는 사실상 안중근 의사라고 평가했던 것이다. 안중근 의사는 죽음을 앞둔 뤼순 법정에서 당당하게 일본의 불의한 한국 침략과 동양평화의 파괴를 세계만방에 천명했다.

안중근 의사는 사회활동이나 독립운동의 기준을 의義에 두고, 모든 종류의 항일투쟁을 '의거' 또는 '의전'이라고 규정했다. 그리고 그는 의로운 방법으로 불의와 싸우는 삶을 살고 의를 위해 목숨을 바쳤다. 그러므로 안중근 의사는 독립운동의 영웅일 뿐만 아니라, 의로운 삶을 살아간 의인義人이었다.

안중근의 천주교 신앙

　안중근 의사의 부친은 1894년 동학당을 토벌할 때 동학군으로로부터 빼앗은 양곡을 군량미로 사용했다. 그런데 1895년 여름에 탁지부 대신 어윤중魚允中과 선혜청 당상 민영준閔泳駿이 군량미로 쓴 양곡은 자기들 것이니 배상하라고 요구하여, 안중근 의사 부친은 곤경에 처하게 되었다.

　그래서 안중근 의사 부친은 1895년 서울 명동성당明洞聖堂에 피신했고, 거기에서 천주교를 수용하게 되었다. 안중근 의사는 19세 때인 1897년에 온 가족들과 함께 프랑스인 선교사 빌렘Wilhelm 신부로부터 천주교 세례를 받았다. 그의 세례명은 '토마스'였는데 한국식으로 '도마'라고 했다.

천주교 수용과 독실한 신앙

　안중근 의사는 천주교 세례를 받은 뒤, 일생을 독실한 천주교 신자로 살았다. 안중근 의사 자서전을 보면, 안중근 의사는 대한의군의 우영장이 되어 국내진공작전을 전개하던 중에도 천주교 묵주默珠와 공과工課를 소지하고 다녔다.

그리고 안중근 의사는 하얼빈 의거 직전에 동지 이강李綱에게 보낸 편지 말미에, 태극과 십자가를 새긴 '태극 십자가 도장'을 찍어서 보냈다. 태극과 십자가를 새긴 도장을 만들어 실제로 사용한 것은 그의 강한 애국심과 깊은 신앙심을 보여주는 것이다.

뿐만 아니라 안중근 의사는 순국 전에 모친과 아내에게 보낸 편지에서, 죽은 뒤에 천당에서 기쁘게 만날 것을 기약하고, 장남을 천주교 신부神父로 만들도록 유언했다. 그의 신앙심이 얼마나 독실한가를 보여준다. 그리고 안중근 의사는 죽음을 앞둔 옥중에서 "천당지복天堂之福 영원지락永遠之樂", 곧 "천당의 복은 영원한 즐거움"이라는 유묵을 남기기도 했다. 이처럼 안중근 의사는 일생을 독실한 신앙인으로 살았다.

안중근 의사는 천주교를 믿으면 현세를 '도덕시대道德時代'로 만들 수 있고, 나라를 '문명국文明國'으로 만들 수 있다고 믿었다. 그래서 안중근 의사는 빌렘 신부를 통하여 성경 지식과 함께, 서양 문화와 근대사상 그리고 프랑스어도 배웠다. 그래서 안중근 의사는 동양 유교문화의 토대 위에 서양의 종교와 문화를 수용하여, 동서문화를 겸전한 인물로 성장했다.

천주교 전도 활동

안중근 의사는 21세인 1899년부터 5~6년간 빌렘 신부의 미사집 전을 보좌하는 복사服事로 활동했고, 빌렘 신부를 수행하여 천주교 전도 활동을 했다. 때로는 개인적으로도 황해도 일대를 다니며 전도 활동을 했다. 안중근 의사의 자서전에 수록되어 있는 그의 전도 강연의 내용을 보면 대단히 설득력이 있었다.

안중근 의사는 1899년 한국의 문명화와 천주교의 전도를 위해 대학 설립을 계획하고, 빌렘 신부와 함께 서울의 뮈텔 주교를 찾아가서 천주교대학의 설립을 건의했다. 뮈텔 주교는 "한국인이 만일 학문이 있게 되면, 교教 믿는 일에 좋지 않을 것이니, 다시는 그런 의논을 꺼내지 마시오."라고 대학 설립을 반대했다.

이에 안중근 의사는 분개함을 참지 못하고, "교教의 진리는 믿을지 언정, 외국인의 심정은 믿을 것이 못 된다."라고 생각하고, 프랑스어 배우던 것도 중단했다. 뮈텔 주교의 반대로 대학 설립이 성사되지는 않았지만, 안중근 의사는 한국인 최초로 대학 설립을 시도했고, 천주교대학을 설립하여 전도 활동을 하려 한 최초의 인물이었다.

안중근 의사는 연해주에서 항일 무장투쟁을 하다가 패전하여 산 속에서 죽을 고비에 이른 상황에서도, 2명의 부대원에게 "죽어서 천당에 가야 하지 않겠는가."라고 설득하여 대세代洗를 주기도 했다. 대세란 불가피한 상황에서 신부를 대신하여 세례를 주는 것을 말한다. 안중근 의사는 죽음에 직면한 극한 상황에서도 전도 활동을 했던 것이다.

천주교도와 이토 히로부미 살해의 의미

안중근 의사는 독실한 천주교 신자로서, "하늘이 사람을 내어 모두 형제가 되었으니, 각각 자유를 지켜 행복하게 살아야 한다."라고 생각하는 사해동포주의자였다. 그리고 안중근 의사는 "문명이란 동서양의 남녀노소가 각각 천부의 성품을 지키고, 서로 다투는 마음 없이 제 땅에서 평안히 생업을 즐기며, 같이 태평을 누리는 것"이라고 생각한 평화주의자였다.

독일의 저명한 신학자이며 목사인 본회퍼Dietrich Bonhoeffer는 1940년 나치 정권하에서, "술 취한 운전사에게 운전을 맡기는 것은 우리 모두의 죄악"이라는 생각에서 천주교 신부로서 히틀러 암살 계획에 가담했다가 체포되어 교수형을 당했다.

천주교 신자인 안중근 의사는 "일본이 동양평화를 주장하고, 만국萬國이 감시하고 있는데, 이토가 미쳐서 한국을 병합하려 한다."라고 비판하고, "미쳐 날뛰는 이토가 존재하면 한국이 멸망하고, 결국 일본도 멸망하며 동양평화도 깨질 것이므로 이토를 주살한 것"

이라 했다. 안중근 의사는 천주교 신자로서 살인에 대한 검사 신문에서,

성서에도 살인은 죄악이라 하지만, 남의 나라를 탈취하고 사람의 생명을 빼앗고자 하는 자가 있는데도 수수방관하는 것은 죄악이므로, 나는 그 죄악을 제거한 것뿐이다.

라고 말했다. 안중근 의사는 이토를 처단한 것은 결코 살인이 아니고, 남의 나라를 탈취하고 사람의 생명을 빼앗고자 하는 죄악을 제거한 것이라고 믿었던 것이다.

그리고 안중근 의사는 "나는 일본 군국주의는 미워하지만 일본 사람은 어느 한 사람도 미워하지 않는다."라고 했다. 안중근 의사는 인간 이토를 쏜 것이 아니고 일본 군국주의를 쏜 것이었다. 떼강도가 마을에 들어와 물건을 빼앗고 마을 사람들을 마구 죽일 때, 경찰도 없는 상황에서 목숨을 걸고 떼강도 두목을 처단하는 것은 살인 행위가 아니고, 헌신적이고 정의로운 정당방어인 것이다.

천당의 영원한 즐거움을 믿다

안중근 의사는 뤼순 법정에서 사형선고를 받은 뒤, 어머니와 아내 그리고 빌렘 신부와 뮈텔 주교에게 편지를 보냈다. 그 편지는 모

두 주 예수를 찬미하는 것으로 시작하여 천당에서 다시 만날 것을 기약하며 맺고 있다.

안중근 의사가 어머니에게 보낸 편지 내용은, 막심한 불효와 아침저녁 문안 인사를 못다 한 죄를 사죄하고, 현세의 일은 모두 주의 명령에 따른 바이오니, 마음 편히 하시라는 것, 장남 분도를 장차 신부가 되게 하여 주시라는 것, 그리고 천국에서 기쁘게 만나 자세한 말씀 드리겠다는 것 등이었다.

안중근 의사가 아내에게 보낸 편지 내용은, 이슬과 같은 허무한 세상에서 천주님의 뜻으로 배필이 되었고, 주님의 가르침에 따라 서로 헤어지게 되었다는 것, 그러나 머지않아 주님의 은총으로 천당 영복의 땅에 모이려 한다는 것, 주님의 안배를 믿고 신앙을 열심히 하라는 것, 장남을 천주님께 바쳐 신부가 되게 하라는 것, 후일 천당에서 기쁘게 다시 만나 자세히 이야기하자는 것 등이었다.

이처럼 안중근 의사는 현세의 모든 일을 주님의 뜻으로 돌리고, 순국 전에 장남을 천주교 신부로 만들도록 모친과 아내에게 유언을 했다. 그리고 안중근 의사는 사후에 천당의 영원한 즐거움이 있을 것을 믿었으므로, 옥중에서 "천당지복天堂之福 영원지락永遠之樂", 곧 "천당의 복은 영원한 즐거움"이라는 유묵을 남기기도 했다.

안중근 의사는 의로운 삶을 살았다. 그의 의로운 삶은 모든 인간은 하나님 앞에 평등하고 형제라는 천주교적 신앙심에서 나왔다. 그래서 안중근 의사는 천주교 신자로서 강한 신앙심을 가지고 한국을 침략하고 무고한 인명을 살해하는 불의한 일본을 상대로 무장투쟁을 벌였고, 불의한 일본 군국주의의 대표자인 이토 히로부미를 처단했던 것이다.

안중근 의사는 사형선고를 받은 뒤 어머니에게 보낸 편지에서 "현세의 일은 모두 주의 명령에 따른 바이오니 마음 편히 하시라."라고 했고, 아내에게 보낸 편지에서는 "주님의 가르침에 따라 서로 헤어지게 되었다."라고 했다. 곧 안중근 의사가 이토를 처단한 것은 자신의 의지뿐만 아니라, 기도를 통하여 주의 명령과 가르침에 따라 한국 침략의 불의不義를 제거했던 것으로 생각된다.

그리고 안중근 의사가 이토를 처단한 것은 개인 자격이 아니고, 대한의군 참모 중장의 자격으로 적장을 처단했던 것이다. 그러므로 그는 이토의 처단을 살인이나 죄라고 생각하지 않았으며, 사후에 당연히 천당에서 가족들과 만나 영원한 즐거움을 누릴 것으로 믿었던 것이다. 그리고 안중근 의사는 교수형을 당하기 직전에도 기도를 드리고 의연하게 죽음을 맞이했던 것이다.

하얼빈 의거의 중국 내 반응과 영향

1894년 청일전쟁에서 패한 중국은 조선에 대한 영향력을 잃고, 대만과 팽호도를 일본에 빼앗겼으며, 일본 전쟁 비용의 1.5배에 달하는 2억 량을 배상하는 치욕을 당했다. 일본은 1904년 러일전쟁에서 승리한 뒤 중국의 남만주도 강점했다.

이토 히로부미伊藤博文는 일본 총리로서 청일전쟁을 주도했고, 조선의 명성황후 시해에도 관여했다. 그리고 이토는 러일전쟁 직후 일본 천황 특파대사로 한국으로 와서, 1905년 을사늑약을 강요하여 한국의 외교권을 탈취했다. 이토는 한국 통감이 되어 1907년에는 고종황제를 폐위시키고, 한국 군대를 해산시켜 사실상 한국을 멸망 상태로 만들었다.

이러한 이토가 1909년 10월에는 일본 추밀원 의장으로서 만주를 러시아와 분할하고 한국을 병합할 목적으로, 러시아 재무대신 코코프체프와 회담하기 위해 하얼빈역에 도착했다. 이때 한국 청년 안중근 의사가 이토를 처단하여 중국 사회에 큰 반향을 일으켰다.

하얼빈 의거에 대한 중국 언론의 논평

1909년 10월 26일 안중근 의사의 하얼빈 의거 소식에 중국 신문들은 "안중근이 중국의 원수를 갚았다."라며 크게 기뻐했다.

상해에서 발행된 『민우일보民友日報』는 10월 29일 자 논설에서, "고려(한국)의 원수는 우리의 원수다. 삼한(한국)에 사람이 있어 일본이 만주로 길게 내뻗은 팔다리를 꺾었다. 비록 한국인이 자기의 원수를 갚았다고 하지만, 역시 우리의 원수를 갚은 것이 아닌가."라고 보도했다. 상해에서 발행된 『신주일보神州日報』도 11월 1일 자 논설에서 "이토伊藤의 피살 소식은 오대주를 진동시켰다. 강권 도적 이토가 저격당함으로써 나라 잃은 백성들은 오늘 활개를 폈다."라고 보도했다.

하와이에서 발행된 중국 신문 『자유신보』는 10월 27일 자「한국은 망하지 않는다」라는 글에서, "세계의 강권자 이토 히로부미伊藤博文가 조선 지사의 손에 죽음을 보고 기쁨과 슬픔을 느꼈도다. 세계 인류가 점점 자유와 독립의 참 이치를 아는 것이 기쁨이요, 중국에 사람 없음이 조선만 같지 못한 것이 슬픔이로다."라고 하며, 중국인들의 각성을 촉구했다.

이처럼 중국의 혁명파가 간행한 신문들은 안중근 의사의 하얼빈 의거를 긍정적으로 보았다. 그러나 중국의 입헌파가 간행한 신

문들은 안중근 의사의 이토 암살을 부정적으로 보거나 중립적으로
보았다.

하얼빈 의거에 대한 중국 인사들의 반응

중국의 지식인과 혁명가들은 안중근 의사의 하얼빈 의거를 높이
평가했다. 중국의 국부國父로 추앙받는 쑨원孫文은 하얼빈 의거를
'자유 평등과 인권을 위한 정치적 암살'로 보고, 다음과 같이 안중근
의사에 대한 추모 시를 썼다.

> 공功은 삼한(한국)을 덮고 이름은 만국에 떨치나니
> 백 세의 삶은 아니나 죽어서 천추에 빛나리
> 약한 나라 죄인이요 강한 나라 재상宰相이라
> 그래도 처지를 바꿔 놓으니 이토伊藤도 죄인이라

중국의 대총통 위안스카이袁世凱도 다음과 같이 안중근 의사에
대한 추모 시를 썼다.

> 평생을 벼르던 일 이제야 끝났구려
> 죽을 땅에서 살려는 건 장부가 아니고말고
> 몸은 한국에 있어도 만방에 이름 떨쳤소

세계의 영웅, 안중근

살아선 백 살이 없는 건데 죽어 천년을 가오리다

중국의 근대 정치사상가 량치차오梁啓超도 안중근 의사에 대
한 추모 시, 추풍(=안중근)이 등나무(=이등)을 잘랐다는 '추풍단등
곡秋風斷藤曲'을 지었다.

(전략)

창해 장수 박랑사에서 진왕秦王을 치더니

하얼빈역의 총소리는 세계를 울려 흔드누나

만민이 형가荊軻같은 영웅을 우러러보니

그 사나이 평소마냥 태연자약하고

공개재판에 나서서도 떳떳하게

법관 질문에 대답하기를

내가 사나이 대장부로 태어나

자기의 죽음을 예사로 여기지만

나라의 치욕을 씻지 못했으니

어찌 공업을 이루었다 하리오

(중략)

장하다 그 모습 해와 달처럼 빛나리

나는 이 세상에 살아있는 한

사마천이 안자顔子를 추모하듯 그대를 숭모하고

내가 이 세상을 떠나면

입헌파인 량치차오梁啓超는 한국과 일본에 대해 중립적인 입장을 취했지만, '내가 이 세상을 떠나면 내 무덤은 (안중근) 의사의 무덤과 나란히 있으리.'라고 하여, 안중근 의사에 대해 최대의 존경심을 표했다.

중화민국 초기의 학자이며 혁명가인 장빙린章炳麟은 안중근 의사를 "아시아 제1의 의협義俠"이라고 불렀다. 장빙린은 특히 이토伊藤의 만주 시찰 때 청나라 관리들의 비굴한 행동과 안중근 의사의 당당한 모습을 대조하여, "괴수 이토伊藤가 요동반도를 지나가자, 청나라의 총독 이하 관리들은 모두 개미 떼처럼 몰려나와 길가에 엎드린 채 황제를 배알하듯 절을 했다. 안중근은 체포되어 고문을 받았지만 쓸데없는 말이란 한마디도 없었고, 오히려 기혼氣魄이 의젓하여 지사들을 더욱 감동케 했다."라고 말했다.

하얼빈 의거가 신해혁명 전후 중국에 미친 영향

청국이 청일전쟁의 패배로 대만과 팽호도를 일본에 빼앗기고, 러일전쟁 이후 요동반도까지 일본에 빼앗기는 등, 무능한 청清 왕조는 국가의 위기를 감당하지 못하게 되었다. 이에 한족 혁명가들은 '청조清朝 타도'와 '공화정부 수립'을 주장하며, 안중근 의사의 과

감한 하얼빈 의거를 혁명사상 고취의 소재로 활용했다.

혁명파 소설가였던 황쉬징黃世伸은 1910년 전후 광주廣州에서 발행된 『남월보南越報』에 「조선혈朝鮮血」을 연재하여, 일본의 한국 침략을 폭로하고 안중근 의사 등 조선 애국지사들의 활약을 통해 중국인의 애국심을 고취시켰다.

하얼빈 의거가 일어난 지 2년 뒤, 중국에서는 무창봉기武昌蜂起를 시작으로 1911년에 신해혁명辛亥革命이 일어나 청국 왕조가 붕괴되었다. 중국의 지식인 루오난쉬안羅南山은 1914년 중국에서 발행된 박은식의 『안중근전』서문에서, "우리 중국 지사들은 '그 작은 한국에 일대 호걸(안중근)이 나타났는데, 유독 우리나라에 그런 인물이 없을 수 있으랴." 하면서 흥분을 금치 못했다. 그런 후 얼마 지나지 않아 무창武昌에서 봉기하여 우리 민족의 주권을 회복했으니, 안중근의 의거가 우리에게 정신적인 도움을 주었다고 할 수 있다."라고 하여, 안중근 의사의 하얼빈 의거가 신해혁명에 영향을 주었음을 인정했다.

당시 중국의 혁명파는 하얼빈 의거를 반일과 혁명을 선전하는 호재好材로 삼아, 일본의 침략상을 폭로하고 한국 망국사를 소개하여, 국민들에게 국가위기를 각성시켜 반일 구국운동의 여론을 조성했다. 이 과정에서 혁명파는 안중근 의사를 소재로 한 근대 시사소설時事小說과 일반인들이 쉽게 이해할 수 있는 신형희극新型戲劇을 활용했다. 그래서 안중근 의사의 하얼빈 의거는 혁명파가 주도한 1911년 신해혁명에 일정한 영향을 주었던 것이다.

하얼빈 의거가 5·4운동 전후 중국에 미친 영향

중국 신문화운동의 선구자이며 5·4운동의 사상적 기초를 다진 천두슈陳獨秀는 1915년 잡지 『신청년新靑年』 창간호에서 "나는 청년들이 톨스토이와 타고르가 되기보다 콜럼버스와 안중근이 되기를 원한다."라고 하여, 안중근 의사를 중국 청년의 표상으로 삼았다.

위안스카이袁世凱와 북양군벌北洋軍閥 세력이 일본과 결탁하여 중국이 위기에 처하여, 중국 내에 반일과 매국노 규탄운동이 고조된 1919년의 5·4운동을 전후하여, 한국 멸망의 원인이 관심의 대상으로 되었다. 이 무렵 애국지사 쩡위앤鄭沅은 중국인 최초로 『안중근』 전기를 써서, 이토伊藤보다 매국 역적을 먼저 처단했어야 한다고 하여, 한국의 매국노를 규탄함으로써 중국 매국노의 처단을 호소했다.

5·4운동 전후 중국의 반일 구국운동 과정에서 안중근 의사가 중국 애국정신의 상징적 인물이 되었고, 하얼빈 의거가 반일 투쟁의 교과서로 화극, 곧 대화 중심의 신극新劇과 강연 등의 형식으로 계속 중국 사회에 영향을 미쳤다. 당시 수많은 학생들이 안중근 의사를 소재로 한 연극을 공연했다.

 세계의 영웅, 안중근

뒷날 중화인민공화국 초대 총리가 된 저우언라이周恩來는 귀모뤄
郭沫若 등과 국민들에게 반일 애국심을 고취하기 위해 무한武漢과 장
사長沙 등지에서 연극「안중근」을 공연했다.

저우언라이周恩來 총리 부인 덩잉차오鄧穎超는 "나와 언라이恩來는
조선의 영웅이 이토 히로부미伊藤博文를 사살한 일을 칭송하는「안
중근(망국한, 亡國恨)」이라는 연극을 공연했다."라고 밝혔다. 그들이
천진 남개대학南開大學 시절에,「안중근」연극 공연에서 덩잉차오鄧
穎超가 남장하여 안중근 역을 맡고, 저우언라이周恩來가 연출을 맡은
것은 유명한 일화이다.

한편 만주 군벌인 장쉐량張學良은 1927년부터 동북 각지 36개의
모범 소학교에서 수업을 하기 전에, 먼저 '안중근의 노래'를 합창하
도록 했다고 한다. 1937년 중국이 중일전쟁에서 패한 이후의 항일
운동 시기에도 국민당과 공산당은 당파를 초월하여 안중근 의사를
반일 애국주의의 상징으로 존경했다.

하얼빈 의거와 한중 공동 항일투쟁의 시작

하얼빈 의거 직후 중국인들은 안중근 의사의 담력과 애국정신을
존경했다. 안중근 의사 전기를 통해 동양평화 사상이 소개되자, 중
국인들은 안중근 의사를 한국뿐만 아니라 세계의 영웅으로 생각했

다. 안중근 의사의 하얼빈 의거는 중국인들이 한국에 관심과 동정을 가지게 했고, 한국의 독립운동을 지원하는 정신적인 기초가 되었다. 또한 하얼빈 의거는 한국 애국지사들이 중국 혁명 인사들과 혁명단체에서 함께 활약하게 하는 데 큰 영향을 미쳤다.

쑨원孫文과 신해혁명을 일으킨 언론인 쩡용曾鏞은 1914년 중국에서 간행된 박은식의 『안중근전』서문에서 "오늘도 삼한(한국)의 지사들이 속속 중국으로 오고 있다. 우리는 정의를 받들어 그들을 도와줌으로써 앞으로 삼한(한국) 옛 땅에 또 하나의 공화국을 건립하여 우리나라와 함께 동아東亞에 일어서도록 해야 한다."라고 썼다.

중화인민공화국 총리 저우언라이周恩來는 "중일 갑오전쟁 후 본세기 초에 안중근이 하얼빈역에서 이토 히로부미伊藤博文를 사살했다. 일본제국주의에 반대하는 중한 양국 국민의 공동 투쟁은 이때 시작되었다."라고 말했다.

이처럼 안중근 의사는 한중 양국의 영웅이었고, 하얼빈 의거는 중국의 반일 애국투쟁에 지속적으로 영향을 주었으며, 한중 양국의 항일 공동 투쟁의 계기로 평가되고 있다.

중국인들은 안중근 의사의 하얼빈 의거 이후 안중근 의사를 세계적인 인물로 존경해 오고 있다.

중국학자 저우하오周浩는 "안중근이 이토를 사살한 것은 조국을

　세계의 영웅, 안중근

위해 복수한 것일 뿐만 아니라, 세계평화의 공적公敵을 처단하려 한 것이므로, 안중근은 다만 한국의 공로자만이 아니고 동아의 공로자, 세계의 공로자"라고 평가했다.

중국군사령 한옌韓炎은 "안중근은 삼한(한국)의 현인일 뿐만 아니라 세계의 영웅"이라 했고, 중국학자 까오구안우高冠吾는 "안중근은 진실로 세계의 영웅호걸이므로 천고에 떨칠 것"이라고 했다. 그리고 중국학자 예티엔니葉天倪는 "하얼빈 의거는 한국을 위한 것일 뿐만 아니라 아시아 평화를 위한 계책이고, 세계평화를 위한 계책이므로, 단연코 안중근은 세계의 위인"이라고 평가했다.

일본인들도 하얼빈 의거 후 안중근 의사에 대한 신문과 재판 과정에서 안중근 의사를 존경하고 높이 평가해 오고 있다.

하얼빈 의거 후 4일째 되는 날, 미조부치 일본 검찰관은 안중근 의사를 신문하면서 이토를 죽인 이유를 물었다. 이때 안중근 의사는 이토의 죄목으로 한국 황후를 시해한 죄, 한국 황제를 폐위시킨 죄, 한국 국권을 탈취한 죄, 무고한 한국인들을 학살한 죄, 한국 군대를 해산시킨 죄, 동양평화를 파괴한 죄 등 15개 조목을 밝혔다.

일본 검찰관은 안중근 의사가 말한 이토의 죄 15개 조목을 다 듣고 난 뒤에, "놀라면서 하는 말이, 이제 진술하는 말을 들으니, 참으로 동양의 의사라 하겠다. 그대는 의사니까 반드시 사형받을 법은 없을 것이니 걱정하지 말라."라고 말했다.

당시 일본 법률도 정치범은 사형시키지 않았다. 그러므로 일본 검찰관도 안중근 의사가 사형당하지 않을 것으로 생각했으나, 일본 외무성의 불법적인 지시로 안중근 의사는 결국 사형을 당했던 것이다. 어떻든 일본 검찰관이 안중근 의사를 최초로 ‘의사’로 호칭했고, 그것도 ‘한국의 의사’가 아니고 ‘동양의 의사’로 호칭했던 것은 의미심장한 것이다.

한편 뤼순 법정에서 이토의 죄 15개 조목을 들은 일본인 관리들과 수많은 방청객들은 안중근 의사를 존경하게 되어, 그들이 최고로 존경하는 이토 히로부미를 사살한 안중근 의사에게 기념으로 휘호를 부탁했다. 그래서 안중근 의사는 옥중에서 200여 점의 글을 썼고, 오늘날 안중근 의사 유묵 60여 점이 남아 있다. 안중근 의사의 유묵은 일본인들이 가장 존경하는 이토 히로부미를 처단한 안중근 의사에 대한 일본인들이 존경하는 증거물이라 할 수 있다.

영화 〈하얼빈〉과 하얼빈 의거의 실상

2024년 12월 24일에 개봉된 영화 〈하얼빈〉은 곧바로 세계 117개 국에서 시청률 1위를 차지하는 등 국내외에서 큰 화제를 일으켰다. 무엇보다도 영화 〈하얼빈〉은 평화의 탈을 쓴 일본의 민낯을 전 세계에 드러냈고, 우리 민족의 처절한 독립운동을 전 세계에 알렸다. 그리고 영화 〈하얼빈〉은 독립운동의 모습을 생생하고 장엄하게 표현하여 관중들을 압도했다.

그러나 실재 하얼빈 의거는 영화 〈하얼빈〉처럼 여러 명의 독립군이 가담하여 일어난 것이 아니었고, 하얼빈 의거를 단행한 안중근 의사는 영화처럼 심약한 인물도 아니었다.

대한의군의 항일 무장투쟁

영화 〈하얼빈〉을 통해 안중근 의사에 대해 관심이 커지고 있다. 이 기회에 안중근 의사 독립운동의 진상을 살펴보는 것은 의미가 있다고 생각한다.

1905년 일본 천황의 특사 이토 히로부미는 을사늑약을 강제로
체결시켜, 한국의 외교권을 빼앗아 갔다. 이때 안중근 의사는 국권
회복을 위한 실력 양성을 위해 교육구국운동, 민중계몽운동, 국채
보상 운동 등 애국계몽운동을 전개했다.

1907년 이토 통감이 고종황제를 폐위시키고, 일본인 차관정치를
실시했으며, 한국 군대를 해산시켜 대한제국은 사실상 독립을 상
실한 상태에 이르렀다. 이때 안중근 의사는 이토 통감을 처단해야
한다고 생각하고, 항일 무장투쟁을 위해 연해주로 갔다.

안중근 의사는 연해주에서 엄인섭, 김기룡과 만나 의형제를 맺
었다. 나이 순서로 엄인섭嚴寅燮이 첫째, 안 의사가 둘째, 김기룡金起
龍이 셋째가 되었다. 안중근 의사는 그들과 함께 동포들이 거주하
는 마을들을 순회하며, 애국적인 연설로 의군을 모집하고 군자금
을 모금했다.

이때 전 러시아 공사 이범진이 기부한 1만 루블, 연추 재력가 최
재형이 기부한 1만 3천 루블, 수청水淸 방면에서 모금한 6천 루블,
안중근 등이 모금한 4천 루블 등 총 3만 3천 루블 정도의 많은 군자
금이 마련되었다.

이런 과정에서 동의회同義會가 설립되어 최재형이 총재, 이범윤
이 부총재에 추대되었고, 이위종이 회장, 엄인섭이 부회장, 안중근
과 김기룡 등은 평의원이 되었다. 나이 어린 이위종이 회장이 된 것

    세계의 영웅, 안중근

은 부친 이범진의 기부금 때문이었다.

일본 첩보기관이 "안중근은 김기룡, 엄인섭 등과 동의회를 만들어, 최재형을 회장으로 추대하고, 김기룡·엄인섭 등과 더불어 청년들의 두목이 되었다."라고 파악했듯이, 안중근 의사와 그의 의형제들이 동의회의 핵심 멤버였다.

사실상 동의회는 안중근 의사, 엄인섭, 김기룡 3인의 의군 모집에서 비롯되었고, 의군 모집은 안중근 의사의 발의에 의해 시작된 것으로 보인다. 안중근 의사가 연해주에 간 목적이 항일 무장투쟁이었고, 이범윤에게 항일 무장투쟁을 권유한 것에서도 알 수 있다. 그리고 안중근 의사는 동의회의 군대인 대한의군의 우영장이 되고, 엄인섭은 좌영장이 되어 실질적으로 항일 전투를 지휘했다.

안중근 의사와 엄인섭 등이 이끈 300여 명의 대한의군은 1908년 여름 2개월 동안 국내진공작전을 전개했다. 대한의군은 처음엔 상당한 전과를 거두었으나, 결국 중과부적으로 패전하고 말았다. 안중근 의사는 무장투쟁을 계속하려 했으나, 최재형 등의 반대로 무장투쟁을 계속할 수 없었다. 그래서 그는 하바롭스크와 수찬水淸 등지를 다니며 교육계몽운동에 힘썼다.

하얼빈 의거의 전개 과정

안중근 의사는 1909년 3월, 연추에서 의형제인 김기룡을 비롯한 11명의 동지들을 모아, 왼손 무명지(약손가락) 첫마디를 잘라 선혈로 태극기에 '대한독립'이라 쓰고, 동의단지회, 곧 단지동맹을 결성했다.

손가락까지 잘라가면서 맹서했던 단지동맹의 목적은 무엇이었을까? 그것은 "한국 독립과 동양평화를 위해 진력하자는 것"이었고, 그 일환으로 이토 히로부미 같은 침략의 원흉과 이완용 같은 매국노를 처단하자는 것이었다. 그 후 안중근 의사는 한인 마을을 돌아다니며, 교육과 국민 계몽에 힘썼다.

안중근 의사는 1909년 9월 연추로 갔다가, 10월 19일 연추를 떠나 블라디보스토크에 도착했다. 안중근 의사는 블라디보스토크에 도착한 즉시, 이토 히로부미가 하얼빈을 방문한다는 소문을 들었다. 10월 20일 안중근 의사는 신문을 통해 이토의 하얼빈 방문 사실을 확인한 뒤, 황해도 의병장이었던 이석산을 찾아가 100원을 강제로 빌려 거사 자금을 마련하고, 대한의군 동지인 우덕순을 만나 함께 거사하기로 합의했다.

10월 21일 안중근 의사는 우덕순과 하얼빈으로 출발했다. 도중에 안중근 의사는 친구의 아들로 러시아어가 가능한 18세의 유동하를 통역으로 대동하고, 10월 22일 하얼빈에 도착하여, 유동하의

　　　　세계의 영웅, 안중근

친척인 김성백의 집에 숙박했다.

10월 23일 유동하가 귀가하겠다고 하므로, 안중근 의사는 현지에서 러시아어에 능한 조도선을 설득하여 합류시켰다. 그리고 안중근 의사는 자금이 부족하여 유동하에게 김성백으로부터 50원을 빌려오도록 하고, 동지 이강에게 그 돈을 갚아주도록 편지를 썼다.

10월 24일 안중근 의사는 우덕순, 조도선과 함께 하얼빈역의 전역인 채가구역으로 가서, 그들에게 채가구역을 담당토록 하고, 자신은 하얼빈역을 담당키로 한 뒤, 10월 25일 하얼빈으로 돌아갔다.

안중근 의사는 10월 26일 아침 7시쯤 하얼빈역에 도착했다. 9시쯤 이토 히로부미가 탄 특별열차가 하얼빈역에 도착했다. 안중근 의사는 플랫폼에 정렬한 러시아 의장대의 뒤에서 대기하고 있다가, 환영인파와 외교사절의 인사를 받고 다가오는 이토를 사살했다. 때는 1909년 10월 26일 9시 30분경이었다.

이처럼 안중근 의사는 주도적으로 하얼빈 의거를 단행한 것이며, 여러 독립군의 후원을 받아 하얼빈 의거를 성사시킨 것이 아니었다.

최재형과 대동공보사의 하얼빈 의거 후원설

한편 최재형과 대동공보사가 하얼빈 의거를 후원했다는 설이 있다. 그것이 사실일까?

　안중근 의사는 블라디보스토크에서 이토의 하얼빈 방문 소식을 확인한 뒤, 아주 어렵게 거사 자금 100원을 빌렸고, 하얼빈에서 자금이 부족하여 또 50원을 빌리게 되었다. 만일 안중근 의사가 하얼빈 의거와 관련하여 최재형 같은 재력가나 대동공보사 같은 신문사의 후원을 받았다면, 거사 자금을 그처럼 어렵게 마련할 리가 없었을 것이다. 이 사실만 보아도, 최재형이나 대동공보사가 하얼빈 의거를 후원하지 않았음이 확실하다. 더구나 안중근 의사가 1909년 10월 19일 블라디보스토크에서 이토의 하얼빈 방문 소식을 들은 뒤, 연추에 있던 최재형을 만날 시간적 여유도 없었다.

　대한의군의 무장투쟁이 실패한 뒤, 최재형은 1909년 1월 17일과 20일 블라디보스토크에서 발행된 『대동공보』에 의병을 강하게 비판한 광고문을 게재했다. 안중근 의사는 1909년 2월 수청에서 블라디보스토크로 가서 재기를 모색했으나, 대동공보사 관계자인 김학만과 차석보 등은 무장투쟁을 반대했다. 사실상 이 무렵 안중근 의사와 최재형의 관계는 단절되었던 것으로 보인다. 그러므로 1909년 3월 안중근 의사와 김기룡 등이 단지동맹을 맺었을 때, 최재형의 생질이며 안중근 의사의 의형제인 엄인섭이 단지동맹에 참여하지 않았던 것으로 생각된다.

　이런 맥락에서 볼 때, 하얼빈 의거 직전에 안중근 의사가 최재형

　　세계의 영웅, 안중근

의 집에 머물면서 사격 연습을 했고, 나아가 최재형이 하얼빈 의거의 대부 역할을 했다는 주장은 사실일 수가 없는 것이다. 안중근 의사가 최재형의 집에서 사격 연습을 했다면, 그것은 대한의군이 무장투쟁을 했던 시기였을 것이다. 최재형은 연해주 독립운동의 대부라 할 수는 있지만, 하얼빈 의거의 대부는 아니었다.

한편 대동공보사에서 9명 또는 16명이 모여 하얼빈 의거를 모의했다는 주장이 있다. 그러나 당시 연해주에 일본과 내통하는 한국인 프락치가 적지 않은 상황에서, 극비리에 추진해야 할 이토 처단 계획을 수많은 사람들이 모여서 공개적으로 의논했다는 것은 극히 비현실적이고 비합리적이다.

뿐만 아니라, 미하일로프, 유진률, 이강 등 대동공보사 관계자들이 하얼빈 거사를 계획했고, 안중근 의사가 거사를 실행했다는 주장도 있다. 그러나 안중근 의사는 이미 단지동맹을 맺을 때 이토를 처단하려는 확고한 의지를 가졌고, 이토의 하얼빈 방문 소식을 들은 즉시, 스스로 거사 계획을 세워 이토를 처단했던 것이다.

당시 한국 통감부는 한국 병탄의 명분을 찾기 위해서, 그리고 일본 외무성은 안중근 의거의 영향을 약화시키기 위해서, 초기의 첩보에 근거하여 하얼빈 의거가 대동공보사와 긴밀한 관계가 있는 것으로 몰고 갔다. 그러나 사카이 경시, 관동헌병대장, 구라치 정무국장, 미조부치 검찰관 등 일본의 조사 담당자들은 철저한 취조 결과, 하얼빈 의거는 대동공보사 관계자들의 지원을 받아 이루어진 것이 아니고, 안중근 의사의 주도로 이루어졌다는 결론을 내렸다.

하얼빈 의거와 관련하여 안중근 의사를 비롯한 16명의 용의자가 체포되었다. 뤼순 법정의 재판관으로부터 안중근 의사는 사형, 우덕순은 징역 3년, 조도선과 유동하는 각각 징역 1년 6개월을 선고받았다. 실형을 받은 사람들은 안중근 의사가 자서전에 하얼빈 의거 참여자로 서술한 자신을 포함한 4명뿐이고, 나머지 12명은 모두 무죄로 석방되었다.

잔악한 일본의 첩보기관과 수사기관도 너무도 명명백백한 하얼빈 의거의 관련자 수를 늘릴 수는 없었던 것이다. 만일 최재형, 유진률, 이강 등이 하얼빈 의거의 기획자들이었다면, 일본의 첩보기관에 발각되었을 것이고, 당시 러일관계를 생각할 때, 그들은 무사하지 못했을 것이다.

한말에 한국 침략을 주도한 이토 히로부미를 처단해야 한다는 생각을 갖지 않은 독립운동가는 거의 없었을 것이다. 그러나 그것은 생각일 뿐, 이토를 실재로 처단하는 위험하고 거의 불가능한 일을 자신이 실천하고자 한 사람도 거의 없었을 것이다.

안중근 의사는 1905년 을사늑약과 1907년 군대해산 이후 이토를 처단해야 한다는 생각을 가졌고, 대한의군이 무장투쟁을 계속할 수 없는 상황에서 단지동맹을 맺을 때 이토의 처단을 결심했다. 그

   세계의 영웅, 안중근

리고 안중근 의사는 블라디보스토크에서 이토의 하얼빈 방문 소식을 들은 뒤, 스스로 거사 자금을 마련하고 극비리에 극소수의 거사 동지들을 물색하여 거사하는 등, 하얼빈 의거를 계획하고 시종을 주도했던 것이다.

안중근 의사의 대장부 기상

다음으로 영화 〈하얼빈〉이 하얼빈 의거 당시에 묘사한 것처럼 안중근 의사는 심약한 인물이었던가? 하얼빈 의거를 앞둔 안중근 의사의 '장부가'와 뤼순 감옥에서 쓴 안중근 의사의 유묵을 통하여 그 진위를 알아보기로 한다.

안중근 의사는 하얼빈 의거 3일 전날에 '장부가'를 지었다. 그 일부를 소개하면 다음과 같다.

> 장부가 세상에 처함이여 그 뜻이 크도다
> 때가 영웅을 지음이여 영웅이 때를 지으리로다
> 천하를 응시함이여 어느 날에 대업을 이룰꼬
> 동풍이 점점 차가워짐이여 장사의 의기가 뜨겁도다
> 분연히 한 번 나아감이여 반드시 목적을 이루리로다
> 동포여 동포여 속히 대업을 이룰지어다

이처럼 안중근 의사의 장부가는 목숨을 걸고 큰일을 앞둔 안중근 의사의 호방한 성격과 대장부의 기상을 잘 보여준다.

그리고 안중근 의사의 유묵 〈오로봉위필五老峰爲筆 삼상작연지三湘作硯池, 청천일장지靑天一丈紙 사아복중시寫我腹中詩〉도 그의 호연지기를 잘 나타내고 있다. 곧,

> 오로봉(높은 산)으로 붓을 삼고,
> 삼상(큰 강) 물로 먹을 갈아서,
> 푸른 하늘을 종이 삼아,
> 뱃속에 담긴 시詩를 쓰련다.

이 얼마나 호방하고 장부다운 기상을 나타낸 시詩인가? 누가 이처럼 호방한 대장부 안중근 의사를 소심하고 나약하다고 할 수 있겠는가? 비록 영화라 해도 강직한 성격을 가진 대장부를 심약한 사람처럼 표현한 것은 유감스러운 일이다.

맺음말

안중근 의사는 당시 서양 세력이 동양을 침략해 오는 시기에 한국, 청국, 일본 삼국이 동맹하여 서양 침략으로부터 동양평화를 수호해야 한다고 생각했다. 그리고 한·청·일 삼국이 동맹의 힘을 배

경으로 유럽과 세계 각국에 평화를 주장하여 세계평화를 이루어야
한다고 생각했다.

그러므로 안중근 의사는 일본 군국주의의 침략 정책을 주도하는
이토가 존재하면 한국 독립은 물론 동양평화도 세계평화도 파괴되
므로, 한국의 독립과 동양평화와 세계평화를 위해 이토를 주살한
것이라고 말했다.

일찍이 중국인들은 "안중근은 한국의 독립뿐만 아니라 동양평화
와 세계평화를 위해 목숨을 바쳤으므로, 동양의 영웅이고 세계의
영웅"이라고 평가했다. 우리는 조국의 독립과 세계의 평화를 위해
목숨을 바친 민족의 영웅이며, 세계의 영웅인 안중근 의사의 위상
을 올바로 평가해야 할 것이다.

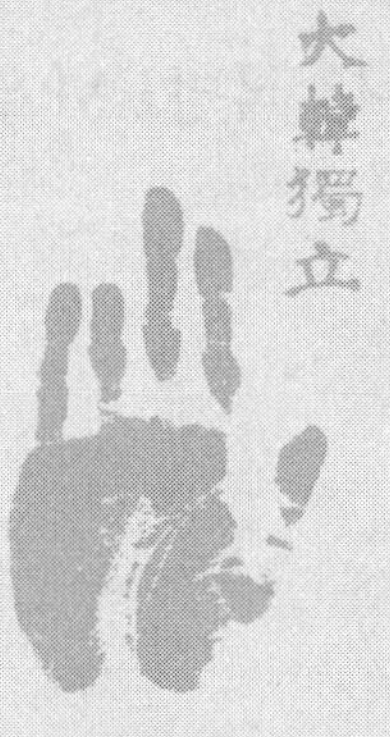

인터뷰

하얼빈 의거 110주년 국방FM 인터뷰

하얼빈 의거 110주년을 맞아 2019년 10월 24일 국방FM 프로듀서는 '독립을 위한 위대한 거사'를 주제로 안중근의사기념관 유영렬 관장과 인터뷰를 했다.

프로듀서　　　내일 10월 26일은 안중근 의사의 하얼빈 의거 110주년이 되는 날입니다. 잘 아시다시피 안중근 의사는 한국 침략의 주도 인물이자, 만주 침략의 계획을 세우던 이토 히로부미를 저격하고, 우리 민족의 독립 의지를 세계에 알린 분인데요.

국사편찬위원회 위원장을 역임하신 안중근의사기념관 유영렬 관장을 연결해서, 죽음을 목전에 둔 순간까지 독립과 동양평화를 갈망했던 안중근 의사의 삶을 되돌아보는 시간 가져보겠습니다.

유영렬 관장님, 3·1 운동과 대한민국임시정부 수립 100주년과 함께 안중근 의사 하얼빈 의거 110주년을 맞고 있습니다. 안중근의사기념관장으로서 이날을 맞는 소회가 어떠신지요?

　　　세계의 영웅, 안중근

기념관장　　　우리 민족이 남북으로 분단되어 완전한 자주독립을 이루지 못하고 있고, 일본은 과거사를 반성할 줄 모르고 경제전쟁을 도발하고 있는 오늘날, 안중근 의사의 애국정신과 평화 사상의 소중함을 절실히 느낍니다.

프로듀서　　　많은 분들이 안중근 의사를 알고 계십니다만, 그래도 여쭙겠습니다. 안중근 의사는 우리나라 독립운동사에서 어떤 분이셨나요?

기념관장　　　안중근 의사는 1905년 을사늑약이 강제 체결된 뒤, 학교를 세워 평화적인 애국계몽운동을 했고, 1908년에는 연해주 연추에서 독립군을 조직하여 국외에서 최초로 국내진공작전을 전개했습니다. 1909년에는 하얼빈 의거를 통하여 최초로 항일 의열투쟁을 전개했고, 1910년에는 뤼순 법정에서 한국 독립과 동양평화를 위한 항일 재판투쟁을 전개했습니다. 곧 안중근 의사는 애국계몽운동, 항일 무장투쟁, 항일 의열투쟁, 항일 재판투쟁 등 우리나라 독립운동사에서 보기 드물게 모든 종류의 항일투쟁을 전개한 분입니다.

프로듀서　　　안중근 의사의 일생과 사상에서 그동안 많이 알려지지 않은 이야기들도 좀 있을까요?

기념관장   안중근 의사는 국내진공작전과 하얼빈 의거를 통하여 강직한 투사로 알려져 있습니다. 그러나 안중근 의사는 그의 유서를 보면, 부모에 대한 효성이 지극했고 아내를 사랑하는 다정한 사람이었습니다. 안중근 의사는 19세에 천주교 신자가 되어 5~6년 동안 전도 활동을 했고, 어머니와 아내에게 장남을 천주교 신부로 만들도록 유언할 정도로 독실한 신앙인이었습니다. 그리고 안중근 의사는 천주교를 통하여 인간존중 의식, 사해동포의식을 가진 세계주의자였습니다. 안중근 의사가 민족주의자였음은 잘 알려져 있지만, 세계주의자였음은 별로 알려져 있지 않지요. 그리고 오늘날의 유럽연합(EU)과 유사한 동북아연합을 안출한 안중근 의사의 구상과 경륜도 학자들 사이에 높이 평가되고 있습니다.

프로듀서   1909년에 안중근 의사는 직접 당신의 총으로 한국 침략의 원흉, 이토 히로부미를 저격했는데, 이 거사를 스스로 선택한 이유는 어디에 있었을지? 하얼빈 의거 배경에 대해서 좀 설명해 주시겠어요?

기념관장   안중근 의사는 대한의군 우영장으로서 1908년 7월에서 9월까지 국내진공작전을 전개했습니다. 그런데 안중근 의사는 "불의한 강자와 싸울 때 약자는 정의롭게 싸워야 한다."라는 생

각에서, 사로잡은 일본군 포로들을 부하들의 반대를 무릅쓰고 국
제공법에 의해 석방해 줬습니다. 석방된 포로들에 의해 부대 위치
가 알려져, 안중근 부대는 일본군의 급습을 받아 참패를 당하여 재
기불능의 상태가 되었습니다. 그래서 안중근 의사는 곤경에 처했
고 독립군 투쟁도 불가능하게 되었기 때문에, 다음 해 1909년 3월
11명의 동지를 모아 단지동맹을 맺어 의열투쟁을 결의했습니다.
마침 그해 10월 이토 히로부미가 러시아 재무대신과 만주 이권 문
제와 한국 병합 문제를 협상하기 위해 하얼빈을 방문하게 된 기회
에 안중근 의사가 이토를 처단하게 된 것입니다.

프로듀서   하얼빈 의거 이후 투옥에서부터 사형 집행까지는
어떤 시간을 보내셨나요?

기념관장   안중근 의사는 1909년 10월 26일, 거사 현장에서
러시아 군인들에게 체포되어 러시아 측의 신문을 받은 뒤, 일본의
요청에 따라 당일로 하얼빈 주재 일본영사관에 인도되었습니다.
안중근 의사는 일본영사관에서 신문을 받은 뒤 뤼순 감옥에 수감
되었습니다. 뤼순 감옥 수감 중에 안중근 의사는 수십 차례 일본 경
시와 검사의 신문을 받았고, 여섯 차례의 재판을 받았습니다.
그리고 사형선고를 받은 1910년 2월 14일을 전후하여 3개월 동

안 자서전 "안응칠 역사"를 완성했고, 사형선고를 받은 이후 쓰기 시작한 "동양평화론"은 사형이 앞당겨져 미완성에 그치고 말았습니다. 그리고 사형선고를 받은 이후부터 3월 26일 순국 때까지, 40여 일 동안에 200여 편의 유묵을 썼습니다. 하얼빈 의거 후 안중근 의사가 가장 마음을 쓴 것은, 일본의 한국 침략과 동양평화의 파괴 그리고 한국의 독립 의지를 전 세계에 알리는 재판투쟁이었다고 하겠습니다.

프로듀서　　　뤼순에 있던 일본 관동도독부 지방법원에서 여섯 번에 걸쳐 재판을 받았는데요? 재판 과정에서 이토 히로부미를 죽인 이유를 당당하게 밝혔다고 하는데, 어떤 내용이었고, 끝까지 주눅 들지 않고 당당할 수 있었던 것은 어떤 의지로 봐야 할까요?

기념관장　　　안중근 의사는 재판 과정에서 이토 히로부미의 죄상으로서, 명성황후를 시해한 죄, 고종황제를 폐위시킨 죄, 을사늑약과 정미조약을 강제로 체결한 죄, 독립을 요구하는 한국인들을 마구 죽인 죄, 대한제국 국권을 강탈한 죄, 대한제국 군대를 강제로 해산시킨 죄, 대륙을 침략하여 동양평화를 깨뜨린 죄 등 15개 조목을 제시했습니다. 그리고 그는 대한의군 참모 중장으로서 적의 괴수를 처단했으므로 전쟁포로로 대우하라고 주장했습니다.

　　　세계의 영웅, 안중근

안중근 의사가 하얼빈 의거로부터 순국 때까지 당당하고 의연한 자세를 잃지 않았던 것은 3가지로 설명할 수 있습니다. 첫째로 안중근 의사는 그의 거사가 조국의 독립과 동양의 평화를 위한 '의로운 일'이라고 확신했기 때문입니다. 둘째로 안중근 의사는 평소 정의감이 강한 대장부의 기상을 가졌기 때문입니다. 셋째로 안중근 의사는 천주교 신도로서 남의 나라를 빼앗고 무수한 사람을 죽이는 죄악을 제거하는 것은 주님의 뜻이라는 굳건한 믿음을 가진 때문이라 생각됩니다. 안중근 의사는 어머니에게 보낸 유서에서, "현세의 모든 일은 주님의 명령에 의해 이루어진 것이오니 심려하지 마옵소서."라 하여, 하얼빈 의거가 자신만의 뜻이 아니고 예수님의 뜻에 의한 것임을 암시하고 있습니다.

프로듀서　　　안중근 의사는 죽음 앞에서도 의연했습니다. 그의 어머니 조마리아 여사의 마지막 당부가 참 대단한 것이었다고요?

기념관장　　　그렇습니다. 조마리아 여사는 사형선고를 받은 아들에게 "너의 죽음은 조선인 전체의 공분을 짊어진 것이니, 항소하여 일제에 목숨을 구걸하지 말고 죽으라. 대의를 위해 죽는 것이 이 어미에 대한 효도이다."라고 마지막 당부를 했습니다. 그리고 조마리아 여사는 안중근 의사 의거 후 헌병대에 잡혀갔을 때, "우리 아들은 평소에 나라 걱정만 하고 항상 의롭게 살았다."라고 당당하게 말하여, 당시 『대한매일신보』에 "그 어머니에 그 아들"이라는 기사가 실리기도 했습니다.

프로듀서　　　안중근 의사는 뤼순 감옥에서 200여 점에 달하는 유묵을 썼다고 하잖아요. 관장님 개인적으로 소개해 주시고 싶은 유묵이 있으실까요?

기념관장　　　안중근 의사는 사형선고를 받은 뒤 40여 일 동안에 200여 점의 유묵을 썼습니다. 그중 '일일부독서 구중생형극一日不讀書 口中生荊棘', 곧 '하루라도 책을 읽지 않으면 입안에 가시가 돋는다.'라는 유묵은 교육자로서 안중근 의사의 면모를 잘 보여줍니다. '천당지복 영원지락天堂之福 永遠之樂', 곧 '천당의 복은 영원한 즐거움이다.'라는 유묵은 독실한 천주교인으로서 안중근 의사의 면모를 잘 보여줍니다. 그리고 '위국헌신 군인본분爲國獻身 軍人本分', 곧 '나라를 위해 몸을 바치는 것은 군인의 본분이다' 라는 유묵은 독립군으로서 안중근 의사의 면모를 잘 보여줍니다. 그러므로 개인적으로 이 유묵들을 소개해 드리고 싶습니다.

프로듀서　　　관장님, 안중근 의사가 감옥에서 '동양평화론'도 저술했잖아요. 끝을 보진 못했지만—. 한일 두 나라가 화합해서 동양 평화에 이바지하기 바란다고 하셨다는데, 사형 집행 전 마지막 순간까지 안중근 의사가 바랐던 동양평화란 어떤 것이었고, 그 사상이 현재 우리와 한일 관계에 시사示唆하는 바는 무엇일까요?

기념관장　　　안중근 의사는 일본이 한국을 병합하고 중국을 침략하면, 결국 일본도 망하게 되어 삼국이 공멸共滅한다고 생각했습니다. 그러므로 안중근 의사가 바랐던 동양평화는, 한·청·일 동양 삼국이 완전한 독립국가로서 동맹을 맺어 서양의 침략에 대응해야 한다는 것입니다. 그리고 동양이 단합된 강력한 힘을 배경으로 서양 여러 나라에 평화를 주장하여 세계평화를 이루어야 한다는 것입니다. 그래야 세계 모든 인류가 평화롭고 행복하게 살 수 있다는 것입니다. 따라서 동양평화론은 세계평화론과 직결되는 개념이고, 안중근 의사의 천주교적 사해동포주의, 곧 세계평화주의에서 나온 것입니다.

안중근 의사는 "우리는 4천만 일본 국민을 적으로 삼아서는 안 된다." "나는 일본 군국주의는 미워하지만 일본인은 어느 한 사람도 미워하지 않는다." "한국민과 일본 국민은 전쟁을 싫어하고 서로 사이좋게 지내기를 원하는데, 이토 히로부미 같은 군국주의자들이 한일 관계를 소원하게 만들었다." 그러므로 "이토는 한국의 역적일 뿐만 아니라 일본의 역적이므로, 나는 한국과 일본을 위해 이토를 처단한 것”이라고 했습니다. 곧 안중근 의사는 인간 이토를 쏜 것이 아니고, 일본 군국주의를 쏜 것입니다. 안중근 의사의 이런 일본 인식이 현재의 한일 관계에 시사示唆하는 바가 크다고 생각합니다.

프로듀서　　　안중근 의사는 유언으로 독립이 되면 자신의 시신을 고국에 묻어 달라고 하셨다는데, 아직까지 유해를 못 찾고 있죠. 유해 찾기가 어려운 이유는 무엇 때문인가요?

기념관장　　　안중근 의사는 자신의 시신屍身을, 의거 준비를 위해 몇 차례 찾아가서 마음을 가다듬었던, 하얼빈 공원에 묻었다가 조국이 독립된 뒤 조국에 이장해 줄 것을 원했습니다. 그러나 안중근 의사 유해가 하얼빈 공원에 묻히면 하얼빈 공원은 한국 독립운동의 성지聖地가 될 것이므로, 일본당국은 안중근 의사 유해를 비밀리에 묻어, 오늘날까지 찾지 못하고 있습니다.

프로듀서　　　안중근 의사의 유해가 하루라도 빨리 고국의 품에 안길 수 있길 바라고요. 끝으로 안중근 의사의 생애와 발자취를 따라가 볼 수 있는 곳, 서울 남산도서관 위에 안중근의사기념관이 있

　　　　　세계의 영웅, 안중근

잖아요. 1970년 10월 26일에 처음 개관을 했다던데, 거기에 가면 무얼 볼 수 있는지 소개 부탁드릴게요.

기념관장   안중근의사기념관은 1970년에 처음 개관했는데, 현재의 안중근의사기념관은 2010년에 신축한 건물입니다. 서울 남산도서관 위에 위치한 안중근의사기념관은 지하 1층, 지상 2층 의 규모가 상당히 큰 전시실과 사무실을 갖추고 있습니다. 전시실 에는 안중근 의사의 어린 시절, 천주교 전도 활동, 교육 구국운동, 국내진공작전, 단지동맹, 하얼빈 의거, 뤼순 법정과 뤼순 감옥 관련 의 자료와 시설이 갖춰있습니다. 1시간 정도 관람하면 안중근 의 사의 생애와 활동과 사상을 잘 알 수 있습니다. 국민 여러분이 많 이 찾아오셔서 안중근 의사의 애국정신과 평화 사상을 함께하시기 바랍니다.

프로듀서   안중근 의사 하얼빈 의거 110주년을 맞아 안중근 의사기념관 유영렬 관장과 인터뷰 나눠봤습니다.

하얼빈 의거 111주년 KBS 금요초대석 인터뷰

하얼빈 의거 111주년을 맞아 2020년 10월 27일 KBS 금요초대석 프로듀서는 안중근의사기념관 유영렬 관장과 인터뷰를 했다.

프로듀서　　　한 주간, 이슈가 된 인물과 궁금했던 사람…그리고 특별한 이야기의 주인공을 만나보는 〈금요초대석〉입니다. 오늘은 안중근의사기념관 유영렬 관장님을 모셨습니다.

먼저 안중근의사기념관은 어떤 곳인지요? 안중근의사숭모회와 관련하여 소개해 주세요.

기념관장　　　네! 안중근의사숭모회는 1963년에 안중근 의사의 동지인 이강 선생(대동공보사 주필)과 독립운동가인 김홍일 장군, 독립운동가이며 안중근 의사의 조카인 안춘생 선생과 독립운동가이며 안중근의사 숭배자인 김양선 교수 등 15인이 안중근 의사의 숭고한 애국정신과 평화 사상을 기리기 위하여 정부의 허가를 받아 설립한 사단법인입니다.

안중근의사숭모회는 1970년 10월 26일 안중근 의사 순국 60주년을 계기로 기념관 설립을 추진하여, 국민 성금과 박정희 대통령의 하사금으로 남산에 안중근의사기념관을 건립하여 운영하게 되었습니다.

2000년대에 들어 기념관 건물이 노후하고 비좁아서, 당시 서울시장(이명박)과 국가보훈처장(안주섭) 그리고 광복회장(김우전) 등을 통하여, 노무현 대통령에게 건의하여, 2010년 10월 26일 안중근 의사 순국 100주년을 맞아 현재의 기념관을 완공하게 되었습니다.

안중근의사기념관은 안중근 의사 관련 전시실을 갖추어 무료로 관람할 수 있도록 하고, 안중근아카데미와 중등교사연수 그리고 청년포럼과 학생 글짓기 등 일반인과 교사 그리고 청년과 학생들에게 안중근 의사의 애국정신과 평화 사상을 알리는 활동을 해오고 있습니다.

프로듀서   국가와 민족을 위해 희생하신 민족의 영웅 안중근 의사를 기리는 기념관이, 일제강점기의 조선신궁 터에 세워졌다는 점에서 더욱 의미가 있는 것 같습니다.

기념관장   그렇습니다. 남산은 조선왕조 500년의 도읍인 한양의 남쪽에 있는 중요한 산案山으로, 풍수지리상 화산火山인 관악산의 불기운이 한양도성 안으로 들어오는 것을 차단하여 서울을 보호하는 산이었습니다. 또 남산은 군사 통신시설인 봉수가 전국으로부터 집결하는 중앙 봉수대가 있어 국방상 중요한 역할을 했습니다. 뿐만 아니라, 조선의 국태민안을 비는 국사당이 있는 곳입니다. 그래서 남산은 서울을 보호하고 조선왕조를 지키며, 조선왕조의 정기가 서린 곳이라 할 수 있습니다.

그러므로 일제는 한국 침략과 한국 지배의 최고 기구인 조선통감부와 조선통독부의 청사를 남산에 설치하여 한국인을 위압하려 했고, 일본 종교인 신도神道의 한국본산인 조선신궁을 남산에 지어 한민족의 정기精氣를 말살하고자 했다.

따라서 안중근의사숭모회는, 일제 침략의 원흉을 처단하여 일제의 간담을 서늘하게 했던, 민족의 영웅 안중근 의사의 호국정신으로 일제의 잔재를 청산하고 민족정기를 되살리는 의미에서 안중근의사기념관을 남산에 짓게 되었습니다.

프로듀서   안중근의사기념관은 의외로 일본인들이 많이 찾는 곳이라는 이야기를 들었습니다. 그들의 반응이 궁금해요.

기념관장   일본 사람들이 가장 존경하는 사람 중의 하나인 이

    세계의 영웅, 안중근

토 히로부미를 사살한 인물이 과연 어떤 사람인가? 궁금해서 우리 기념관을 찾는 일본인들도 있습니다. 그리고 안중근 의사가 한국의 독립뿐만 아니라 동양평화를 위해 헌신한 훌륭한 인물임을 알고 존경하는 마음으로 우리 기념관을 찾아오는 사람들도 많습니다.

프로듀서　　　안중근의사기념관은 대부분 학생들이 찾아오는가요?

기념관장　　꼭 그렇지는 않습니다. 어르신들과 중년층과 학생들이 고르게 찾아옵니다. 가족 단위로 오기도 하고, 부부끼리, 연인끼리 오기도 하고, 친구들끼리 오기도 합니다. 해외 동포도 찾아오고, 놀랍게도 안중근 의사를 전혀 모르는 외국인들이 오기도 합니다. 젊은이들이 와서 관람하는 모습을 보면 마음이 든든합니다. 특히 젊은 어머니가 어린애들을 데리고 오는 경우가 많은데, 그 모습은 참으로 아름답습니다.

프로듀서　　　안중근의사기념관 앞에 세워진 안중근 의사 동상은 태극기를 들고 있는 모습인데요. 어떤 장면을 묘사한 건가요? 이토 히로부미 저격 직후 안중근 의사가 태극기를 흔들던 장면일까요?

기념관장   그런 장면을 상징한 것으로 생각됩니다. 그러나 실제로 안중근 의사는 이토 저격 후 태극기를 흔들지는 않았습니다. 안중근 의사의 애국정신을 나타낸 작품으로 이해하면 될 것입니다.

프로듀서   10월 26일이 안중근 의사 하얼빈 의거 111주년이 었지요? 해마다 의미 있는 행사를 올해는 코로나 때문에 비대면으로 했나요?

기념관장   네! 기본적으로는 비대면으로 했습니다. 그러나 안중근의사숭모회 이사들과 안중근 의사 유족들 30여 명이 강당에 모여 예년처럼 안중근 의사 의거 기념행사를 진행했습니다. 그리고 이 행사 과정을 안중근의사숭모회 홈페이지에 온라인으로 중계하여, 관심 있는 분들이 온라인을 통하여 기념식에 참여할 수 있도록 했습니다.

프로듀서   중국 하얼빈역에서 제국주의의 상징인 이토 히로부미를 사살했는데요. 그 거사를 자세히 설명해 주신다면요?

기념관장   네! 안중근 의사는 러일전쟁과 을사늑약 체결 후 "실력을 양성하여 독립을 회복해야 한다."라는 생각에서, 가산을 정리하여 2개의 학교를 세워 교육 구국운동을 전개했습니다. 그런데 1907년 한국 통감 이토가 고종황제를 폐위시키고, 한국 군대를 해산시켰습니다. 이에 안중근 의사는 무장투쟁을 결심하고 러시아령 연해주로 건너가서, 1908년 독립군을 양성하여 최초로 국내진공작전을 전개했습니다.

그러나 국내진공작전을 계속할 수 없게 되자, 1909년 봄 동지 11명과 동의단지회, 곧 일종의 결사대를 조직하여, 침략의 원흉 이토와 매국노 이완용 등을 처단하려는 의혈투쟁을 결의했습니다.

마침 그해 10월 이토가 만주 이권 문제와 한국 병합 문제를 러시아 재무대신과 협의하기 위해 하얼빈을 방문하게 되었습니다. 안중근 의사는 이토 처단을 결심하고, 이토가 탄 특별열차가 머물 가능성이 있는 채가구역에 동지 2명(우덕순과 조도선)을 배치하고, 자신은 하얼빈역에서 이토가 오기를 대기했습니다.

그런데 이토가 탄 특별열차가 채가구역에서 멈추지 않고 하얼빈역에 도착했습니다. 안중근 의사는, 이토가 열차에서 내려 러시아 의장대를 사열하고, 일본 환영객들의 환영을 받은 뒤 돌아서 오는 순간, 권총 3발로 이토를 처단했습니다.

안중근 의사의 이토 처단은 그 자체가 목적일 뿐만 아니라, 뒤따를 재판을 통하여 일본의 한국 침략과 동양평화의 파괴, 그리고 한국의 독립 의지를 전 세계에 알리고자 했던 것입니다. 그리고 그 뜻을 이루고 순국했습니다.

프로듀서　　　안중근 의사를 이야기할 때, 어머니 조마리아 여사를 빼놓을 수는 없을 것 같습니다. 사형 선고를 받은 아들에게 '딴 마음 먹지 말고 죽으라.'라는 편지를 보낼 수 있는 강인한 어머니가 세상에 몇이나 될까요?

기념관장　　　그렇습니다. 참으로 대단하지요. 조마리아 여사는 안중근 의사가 사형선고를 받자, "너의 죽음은 조선인 전체의 공분을 짊어진 것이다. 항소하는 것은 일제에 목숨을 구걸하는 것이니, 비겁하게 삶을 구걸하지 말고 대의大義에 죽는 것이 어미에 대한 효도이다."라는 놀라운 편지를 보냈습니다. 이처럼 안중근 의사의 뒤에는 어머니 조마리아 여사가 있었습니다.

조마리아 여사는 하얼빈 의거 직후 일본 경관과 헌병들이 찾아와 신문할 때, "우리 아들은 항상 나라를 생각하며 노심초사했고, 매사에 정당하게 행동했다."라고 당당하게 말하여 그들을 놀라게 했다고 합니다. 그래서 당시 『대한매일신보』는 '시모시자是母是子', 곧 "그 어머니에 그 아들"이란 기사를 싣기도 했지요.

조마리아 여사는 안중근 의사가 순국한 뒤, 가족들을 데리고, 연해주와 중국에서 애국계몽활동을 했고, 특히 상해임시정부의 뒷바

라지를 하면서 독립운동의 정신적 지주 역할을 했습니다. 그러므
로 정부는 건국훈장 애족장을 추서했습니다.

　　프로듀서　　　　안중근 의사는 백범 김구 선생과도 오랜 인연이 있
지요?

　　기념관장　　　　네, 김구 선생은 1894년 19세 때 동학 접주로서 동
학군 선봉장이 되어 해주성을 공격했으나 패배하고, 다음 해에 신
천 의병장인 안태훈 진사의 집, 곧 신천의병의 선봉장인 안중근 의
사의 집에 몇 달 동안 몸을 의탁하게 되었습니다. 이때 17세인 안
중근 의사와 20세인 김구 선생이 만나게 됩니다. 의병 선봉장과 동
학군 선봉장 관계였으나, 점차 서로 이해하는 관계가 된 것으로 보
입니다.
　　김구 선생은 안중근 의사의 집에 머물렀을 때, 안중근 의사 동생
들의 스승인 저명한 한학자 고능선高能善의 사상적인 영향을 받아,
존왕양이사상을 가지게 되어, 명성황후시해사건(을미사변) 후에 의
병부대에 가담하기도 합니다. 반정부의 입장에 선 동학군 선봉장
이 정부를 지키는 의병이 된 것이지요. 곧 김구 선생은 안중근 의사
의 집에서, 백성과 정부의 입장을 아우르는 사상의 폭을 확대하는
계기를 갖게 된 것입니다.

　그 후 안중근 의사의 두 동생 안정근과 안공근은 상해임시정부에서 김구 선생과 함께 독립운동을 했습니다. 그리고 김구 선생의 장남은 안정근의 딸과 결혼하여, 김구 선생과 안중근 의사의 동생은 사돈간이 되었습니다. 이처럼 안중근 의사와 김구 선생의 집안은 깊은 관계가 있습니다.

　프로듀서　　안중근 의사가 옥중에서 쓰신 「동양평화론東洋平和論」은 제목은 익숙하지만 그 내용이 정확히 무엇을 말하는지 모르는 분들도 계실 텐데요. 어떤 내용인지 설명 좀 부탁드립니다.

　기념관장　　네. 동양평화론의 내용은, 당시 분쟁지역인 뤼순旅順에 동양평화회의본부를 설치하고, 한국·청국·일본의 삼국 연합군을 편성하며, 삼국 공동 은행을 설립하고, 삼국 공동 화폐를 발행하여 삼국이 경제협력을 추진하는 동북아연합을 만들고, 이를 확대하여 아시아연합을 만들자는 것입니다.

　안중근 의사의 동양평화론은 80여 년 뒤 1993년에 형성된 유럽연합(EU)과 동일한 구상입니다. 대한제국 말기에 많은 신지식인들이 한국 독립의 유지 방안으로 동양평화론을 주장했습니다. 그러나 유럽연합과 같은 국가공동체를 구상한 사람은 아무도 없었습니다. 사실상 안중근 의사의 동양평화론은 세계 최초의 독보적인 국

　　　　　세계의 영웅, 안중근

가공동체 구상입니다. 따라서 오늘날 일본 학자들도 이를 높이 평가하고 있습니다.

프로듀서   안중근 의사가 주장한 동양평화론의 목표는 무엇인가요?

기념관장   안중근 의사가 주장한 동양평화론의 일차적인 목표는 한·청·일 삼국이 동맹관계를 이루어 한국의 독립을 확고히 하려는 것이었습니다. 그리고 한·청·일 삼국이 동맹을 맺어 서양의 침략으로부터 동양평화를 지키려는 것이었습니다. 나아가 동양평화론의 궁극적인 목표는 한·청·일 삼국이 동맹의 힘을 배경으로 유럽과 세계 각국에 평화를 주장하여 세계평화를 이루려는 것이었습니다.

프로듀서   안중근 의사의 일대기는 뮤지컬로 영화로 또 드라마로 여러 번 만들어졌습니다. 보실 때마다 아쉬운 부분도 있을 것 같은데요?

기념관장   그렇습니다. 대체로 작품들이 안중근 의사의 '위국헌신', 곧 국가에 헌신한 점에 초점을 맞추고 있습니다. 그러나 안중근 의사가 "나는 3천만 동포를 위해 희생하려는 자이며, 황실을 위해 죽으려는 자가 아니다." "국가는 관인들의 국가가 아니고, 국민의 국가이다."라고 말했듯이, 안중근 의사는 왕조 국가와 황실이 아니고, 국민의 권리와 자유가 존중되는 국민국가, 곧 민주국가를 염원한 데에 그 위대함이 있습니다. 나아가 안중근 의사의 위대한 점은 국가와 민족을 뛰어넘어 동양평화와 세계평화를 염원한 세계주의자였다는 점에 있습니다.

안중근 의사의 생애는 그 자체가 드라마틱하므로 앞으로 제작되는 뮤지컬과 영화, 드라마에서는 역사가의 고증을 들어 논픽션을 강조하여, 안중근 의사의 행적과 정신을 사실적으로 부각시키면 더욱 감동적일 것입니다.

프로듀서　　　2014년 1월 중국에 안중근의사기념관을 개관하자, 일본 스가 총리가 안중근 의사에 대해 '우리나라의 초대 총리를 살해하여, 사형 판결을 받은 테러리스트'라고 말해서 공분을 산 적이 있습니다. 의사와 테러리스트는 어떻게 구별될 수 있을까요?

기념관장　　　네! 국가나 공익을 위해, 침략의 원흉 같은 특정 인물에게 폭력을 행한 사람은 의사라 할 수 있습니다. 그러나 국가나 공익을 위해서라도 불특정 다수에게 폭력을 행한 사람은 테러리스트이며, 개인을 위해서라면 불특정 다수는 물론 특정 인물에게 폭력을 행한 사람도 테러리스트라 할 수 있습니다.

안중근 의사는 한국을 침략하고 동양평화와 세계평화를 파괴하는 대표적인 군국주의자를 특정하여 처단했으므로 당연히 의사로 보아야 합니다.

프로듀서　　　안중근 의사 유해 찾기 사업은 지금 어떻게 되고 있나요?

기념관장　　　몇 년 전에 안중근 의사 묘로 추정되는 뤼순 형무소 공동묘지 지역을 대대적으로 발굴했으나 유해를 찾지 못했습니다. 그 후 중국 정부는 확실한 증거가 없으면 유해 발굴을 허가하지 않을 방침을 세우고 있습니다. 따라서 앞으로 안중근 의사 유해 찾기 사업은 정부 차원에서 중국의 협력을 얻어야 가능할 것으로 생각합니다.

프로듀서　　　앞으로 안중근의사기념관의 계획도 좀 소개해 주세요.

기념관장　　　네. 첫째로 안중근 의사 청년포럼에 참가하는 대학생들을 중심으로 각 대학에 '안중근 동아리'를 만들도록 권면하여, 안중근 의사의 애국정신과 평화 사상을 널리 알리도록 하고자 합니다. 둘째로 안중근의사기념관 전시실의 전시물 배치를 개선하여 관람자들이 더 편리하게 관람할 수 있도록 하고자 합니다. 셋째로 안중근의사기념관 일대를 '안중근 평화광장'으로 조성하여 기념관의 위치를 널리 알려서, 시민들이 쉽게 기념관을 찾아올 수 있도록 하고자 합니다. 그리고 이미 시행하고 있는 안중근아카데미와 교사연수프로그램, 그리고 학생 글짓기 대회를 더욱 활성화하고자 합니다.

프로듀서   금요초대석에 나와 주셔서 감사합니다.

하얼빈 의거 관련 국방TV 인터뷰

2023년 1월 19일 국방TV 프로듀서는 안중근의사기념관 유영렬 관장과 하얼빈 의거에 관해 인터뷰를 했다.

프로듀서　　　안중근 의사 하면 하얼빈 의거를 떠올리는데요, 하얼빈 의거 외에 어떠한 독립운동을 했는가요?

기념관장　　　안중근 의사는 한말에 우리 민족이 할 수 있는 모든 방법의 독립운동을 전개한 거의 유일한 인물입니다. 첫째로 안중근 의사는 1905년 을사늑약 직후에 독립운동에 투신하여 학교 교육 운동, 민중계몽운동, 국채 보상 운동 등 애국계몽운동을 전개했습니다. 둘째로 안중근 의사는 1907년 이토 히로부미에 의해 고종황제가 폐위되고, 한국 군대가 해산된 국가 멸망의 상황에서 연해주로 건너가, 1908년 대한의군大韓義軍을 조직하고 참모 중장이 되어 독립전쟁을 전개했습니다. 이것은 우리나라 최초의 독립군 조직에 의한 독립전쟁입니다. 셋째로 안중근 의사는 1909년에 일제의 침략 원흉 이토 히로부미를 제거한 하얼빈 의거를 단행했다. 넷째로 안중근 의사는 1909년과 1910년에 뤼순 법정투쟁을 통하여, 일본의 한국 침략과 동양평화의 파괴를 전 세계에 알렸습니다. 하얼빈 의거는 법정투쟁을 통하여 일본의 한국 침략과 동양평화의 파괴를 전 세계에 알리기 위한 수단이기도 했습니다.

프로듀서　　　안중근 의사는 왜 이토 히로부미를 처단했나요? 그리고 안중근 의사가 주장한 이토의 15개 죄목은 무엇인가요?

기념관장　　　안중근 의사는 일본 침략주의자 이토 히로부미가 존재하면 한국의 독립이 상실되고, 동양평화는 물론 세계평화도 위험하게 된다고 생각하여, 한국의 독립과 동양평화와 세계평화를 위해 이토를 처단했습니다. 그리고 안중근 의사는 이토의 15개 죄목으로 명성황후를 시해한 죄, 한국 황제를 폐위시킨 죄, 한국 국권을 탈취한 죄, 무고한 한국인들을 학살한 죄, 일본 제일은행권 지폐를 강제로 사용한 죄, 한국 교육을 방해한 죄, 한국 군대를 해산시킨 죄, 동양평화를 파괴한 죄 등을 지적했습니다.

안중근 의사 자서전에 의하면, 하얼빈 의거 직후 안중근 의사를 취조하던 미조부치 일본 검사는, 이토의 죄 15개 조목을 듣고 난 뒤

에 놀라면서 하는 말이, "이제 진술하는 말을 들으니, 참으로 동양
의 의사라 하겠다. 그대는 의사니까 사형받을 법은 없을 것이니 걱
정하지 말라."라고 말했다고 합니다. 일본 검사가 최초로 안중근
의사를 '동양의 의사'로 호칭한 것입니다.

프로듀서　　　안중근 의사가 이토를 처단하려 결심했을 당시 대
한제국의 상황, 시대적 배경에 대한 설명을 부탁드립니다.

기념관장　　　1894년 청일전쟁 이후에 부동항을 얻기 위한 러시
아의 남하정책과 대륙 침략을 꿈꾸던 일본의 북진정책이 충돌하여
1904년 러일전쟁이 일어났습니다. 러일전쟁을 도발한 일본은 전쟁
이 유리하게 전개되는 과정에서 미국과 태프트·가쓰라 밀약(1905.
7), 영국과 제2차 영일동맹(1905. 8)을 체결하여, "일본의 한국에 대한
지도·보호·감리의 권리"를 인정받았습니다. 그리고 일본은 러시아
와 '포츠머스 강화조약'(1905. 9. 5)을 맺어 러시아로부터 남만주철도
지배권을 양도받고, 한국에 대한 지도·보호·감리의 권리를 인정받
았습니다.
　한편 러일전쟁 도발과 동시에 일본은 한국에 군대를 파견하여
한국의 중요 지역을 점령했습니다. 이때 이토 히로부미는 일본 천
황 칙사로 한국으로 건너와서 1905년에 을사늑약을 강제로 체결시

켜 한국의 외교권을 탈취하고, 1906년에 한국 통감이 되어 한국 내정을 간섭했으며, 1907년에는 고종황제를 퇴위시키고, 한국 군대를 해산시켜 한국을 멸망 상태로 몰아넣었습니다.

러일전쟁의 결과로 남만주철도는 일본이 관리하고, 북만주 철도는 러시아가 관리하게 되었는데, 이때 미국은 만주철도를 국제공동관리에 두어야 한다고 강력히 주장했습니다. 이에 대응하여 일본의 추밀원 의장 이토 히로부미와 러시아의 재무대신 코코프체프가 러일 양국의 만주 이권 문제와 일본의 한국 병합 문제 등을 논의하기 위해 하얼빈에서 만나게 되었던 것입니다.

프로듀서　　안중근 의사의 궁극적인 목적은 무엇이었으며, '동양평화론'을 통해 말하고자 했던 바는 무엇인가요?

기념관장　　안중근 의사의 궁극적인 목적은 일본의 대표적인 침략주의자를 제거하여, 한국의 독립과 동양평화와 세계평화를 이루어 인류가 행복을 누리도록 하는 것이었습니다. 안중근 의사의 '동양평화론'의 내용은 한·중·일 삼국이 뤼순에 동양평화회의 본부를 설치하고, 삼국 연합군의 창설, 삼국 공동 은행의 설립, 삼국 공용 화폐의 발행 그리고 삼국의 경제협력을 추진하는 '동북아연합' 나아가 '아시아연합'을 만드는 것이었습니다. 안중근 의사의 아시

　　　　　세계의 영웅, 안중근

아연합 구상은 EU, 곧 유럽연합과 유산한 것이며, 그보다 80여 년이나 앞선 독보적인 국가공동체 구상이었습니다.

안중근 의사의 동양평화론의 제1차 목표는 당시 서양 세력이 동양을 침략해오는 시기에 한·중·일 삼국이 동맹을 맺어 서양 침략으로부터 동양평화를 수호하려는 것이었고, 동양평화론의 제2차 목표는 한·중·일 삼국동맹의 힘을 배경으로, 유럽과 세계 각국에 평화를 주장하여 세계평화를 이루려는 것이었습니다. 안중근 의사는 평화는 힘을 가지고 주장해야 이루어질 수 있다고 믿었던 것입니다.

프로듀서　　　안중근 의사의 어머니가 아닌, 독립운동가로서 조마리아 여사는 어떤 분이셨으며, 어떤 활동을 했나요?

기념관장　　　조마리아 여사는 여장부라 불릴 정도로 당당하고 의지가 강한 분이었습니다. 1907년 국채 보상 운동이 일어나자, 안중근 의사는 관서지방의 국채 보상 운동을 주도했는데, 당시 『대한매일신보』를 보면, 조마리아 여사도 국채 보상을 위한 의연금을 냈고, 진남포 국채 보상 부인회에 은장도, 은가락지, 은귀걸이 등을 기부했으며, 주변 사람들에게도 국채 보상 운동에 참여하도록 권유했습니다.

조마리아 여사는 하얼빈 의거 후 두 아들(안정근과 안공근)을 뤼순 감옥에 보내, 안중근 의사에게 "나라를 위해 한 일이니 일제에 항소하여 목숨을 구걸하지 말고 당당하게 죽으라."라는 뜻을 전달했습니다.

하얼빈 의거 후 조마리아 여사는 일제의 탄압을 피해 러시아 연해주로 이주했다가, 대한민국임시정부가 수립된 뒤 1922년에 상해로 이주하여, '임시정부경제후원회'를 조직하고 적극적으로 임시정부 후원 활동을 했습니다. 정부는 2008년 조마리아 여사에게 건국훈장 애족장을 추서했고, 국가보훈처, 광복회, 독립기념관은 공동으로 조마리아 여사를 2017년 7월의 독립운동가로 선정하기도 했다. 안중근 의사 가문에서는 우리나라에서 가장 많은 15명이 건국훈장을 받았습니다.

프로듀서　　안중근 의사의 이야기를 통해 MZ세대 장병을 비롯한 국민이 어떤 교훈을 얻을 수 있을까요?

기념관장　　안중근 의사는 자신이 대한의군 참모 중장으로서 '나라를 위해 헌신하는 것은 군인의 본분이다.'라는 '위국헌신 군인본분爲國獻身 軍人本分'을 강조했습니다. 북한, 중국, 일본의 위협이 상존하는 오늘날 우리 군인들은 '위국헌신爲國獻身'을 좌우명으로 삼아야 할 것입니다. 또한 안중근 의사는 항상, '단합하면 성공하고,

흩어지면 패망한다.'라는 '합성산패合成散敗'를 강조했습니다. 북한의 도발이 심해지고, 정치적 입장에 따라 국론분열이 심각한 오늘날, 우리 국민들은 안중근 의사가 당부한 '합성산패'를 교훈으로 삼아야 할 것입니다.

프로듀서　　　　끝으로, 외국인들은 안중근 의사를 어떻게 평가해 왔는지요?

기념관장　　　　안중근 의사를 심문한 일본 검사는 안중근 의사를 '동양의 의사'로 평가했고, 재판정의 판사와 일본인 방청객들도 안중근 의사를 비범한 인물로 인식했습니다. 오늘날 일본학자들은 안중근 의사를 동양평화와 세계평화의 방안을 제시한 탁월한 사상가로 평가하고 있습니다. 중국인들은 일찍부터 안중근 의사를 한국의 독립뿐만 아니라 동양평화와 세계평화를 위해 헌신한 '세계의 공로자', '세계의 영웅', '세계의 위인'으로 평가해 오고 있습니다. 우리도 안중근 의사를 '민족의 영웅'으로 가둬두지 말고, '세계의 영웅', '세계의 위인'으로 예우해야 할 것입니다.

안중근 관련 KBS 일요초대석 인터뷰

2025년 1월 14일 KBS 〈한민족 하나로〉 프로듀서는 안중근의사기념관 유영렬 관장과 하얼빈 의거에 관해 인터뷰를 했다.

프로듀서　　　한민족 하나로 애청자 여러분, 지구촌 한민족 여러분, 안녕하십니까. 김승채입니다. 한민족 하나로 일요초대석! 오늘 초대 손님 〈안중근의사기념관〉 유영렬 관장님 자리하셨습니다. 안녕하세요?

기념관장　　　안녕하십니까?

프로듀서　　　안중근 의사의 의거를 그린 영화 〈하얼빈〉이 개봉하면서 안중근 의사에 대한 이야기를 듣고 싶어 하는 분이 늘었습니다. 서울 남산에 있는 안중근의사기념관은 어떻게 꾸며져 있나요?

기념관장　　　안중근의사기념관은 1970년에 남산 조선신궁 터에서 개관했고, 2010년에 안중근 의사의 단지동맹을 상징하는 12개의 유리 기둥을 묶은 형태의 새로운 모습으로 다시 개관했습니다. 기념관 전시실은 안중근 의사의 생애와 활동을 시대순으로 영상과 자료로 알기 쉽게 설명해 놓았고, 기념관 앞 안중근광장에는 안중근 의사의 유묵과 어록을 새긴 16개의 석비石碑들이 웅장하게 서 있습니다.

프로듀서　　　안중근의사기념관에서 하는 활동은 주로 무엇인가요?

기념관장　　　안중근의사기념관은 안중근 의사와 관련된 자료들을 수집해서, 전시활동과 학술활동 그리고 다양한 교육활동을 통해, 안중근 의사의 평화 사상을 선양하고, 국민들의 애국정신을 고취하는 일을 하고 있습니다.

프로듀서　　　영화 〈하얼빈〉 보셨나요? 느낀 점은요?

기념관장　　　보았습니다. 뭣보다도 영화 〈하얼빈〉은 평화의 탈을 쓴 일본의 민낯을 잘 드러냈고, 우리 민족의 처절한 독립운동을 장엄하게 표현했습니다. 그러나 실재의 하얼빈 의거는 영화처럼 여러 명의 독립군이 가담하여 이루어진 것은 아니었으며, 실재의 안중근 의사는 영화처럼 소심하고 나약하지 않고, 다정다감하면서도 강인한 의지를 가진 인물이었습니다.

프로듀서　　　안중근 의사를 기념하는 장소는 국외에 중국과 러시아, 일본에도 있죠?

기념관장　　　네. 중국에는 하얼빈에 안중근의사기념관이 있으며, 일본의 미야기현에는 안중근 의사 사진을 법당에 모신 대림사가 있고, 청운사엔 "민족의 영웅 안중근"이라 새긴 석비가 있습니다. 그리고 러시아에도 우수리스크와 크라스키노에 안중근 의사 기념비가 있습니다.

프로듀서　　　안중근 의사가 순국한 중국 뤼순 감옥에서는 관련 행사도 열리고 있나요?

기념관장　　　네. 매년 안중근 의사의 순국 일을 기하여, 대한민국 대련 영사출장소와 대련 한국인(상)회 공동으로, 뤼순 감옥 내 안중근 의사 순국 장소에서 추모식을 거행하고 있습니다.

　　　세계의 영웅, 안중근

프로듀서　　　　하얼빈역 의거 현장에 가보셨을 텐데요. 어떤 마음이 드셨나요?

기념관장　　　　현장을 볼 때마다 안중근 의사의 당당하고 의연한 모습이 떠올라 벅찬 마음이 들었습니다.

프로듀서　　　　총을 쏜 뒤에 러시아 말로 '꼬레아 우라!(대한 만세!)'라고 외치셨죠? 러시아어로 외친 이유는요?

기념관장　　　　현장에 있는 러시아 군인들에게 한국의 독립을 위해 이토를 처단한 사실을 알리려고 러시아어로 〈대한 만세〉를 외쳤습니다.

프로듀서　　　　당시 하얼빈 의거가 국민과 세계에 남긴 의미는 무엇일까요?

기념관장　　　　대한제국이 사실상 독립을 상실한 절망적인 상황에서, 하얼빈 의거는 국민들에게 독립정신을 각성시켜 항일 독립운동의 기폭제를 마련했습니다. 그리고 일본의 침략 야욕과 한국민의 독립 의지를 전 세계에 알린 점이 큰 의미라고 생각합니다.

프로듀서   이토 히로부미는 즉사했고, 안중근 의사는 바로 체
포되었나요?

기념관장   안중근 의사는 현장에서 러시아군에 의해 체포되
었고, 이토는 3발의 총을 맞고 30분 만에 사망했습니다.

프로듀서   안중근 의사는 청나라 영토에서 러시아 헌병에게
체포된 조선인인데, 왜 일본영사관으로 인계됐나요?

기념관장   하얼빈은 청나라 영토였지만 당시에 러시아가 관
할하고 있어, 안중근 의사는 당연히 러시아의 재판을 받아야 했습
니다. 그런데 1905년 러일전쟁에 패배한 러시아로서는 러시아 관
할지역에서 일본의 최고 실력자가 타살된 상황에서, 일본의 책임
추궁을 면하기 어려웠습니다. 그러므로 일본의 요구를 들어 안중
근 의사를 일본에 넘겨준 것입니다.

프로듀서   속전속결로 받은 안중근 의사 재판은 형식적인 재
판이 아닌가요?

기념관장   1주일 만에 끝난 형식적인 재판이었습니다. 당시

일본 법률도 정치범은 사형시키지 않았습니다. 일본 검사(미조부치)
도 처음에는 안중근 의사로부터 이토를 죽인 15가지 이유를 듣고,
"그대는 동양의 의사이니 사형받는 법은 없을 것이니 걱정하지 말
라."라고 말했습니다. 그러나 일본 외무성의 강압에 의해서 사형에
처해진 것입니다.

프로듀서　　　　안중근 의사에게 내려진 죄목과 주요 판결문 내용
은요?

기념관장　　　　안중근 의사 재판을 담당한 뤼순 관동도독부 지방
법원은 1910년 2월 14일에, "안중근은 정치범이 아닌 일반 살인범"
이며, 을사보호조약에 의거하여 "외국에서 한국인의 법적 지위는
일본인과 동일하다."라고 하고, 일본 형법 제199조 살인죄를 적용
하여 사형을 선고했습니다.

프로듀서　　　　시간을 거슬러서 안중근 의사는 언제, 어디서 태어
났나요?

기념관장　　　　안중근 의사는 조선이 일본에 의해 문호 개방이 된
지 3년째 되는 1979년에 황해도 해주에서 태어났습니다.

프로듀서   본명은 〈응칠〉이었죠? 우리가 잘 아는 〈중근〉이라
는 이름은 언제부터 썼나요?

기념관장   안중근 의사의 본 이름은 〈중근〉이었습니다. 그런
데 태어날 때 배와 가슴에 북두칠성 모양의 7개의 점이 있어 별명
을 〈응칠〉이라고 했습니다. 안중근 의사는 1907년 망명 이후 의거
때까지 주로 별명인 〈응칠〉을 사용했습니다.

프로듀서   안중근 의사는 부유한 집안이었다고요?

기념관장   네. 안중근 의사는 고려의 유명한 유학자 안향安珦
의 26세손으로, 10대 동안 해주에 거주한 부호의 집안에서 태어났
습니다.

프로듀서   말타기와 사냥에 능해 명사수로 이름을 날렸다고요?

기념관장   네. 안중근 의사는 우리나라가 발전하지 못한 이유
는 학문에만 힘써 문약에 흘렀기 때문이라고 생각하여, 학자보다
는 항우와 같은 호걸이 되기를 원했습니다. 그래서 안중근 의사는
말타기와 사냥하기를 즐겨 명사수로 이름을 날렸습니다.

                                        세계의 영웅, 안중근

프로듀서   안중근 의사의 세례명이 〈도마〉, 요즘으로 말하면 〈토마스〉인데, 가톨릭은 언제 접했나요?

기념관장   안중근 의사는 조선이 대한제국으로 국명을 바꾼 1897년, 19세 때에 온 가족과 함께 천주교 세례를 받고 신자가 되었습니다.

프로듀서   안중근 의사가 쓴 『안응칠 역사』에는 천주교에 대한 내용이 많이 실려 있죠?

기념관장   그렇습니다. 자서전인 『안응칠 역사』에는 안중근 의사가 천주교 전도 활동을 열심히 한 내용과 안중근 의사의 설교도 실려 있습니다. 그의 설교는 매우 체계적이고 설득력이 있습니다.

프로듀서   젊은 나이에 인재 양성에 관심을 기울여서 학교를 세웠다고요?

기념관장   네. 안중근 의사는 26세 때인 1905년 을사늑약이 체결된 뒤 독립운동에 투신하여, 국권 회복을 위한 실력양성을 위하여, 가산을 털어 2개의 학교를 세워 인재를 양성했습니다.

프로듀서　　　　이런 안중근 의사가 연해주로 가서 의병운동을 하게 된 계기는요?

기념관장　　　　1907년 이토 통감이 고종황제를 강제로 퇴위시키고, 일본인 차관정치를 실시했으며, 한국 군대를 해산시켜 한국은 사실상 독립을 상실한 상태가 되었습니다. 그래서 안중근 의사는 연해주로 건너가 항일 무장투쟁을 전개했던 것입니다.

프로듀서　　　　안중근 의사에 대해서 얘기할 때 빼놓을 수 없는 게, 〈단지동맹〉이죠?

기념관장　　　　그렇습니다. 항일 무장투쟁에 참패하여 무장투쟁을 계속할 수 없는 상황에서, 안중근 의사는 11명의 동지들을 모아, 손가락을 잘라 선혈로 '大韓獨立(대한독립)'이라 쓰고, 조국의 독립과 동양평화를 위해 헌신할 것을 맹세했습니다. 곧 단지동맹은 이토 히로부미 같은 침략의 원흉과 이완용 같은 매국노를 처단하기 위해 결성된 것입니다.

프로듀서　　　　당시 뜻을 함께했던 분들은 누구인가요?

　　　세계의 영웅, 안중근

기념관장　　　안중근 의사는 동지들을 보호하기 위해 신문을 받을 때마다, 이름을 조금씩 달리 말하여 확정하기는 어려우나, 의형제인 김기룡을 비롯하여, 강순기, 강창두, 백규삼, 조응순, 황병길 등은 확실히 뜻을 함께했던 동지들입니다.

프로듀서　　　이토를 처단하는 거사를 하기까지의 과정은 어땠나요?

기념관장　　　안중근 의사는 무장투쟁이 불가능한 상황에서 1909년 3월 단지동맹을 맺고, 1909년 11월 19일 연추를 떠나 블라디보스토크로 갔는데, 그때 마침 불일간에 이토가 하얼빈을 방문한다는 소식을 들었습니다. 다음날 10월 20일 안중근 의사는 신문을 통해 이토의 하얼빈 방문 소식을 확인한 뒤, 황해도 의병장이었던 이석산을 찾아가 100원을 강제로 빌려 거사 자금을 마련하고, 대한의군 동지 우덕순을 찾아가 함께 거사하기로 합의했습니다.

다음날 10월 21일 안중근 의사는 동지 우덕순과 하얼빈으로 출발했고, 도중에 러시아어가 가능한 지인의 아들 유동하와 함께 갔습니다. 안중근 의사 일행은 10월 22일 하얼빈에 도착하여 유동하의 친척 김성백의 집에 숙박했습니다. 10월 23일 유동하가 집에 가겠다고 하므로, 안중근 의사는 현지에서 러시아어에 능한 조도선을 합류시켰고, 자금이 부족하여 유동하에게 김성백으로부터 50원을 빌려오도록 하고, 동지 이강에게 그 돈을 갚아주도록 편지를 보내기도 했습니다. 그리고 10월 24일 안중근 의사는 우덕순, 조도선과 하얼빈역의 바로 앞 역인 채가구역으로 가서 그들을 거기에 배치하고, 자신은 하얼빈역을 담당하기로 하고 10월 25일 하얼빈으로 돌아갔습니다.

프로듀서　　　1909년 10월 26일, 하얼빈역에 도착한 안중근 의사는 어떤 시간 순으로 거사를 실행했나요?

기념관장　　　안중근 의사는 1909년 10월 26일 새벽 7시경 하얼빈역에 도착하여, 대합실에서 차를 마시며 이토가 탄 열차가 도착하기를 기다렸습니다. 9시쯤 이토가 탄 특별열차가 도착하자, 안중근 의사는 플랫폼으로 들어가 러시아 의장대 뒤에서 대기했습니다. 약 20분 뒤 이토와 러시아 재무대신 일행이 기차에서 내려, 의장대의 사열을 받으며 각국 사절단 쪽으로 가서 인사를 받고 돌아섰습니다. 안중근 의사는 이토가 10여 보 떨어진 지점에 이르자, 브라우닝 권총을 꺼내어 이토를 사살했습니다. 그때가 1909년 10월 26일 9시 30분쯤이었습니다.

프로듀서   이토 히로부미는 일본의 어마어마한 거물이었죠?

기념관장   그렇습니다. 이토 히로부미는 일본 헌법을 초안했고, 일본 총리대신을 4번이나 역임한 당시 일본 정계의 최고 실력자였습니다. 그래서 정치가로서 일본 지폐에 사진이 실린 유일한 인물이기도 합니다.

프로듀서   안중근 의사에 의해 이토 히로부미가 사살됐다는 소식은 곧바로 퍼져나갔나요?

기념관장   이토의 피살 소식은 곧바로 전 세계에 퍼져나갔습니다. 하얼빈 의거로부터 9일 동안 9만여 통의 전보가 전 세계를 오가며, 한국 청년에 의한 이토의 피살을 알렸습니다.

프로듀서   당시 국내외 반응은 어땠나요?

기념관장   사실상 일본의 지배하에 있던 국내에서는 크게 기뻤겠지만, 공공연한 의사 표현은 불가능했습니다. 쑨원孫文 등 중국의 혁명파는 중국 청년이 할 수 없는 일을 한국 청년이 해냈다고 최고의 찬사를 보냈습니다. 뒷날 중국 총리가 된 저우언라이朱恩來는

안중근 의거는 일본침략에 대한 한중 연합투쟁의 계기가 되었다고
평가했습니다. 당시 러시아 신문들에 의하면, 하얼빈 의거 이후 러
시아 지역사회에서는 안중근 의사를 '일본제국주의에 맞서 싸운 영
웅'으로 표현했다고 합니다.

프로듀서　　　　안중근 의사에게 법 적용은 제대로 됐나요?

기념관장　　　안중근 의사 담당 검사는 1905년 '을사보호조약'을
근거로, 안중근 의사에게 한국 형법이 아닌 일본 형법을 적용하여
사형을 구형했습니다.

프로듀서　　　　변호사는 어떤 인물이었나요? 안중근 의사를 위해
적극적으로 변호했나요?

기념관장　　　당시 일본당국은 2명의 일본인 관선 변호인만이
안중근 의사를 변호하도록 했습니다. 미즈노와 가마타 두 명의 일
본인 변호인은 검찰 측의 주장을 반박하고, 안중근 사건에 한국 형
법의 적용을 주장했습니다. 곧 두 일본 변호인은 "일본이 을사보호
조약에 의하여 외국에 있는 한국민을 보호하는 것은 한국 정부의
위임을 받고 하는 것이기 때문에, 재판권은 일본영사관에 있지만

적용법규는 한국의 법을 적용해야 한다."라고 주장하고, 한국에는 외국 관련의 형벌 법규가 없으므로, 죄형법정주의 원칙상 안중근은 무죄라고 주장했습니다.

프로듀서　　　재판 과정에서 안중근 의사는 〈대한의군 참모 중장〉 자격으로 〈이토 히로부미 죄상 15개 조〉를 밝혔는데요?

기념관장　　　그렇습니다. 안중근 의사는 개인 자격이 아닌, 대한의군 참모 중장의 자격으로 이토를 처단했으므로, 자신을 전쟁 포로로 대우하라고 요구했습니다. 그리고 안중근 의사는 이토의 죄상으로서 한국 황후를 시해한 죄, 한국 황제를 폐위시킨 죄, 한국 국권을 탈취한 죄, 한국 군대를 해산시킨 죄, 동양평화를 파괴한 죄 등 15개 조목을 천명했습니다.

프로듀서　　　사형선고를 받은 안중근 의사는 유서 6통을 작성했다면서요? 누구에게 인가요?

기념관장　　　어머니와 아내, 동생과 숙부, 그리고 빌렘 신부와 뮈텔 주교에게 유서를 썼습니다.

프로듀서   안중근 의사하면 침략자를 처단한 분으로만 생각하기 쉽지만, 실제로 안중근 의사는 평화주의자죠?

기념관장   네. 안중근 의사는 독실한 천주교 신자로서 사해동포주의자였고, 동양평화론자이며, 세계평화론자였습니다. 그러므로 안중근 의사는 한국의 독립뿐만 아니라 동양평화와 세계평화를 파괴하는 일본 군국주의 대표자로서 이토를 처단했던 것입니다.

프로듀서   안중근 의사가 주창하신 「동양평화론」은 어떤 내용인가요?

기념관장   안중근 의사가 주장한 「동양평화론」의 내용은, 뤼순에 동양 평화회의 본부를 설치하고, 한·청·일 삼국 연합군을 창설하며, 삼국 공동 은행을 설립하고, 삼국 공용 화폐를 발행하여, 삼국이 경제협력을 통해 동북아시아의 항구적인 평화공존을 추구하자는 동북아연합, 그리고 이를 확대한 아시아연합을 만드는 것이었습니다. 안중근 의사의 아시아연합 구상은 오늘날 유럽연합의 내용과 거의 동일한 것인데, 유럽연합보다 80여 년 앞섰습니다. 그래서 오늘날 일본학자들도 이를 높이 평가하고 있습니다.

     세계의 영웅, 안중근

프로듀서   안중근 의사가 주창한 〈동양평화 사상〉은 요즘 현
실에 대입해도 맞는 부분을 찾을 수 있죠?

기념관장   네. 안중근 의사의 「동양평화론」은 한·청·일 삼국
이 합력하여 경제개발과 동양평화 나아가 세계평화를 이루자는 것
이므로, 현재에도 귀감이 되는 사상이라고 할 수 있습니다.

프로듀서   안중근 의사는 「동양평화론」을 완성하지 못한 채
순국하셨는데, 이 책은 어디에 있나요?

기념관장   원본은 전해지지 않고, 필사본이 일본 도쿄 국회도
서관 헌정 자료실에 보관되어 있습니다.

프로듀서   안타깝게도 안중근 의사 유해를 찾지 못했습니다.
남북이 공동 발굴을 한다고도 했습니다만?

기념관장   과거에 남북이 공동 발굴을 위한 노력을 했으나,
지금은 남북관계가 좋지 않아 남북공동의 안중근 의사 유해 찾기
를 위한 노력은 기대할 수 없습니다. 다행히 여야 국회의원 60여
명이 합심하여 일본, 중국과 접촉하여 안중근 의사 유해 찾기를 위

한 노력을 시도하고 있습니다.

프로듀서   안중근 의사의 가묘가 서울에 있죠?

기념관장   네, 아무것도 들어있지 않은 의미 없는 가묘가 서울 효창공원에 있습니다. 그런데 안중근 의사뿐만 아니라 안중근 의사의 모친과 아내 그리고 두 동생의 묘소도 없습니다. 그래서 안중근의사기념관에서는 남산기념관 근처에, 안중근 의사를 비롯한 다섯 분을 기리기 위해, 그들의 유품도 넣어 가족묘와 같은 기념물의 제작을 계획하고 있습니다. 다수의 여야 국회의원들이 여기에 동참하고 있습니다. 안중근 의사는 물론 그의 모친과 두 동생도 독립운동 유공자이십니다.

프로듀서   안중근 의사의 하얼빈 의거가 임시정부와 독립운동에 끼친 영향은 무엇일까요?

기념관장   안중근 의사의 하얼빈 의거는 일제의 폭압 아래 절망 상태에 빠진 한국인들의 독립정신을 일깨워 3·1 독립운동을 일으키는 기폭제가 되었고, 임시정부를 세워 독립운동을 지속하게 했다고 봅니다.

프로듀서　　　　뤼순 감옥 일본인 교도관이 안중근 의사를 존경한 까닭은요?

기념관장　　　일본인 형무소장과 간수 등 교도관뿐만 아니라 검사, 변호사 등 관헌들, 교화승과 방청객들까지 안중근 의사의 헌신적인 애국심과 동양평화 사상 그리고 의연한 인품에 감복하여 안중근 의사를 존경하게 되었던 것이지요.

프로듀서　　　　안중근 의사는 일본인 교도관에게 휘호도 써 줬다고요?

기념관장　　　안중근 의사를 존경하는 일본인 교도관들이, 기념으로 안중근 의사에게 휘호 써주기를 부탁하여, 안중근 의사는 옥중에서 200여 점의 휘호를 썼습니다. 현재 안중근 의사의 유묵 60여 점 남아 있습니다. 안중근 의사의 유묵은 일본인들이 가장 존경하는 이토를 사살한 안중근 의사에 대한 일본인들의 존경의 증거물이라 할 수 있습니다.

프로듀서　　　　일본 미야기현의 한 절에는 안중근 의사와 일본인 교도관 부부의 위패를 함께 모시고 있다고요?

기념관장   뤼순 감옥의 안중근 의사 담당 간수 치바 도시치는
귀국한 뒤, 미야기현 대림사 불당에 안중근 의사의 유묵(爲國獻身 軍人
本分)과 사진을 모셨습니다. 치바 도시치 사후에 후손들은 안중근 의
사 유묵을 한국에 기증하고, 안중근 의사와 치바 도시치 부부의 사진
과 위패를 불당에 모시고, 매년 9월에 추모법요를 행하고 있습니다.

프로듀서   안중근 의사를 존경하는 일본인들이 있다니, 낯설
면서도 다행이라는 생각도 듭니다.

기념관장   일본 미야기현의 안중근 의사 추모 사찰뿐만 아니
라, 교토의 류코쿠대학과 리쓰메이칸대학에는 안중근 연구소가 있
습니다. 그리고 고치현과 구마모토현을 비롯한 일본 각지에는 안
중근 의사를 존경하는 많은 사람들이 있으며, 매년 안중근 의사 순
국 행사 때 한국을 찾아오기도 합니다.

프로듀서   관장님은 일본과의 관계를 연구해 오셨습니다. 개
화기 지식인들은 일본을 어떻게 받아들였는지 궁금합니다.

기념관장   개화기 지식인들은 일본을 한국 근대화의 모델 국
가로 생각했습니다. 그래서 개화기 지식인들은 일본의 한국 침략

행위에 적극적으로 대응하지 못한 점이 있습니다.

프로듀서   바로 어제가 2월 8일이었습니다. 독립운동사에서 재일 유학생의 2·8 독립선언이 지닌 의미를 빼놓을 수 없죠?

기념관장   네. 재일 유학생들의 2·8 독립선언은 한마디로 말해서 3·1 독립운동의 전주곡이었다는 점에서 중요한 의미가 있습니다.

프로듀서   그런 의미에서 3·1 독립운동의 가치는 더 큰 거죠?

기념관장   그렇습니다. 3·1 독립운동은 우리 민족 독립운동의 거대한 출발점이라 할 수 있고, 3·1 운동을 계기로 우리 민족의 본격적인 독립운동이 전개되었습니다.

프로듀서   올해는 〈한일 국교 정상화 60년〉입니다. 당시 젊은이들은 '굴욕적인 한일회담'이다. 이런 말을 외쳤습니다만?

기념관장   당시 학생들은 박정희 정부가 경제건설을 위한 자금이 필요하여, 일본에 굴욕적으로 한일회담을 진행하고 있다고 생각했습니다. 그래서 학생들은 '굴욕적인 한일회담 반대운동'과 '박 정권 퇴진운동'을 전개했습니다. 그러나 학생들이 한일 국교 정상화 자체를 반대한 것은 아니었습니다.

프로듀서 한국과 일본이 미래를 향해 나가기 위해서는 각자가 어떤 생각을 해야 할까요?

기념관장 역사적으로 한국은 문인 국가였고 일본은 무인 국가였습니다. 그래서 한국은 일본을 학문적으로 무시했고, 일본은 한국을 무력으로 억압했습니다. 앞으로 한국과 일본이 서로 무시하지 않고, 서로 존중하고 협력하는 것이 양국 공동번영의 길이라는 생각을 가져야 할 것입니다.

프로듀서 역사학자 중에는 한국의 민주주의 역사가 대한민국임시정부에서 시작했다고 보는 시각이 있지만, 관장님은 〈실학자들의 사민평등 의식〉이 한국 민주주의의 싹을 틔웠다고 하셨더라고요?

기념관장 그래요. 민주주의는 국민 평등에서 시작된다고 할 수 있습니다. 우리나라 역사에서는 실학자들이 최초로 사민평등,

  세계의 영웅, 안중근

곧 국민 평등을 내세워 민주주의의 싹을 틔웠다고 할 수 있습니다.

프로듀서　　　그 이후에 〈갑신정변〉과 〈갑오개혁〉에서 인민 평등권이 제정됐다고 보시는 거고요?

기념관장　　　그렇습니다. 갑신정변으로 정권을 잡은 급진개화파가 14개 조의 정강을 내세웠는데, 거기에 '문벌 폐지와 인민 평등권' 그리고 '입헌군주제의 도입'을 규정했습니다. 우리 역사상 처음으로 인민 평등권이 집권세력에 의해 규정되었고, 갑오개혁에서 인민 평등권이 법제화되었습니다.

프로듀서　　　그리고 보면, 독립협회 회원들이 민주주의 정치의식을 가지고, 우리 역사상 최초로 의회 설립을 위한 민주화운동을 전개했다고 볼 수 있네요?

기념관장　　　네. 1898년에 독립협회는 정부와 협상하여 관선의관 25명, 민선의관 25명의 의석을 가진 의회식 중추원관제를 반포하도록 했습니다. 우리 역사상 최초로 의회 설립법이 제정된 것입니다. 그런데 국민을 대표하여 독립협회에서 25명의 민선의관을 선출하려는 전날 밤, 보수 반동세력이 "독립협회가 왕정을 폐지하

고 공화정을 추진하려 한다." 라고 고종을 충동하여, 독립협회 자체
가 해체되고 말았습니다.

프로듀서   독립협회는 이완용이 초대위원장이었다는 사실
때문에 퇴색된 느낌도 있습니다만?

기념관장   이완용은 독립협회 설립 당시에 잠깐 회장직을 맡
았을 뿐이고, 실질적으로는 서재필 고문과 윤치호 회장이 독립협
회 활동을 이끌었습니다.

프로듀서   한말 애국계몽운동자들이 민주공화제 선호의식을
가지게 된 연유는 뭘까요?

기념관장   미국 등 선진국들이 민주공화제를 채택했기 때문
에, 국민의 권리가 보장되고 국가가 발전한다고 생각했기 때문이
었습니다.

프로듀서   그렇군요. 올해가 안중근 의사 순국 115주년이 되
는 해이군요. 평화를 염원한 안중근 의사의 사상을 이어갈 방법은
뭘까요?

　　　　　　　세계의 영웅, 안중근

기념관장　　　안중근 의사의 「동양평화론」은 "합성산패合成散敗",
곧 "단합하면 성공하고 흩어지면 패망한다."로 시작합니다. 우리
국민들이 단합하여 국력을 강화하고, 강대한 힘으로 세계평화를
추구하는 것이, 국론분열이 심각한 오늘날, 안중근 의사의 사상을
이어가는 길이라고 생각합니다.

프로듀서　　　오늘 자리해 주셔서 고맙습니다.

기념관장　　　감사합니다.

프로듀서　　　한민족 하나로 일요초대석! 오늘은 〈안중근의사기
념관〉 유영렬 관장을 만났습니다. 함께 해주신 애청자 여러분 안녕
히 계십시오.

제4부

안중근에 대한 바른 이해

안중근의 성장과정과 독립운동

I. 머리말

안중근은 국가의 독립을 지키기 위해 침략의 원흉을 제거하고 목숨을 바친 인물이다. 그래서 안중근 하면 많은 사람들이 하얼빈 의거만을 생각한다. 그러나 안중근은 애국계몽운동, 항일 독립전쟁, 항일 의혈투쟁, 항일 재판투쟁 등 대한제국 말기에 할 수 있는 모든 방법의 독립운동을 전개한 거의 유일한 인물이다.

그러므로 여러 학자들에 의해 안중근의 독립운동에 관한 많은 연구가 이루어져 왔다. 그런데 이들 연구는 대체로 안중근의 독립운동에 관한 일부분을 천착한 연구였다. 본고는 안중근에 관한 앞선 연구 성과를 토대로 하여 안중근의 성장과정과 그가 전개한 독립운동의 전체상을 밝혀보고자 한다.

안중근의 생애는 3단계로 나눠볼 수 있다. 20세까지는 활동준비기였고, 21세에서 26세까지는 전도 활동과 사회활동의 시기였으며, 27세에서 32세까지는 독립운동기라 할 수 있다.

II. 안중근의 성장과정

안중근은 일본이 조선의 문호를 개방시킨 지 3년째 되는 1879년에 황해도 해주에서 태어났다. 안중근의 부친 안태훈(安泰勳) 진사는 개화파 인물이었다. 그는 박영효(朴泳孝)가 일본 유학을 위해 선발한 70여 명의 준수한 청년 중의 한 사람이었다.[1]

그런데 1884년 갑신정변이 삼일천하로 끝나게 되자, 개화파 핵심 인물들은 잡혀 죽거나 해외로 망명했다. 안중근의 부친도 일본 유학을 갈 수 없게 되었을 뿐만 아니라, 신변에 위험을 느끼게 되었다. 그래서 그는 가족들을 데리고 고향 해주를 떠나서 신천(信川) 청계동 산골로 피신했다. 안중근이 6세 되던 해였다.[2]

1. 문무와 동서문화의 겸전

1) 문과 무를 갖춘 인물

안중근은 5~6세 때부터 8~9년 동안 집안 서당에서 사서삼경 등 유교 경전과 통감 등을 공부했고, 조선의 역사와 세계사를 섭렵했다.[3] 그러나 그는 성장하면서 우리나라가 발전하지 못한 이유는 문약(文弱)에 흘렀기 때문이라고 생각하여, 학자가 되기보다는 항우(項羽)와 같은 호걸이 되어 나라에 기여하기를 원했다. 그래서 안중근은 승마와 사냥, 음주와 가무를 즐기며 자유분방하게 지냈다.[4]

안중근이 16세였던 1894년에 각지에서 동학당(東學黨)이 일어나 관리들을 죽이고 백성들의 재산을 약탈하기도 했다. 이에 안중근 부친은 친지와 포수들을 중심으로 신천의병(信川義兵)을 조직했다. 안중근은 신천의병의 '선봉장'이 되어 동학당 토벌에 큰 역할을 했다.[5] 안중근은 이때 날아가는 새도 맞추는 명사수였다고 한다.[6]

이처럼 안중근은 학문의 토대 위에 무인의 기질을 가진 문무를 갖춘 인물로 성장했다.

2) 동서문화를 갖춘 인물

안중근의 부친은 1894년 동학당을 토벌할 때 동학군으로부터 빼앗은 양곡을 군량미로 사용했다. 그런데 1895년 여름에 탁지부 대신 어윤중(魚允中)과 선혜청 당상 민영준(閔泳駿)이 군량미로 쓴 양곡은 자기들 것이니 배상하라고 요구하여, 안중근 부친은 곤경에 처하게 되었다.[7]

그래서 안중근의 부친은 1895년 서울 명동성당(明洞聖堂)에 피신했고, 거기에서 천주교를 수용하게 되었다.[8] 안중근은 19세 때인 1897년에 온 가족들과 함께 프랑스인 선교사 빌렘(Wilhelm) 신부로부터 천주교 세례를 받았다. 그의 세례명은 '토마스'였는데 한국식으로 '도마'라고 했다.[9]

안중근은 일생을 독실한 천주교 신자로 살았다. 그는 하얼빈 의거 직전에 동지 이강(李綱)에게 쓴 편지 말미에 태극과 십자가를 새긴 '태극 십자가 도장'을 찍어서 보냈다. 태극과 십자가를 새긴 도장을 만들어 실제로 사용한 것은 그의 강한 애국심과 깊은 신앙심을 보여준다.[10] 뿐만 아니라 안중근은 순국 전에 모친과 아내에게 보낸 편지에서, 장남을 천주교 신부(神父)로 만들도록 유언했다. 그의 신앙심이 얼마나 독실한가를 보여준다.[11] 안중근은 죽음을

　　　세계의 영웅, 안중근

앞둔 옥중에서 "천당지복(天堂之福) 영원지락(永遠之樂)"이라는 유묵을 남기기도 했다.[12]

안중근은 천주교를 믿으면 현세를 '도덕시대(道德時代)'로 만들 수 있고, 나라를 '문명국(文明國)'으로 만들 수 있다고 믿었다. 그래서 안중근은 빌렘 신부를 도와서 전도 활동을 했으며, 빌렘 신부를 통하여 성경 지식뿐만 아니라, 서양 문화와 근대사상 그리고 프랑스어도 배웠다.[13]

안중근은 소년 시기에 중국의 경서와 통감을 읽었고, 청년기에 한국사와 서양사, 세계사 등 역사서를 비롯한 다양한 서적을 읽었다. 그리고 그는 한국에서 발행된 대한매일신보, 황성신문, 제국신문, 블라디보스토크에서 발행된 대동공보 그리고 미국에서 발행된 공립신보 등 여러 종류의 신문도 읽었다.[14] 특히 안중근은 천주교와 서양문화를 통하여 인간의 존엄성과 인류의 형제의식 곧 사해동포의식(四海同胞意識)을 가지게 되었다.[15]

이처럼 안중근은 동양 유교문화의 토대 위에 서양의 종교와 문화를 수용하여 동서문화를 갖춘 인물로 성장했다. 요컨대 안중근은 문무를 갖춘 인물, 동서문화를 갖춘 인물로 성장했다.

2. 전도 활동과 사회활동

1) 천주교 전도 활동

안중근은 21세인 1899년부터 5~6년간 빌렘 신부의 미사(missa) 집전을 보좌하는 복사(服事)로 활동했고, 그를 수행하여 천주교 전도 활동을 했다. 안중근은 개인적으로도 황해도 일대를 다니며 전도 활동을 했다. 『안중근 의사

자서전』에 수록되어 있는 그의 전도 내용을 보면 대단히 명쾌하고 설득력이 있다.[16]

안중근은 전도 활동을 하던 1899년에 천주교의 전도와 한국의 문명개화를 위해 대학(大學)의 설립을 계획하고, 빌렘 신부와 함께 천주교 서울교구의 뮈텔(Mutel) 주교를 찾아가 대학 설립을 건의했다. 뮈텔 주교의 반대로 성사가 되지는 않았지만, 안중근은 한국인 최초로 대학을 실제로 설립하고자 했고, 천주교대학을 설립하여 천주교 교리를 전도하고자 했다.[17]

안중근은 1908년 연해주 연추에서 독립군을 조직하여 국내진공작전을 전개하다가 패전하여, 산중에서 죽을 고비에 이른 상황에서 2명의 부대원에게 "이제 우리가 죽을지도 모르는데 천당에 가야 하지 않겠는가."라고 전도하여 대세(代洗)를 주기도 했다.[18] 대세란 불가피한 상황에서 신부를 대신하여 세례를 주는 것을 말한다. 이처럼 안중근은 죽을지도 모르는 극한 상황에서도 전도할 정도로 전도 활동에 힘썼다.

2) 사회정의 구현활동

안중근은 평생 의(義)를 중요시했으며, 정의감이 남달리 강했다. 그러므로 중국학자 장빙린(章炳麟)은 안중근을 "아주(亞洲) 제일 의협(義俠)" 곧 "아시아 제일의 의로운 협객'이라 부르기도 했다.[19]

예컨대, 『안중근 의사 자서전』을 보면, 어느 금광의 감리 주가(朱哥)라는 사람이 천주교를 비방하여 피해가 적지 않았다. 이때 안중근은 신도 대표로 뽑혀 금광의 감리를 만나 사리를 따졌는데, 금광의 일꾼들이 몽둥이를 들고 달려들어 위험에 처했다가 겨우 위기를 모면했다.[20]

그리고 전직 참판 김중환(金仲煥)이 천주교 신도인 옹진군민으로부터 5천 양을 갈취한 사건이 발생했다. 이때 안중근은 신도 대표로 뽑혀 서울로 가서 김중환을 만나, 많은 어려움 끝에 사리를 따져 결국 돈을 돌려줄 것을 약속받기도 했다.[21]

또 해주지방대 장교 한원교라는 사람이 천주교 신도인 이경주라는 사람의 아내와 재산을 빼앗은 사건이 발생했다. 이때 안중근은 신도 대표로 뽑혀 매우 힘겨운 법정투쟁을 벌이기도 했다.[22] 이 외에도 『안중근 의사 자서전』에는 안중근의 의협 활동이 기록되어 있다.

이처럼 안중근은 주변의 여기저기서 일어나는 불의한 일을 보고 참지 못했으며, 불의를 시정하고 사회정의를 실현하는 일에 앞장섰다.

이런 과정에서 안중근은 관리들의 부정부패와 백성들에 대한 수탈 행위에 울분을 느끼고, "정부를 개혁하여 탐관오리를 제거하고 문명국가를 이루어 민권 자유를 얻게 해야 한다."라는 자유 민권(自由民權) 의식을 가지게 되었다. 그리고 그는 "나라란 몇몇 고관(高官)의 나라가 아니고 2천만 민족의 나라"라는 국민국가(國民國家) 의식을 가지게 되었다.[23]

III. 안중근의 독립운동

일본은 1904년 러일전쟁을 도발하고 1905년 을사늑약을 강제로 체결하여 한국의 외교권을 박탈했다. 이에 당시 27세의 안중근은 독립운동에 투신했다. 평소 술을 즐기던 안중근은 이때 나라가 독립할 때까지 금주하기로 결심하기도 했다.[24] 안중근은 여러 가지 방법의 독립운동을 전개했다.

1. 애국계몽운동의 전개

안중근은 일본이 러일전쟁을 도발하고 한국을 침략하자, 중국을 근거지로 하여 독립운동을 전개하려고 했다. 그래서 그는 중국의 산동(山東)과 상해 (上海)로 가서, 한국인 유력자들을 만나 항일투쟁을 권유했으나 호응을 얻지 못했다.[25]

실망한 안중근은 상해 천주교 성당에서 한국에서 알고 지내던 프랑스인 르 각(Le Gac) 신부를 만났다. 르각 신부는 안중근의 사연을 듣고, 국권 회복을 위해서는 한국의 애국지사들이 나라를 비우지 말고, 국내에서 실력양성운동 을 해야 한다고 권유했다.[26]

이에 공감한 안중근은 귀국하여 도시인 진남포로 이사한 뒤, 사재(私財)를 털어 삼흥학교(三興學校)를 설립하고, 폐교 상태의 돈의학교(敦義學校)를 인 수하여 학교교육에 힘썼다. 그리고 그는 서우학회의 회원이 되어 일반 대중 을 대상으로 민중계몽에도 힘썼다.[27]

한편 당시 일본은 한국 정부에 막대한 차관(借款)을 강요하여 한국경제를 장악하려 했다. 이에 1907년 전국 각지에서 국채 보상 운동이 일어났고, 안중 근도 적극적으로 국채 보상 운동을 전개했다.[28]

을사늑약이 강제로 체결된 뒤 한국의 신지식인들은 실력양성에 의한 국권 회복운동 곧 애국계몽운동을 전개했는데, 이 시기에 안중근도 학교 교육 운 동, 민중계몽운동, 국채 보상 운동 등 평화적인 애국계몽운동에 선구자적인 역할을 담당했다.

2. 항일 독립전쟁의 전개

1907년 한국 통감 이토 히로부미(伊藤博文)가 고종황제를 폐위시키고, 일본인 차관을 임명하여 한국 정권을 장악했으며, 한국 군대를 해산시켜 대한제국은 멸망 지경에 이르렀다. 사실상 국가의 독립권이 상실된 상황에서 안중근은 무장독립투쟁을 결심하고, 북간도를 거쳐 1907년 10월에 노령 연해주로 건너갔다.[29] 안중근은 동지 엄인섭(嚴仁燮), 김기룡(金起龍)과 의형제를 맺고, 그들과 함께 연해주 각 지역의 한인 마을 찾아가서 열변을 토하며 항일의군을 모집하고 군자금도 모았다.[30]

안중근은 1908년 봄 엄인섭, 김기룡과 함께, 연해주 연추(煙秋)에서 한인사회의 지도자인 최재형(崔在亨)과 북간도 관리사였던 이범윤(李範允)을 지도자로 삼아 '동의회(同義會)'를 조직했다.[31] 동의회는 불의한 일본에 대항하여 "의(義)를 함께 하는 모임"이라는 의미이다. 당시 일본 첩보기관은

> "동의회 회원의 주된 자는 엄인섭, 안응칠(안중근), 백규삼, 이경화, 김기룡, 강창두, 최천오 등 모두 폭도 두목이다."[32]

> "안중근은 김기룡, 엄인섭 등과 동의회를 만들어 최도헌(최재형)을 회장에 추대하고, 김기룡, 엄인섭 등과 더불어 청년들의 두목이 되었다."[33]

라고 기록했다. 이처럼 일본 첩보기관에서는 안중근과 그의 동지들을 동의회

의 핵심 멤버로 파악했다. 안중근과 엄인섭은 동의회 군대인 대한의군(大韓義軍)의 편성과 훈련 그리고 국내진공작전에서도 핵심적인 역할을 담당했다.[34] 안중근과 엄인섭은 전투 경험도 있었다. 안중근은 1895년 부친이 조직한 신천의병의 '선봉장'으로 동학군과 전투를 벌인 적이 있고, 엄인섭은 1900년 의화단 사건 때 러시아군으로 종군한 적이 있다.[35]

박환 교수는 최재형 계열의 동의회 군대와 이범윤 계열의 창의회 군대를 '연해주의병'이라고 칭했다. 윤병석 교수는 최재형 계열과 이범윤 계열이 연합한 동의회 군대를 '연해주의병'이라고 칭했다. 안중근 의사는 동의회 군대를 '대한의군(大韓義軍)'이라고 칭했다.[36] 본고에서는 안중근 의사처럼 동의회 군대를 대한의군이라 칭하기로 한다.

안중근을 우영장으로 하고, 엄인섭을 좌영장으로 한 수백 명의 대한의군은 1908년 여름 2개월 동안 국내진공작전을 전개하여, 여러 차례 일본 군경과 전투를 벌였다. 대한의군은 경흥군 홍의동전투와 신아산전투에서 일본군을 공격하여 승리를 거두기도 했다.[37]

안중근 부대는 신아산전투에서 10여 명의 일본군을 사로잡았다. 부대원들은 일본군이 아군을 사로잡으면 참혹하게 죽이므로, 우리도 일본군 포로들을 죽여야 한다고 주장했다. 그러나 안중근은 "강한 적이 불의한 행동을 할 때, 우리는 의롭게 대응해야 열강의 도움도 받고 국권도 회복할 수 있다."라고 설득하며, 국제공법에 의해 일본군 포로들을 석방해 주었다.[38]

안중근 부대와 우덕순 부대 등 대한의군은 내륙으로 회령까지 진출하여 회령군 영산에서 일본군과 격전을 벌였다. 그러나 대한의군은 중과부적(衆寡不敵)으로 일본군에 참패를 당했다. 영산 전투가 대한의군의 일본군과의 사실

세계의 영웅, 안중근

상 마지막 전투였다.[39]

안중근, 엄인섭, 우덕순 등이 지휘한 대한의군은 국내의병과 성격이 달랐다. 국내의병은 전투장비도 갖추지 못하고, 군사훈련도 받지 못한 민중의 집단으로 문자 그대로 '의병'이었다. 그런데 대한의군의 모체인 동의회는 조직 과정에서 전 러시아 공사 이범진이 그 아들 이위종을 통해 보내온 1만 루블, 연추의 재력가 최재형이 제공한 약 1만 3천 루블, 소성(蘇城=水淸) 방면에서 모금한 6천 루블, 안중근이 모금한 4천 루블 등 거액의 군자금을 확보하여, 대한의군은 전투 장비도 갖추고 군사훈련도 받은 확실한 '독립군'이었다.[40]

안중근은 국내진공작전에 앞선 연설에서, "한번 의거(義擧)로써 성공할 수 없을 것이니, 두 번, 세 번, 열 번, 백 번, 금년에 이루지 못하면 명년, 내명년 10년, 100년, 그리고 우리 대에 못 이루면, 아들 대, 손자 대에 라도 반드시 대한국의 독립권을 회복해야한다."라고 역설했다.[41]

이처럼 안중근은 대한의군의 국내진공작전을 "독립권 회복을 위한 전쟁" 곧 '독립전쟁'으로 생각했다.[42] 뿐만 아니라 안중근은 자신이 "대한의군 참모중장 자격으로 조국의 독립과 동양평화를 위해서" 적장 이토를 사살했다고 하고, 하얼빈 의거도 '독립전쟁'이라고 주장했다.[43] 안중근이 주장했듯이, 대한의군은 조국의 독립을 목적으로 조직된 우리나라 최초의 독립군이었고, 대한의군의 국내진공작전은 우리나라 최초의 독립전쟁으로 보아야 할 것이다.

3. 항일 의혈투쟁의 전개

대한의군이 영산 전투에서 패배한 뒤, 안중근은 블라디보스토크, 하바롭스크 등 연해주의 한인 마을을 순회하며, 제2의 의군 봉기를 꾀했으나 분위기는 침체된 상황이었다. 더욱이 영산 전투 패전 후 동의회 총장 최재형은 무장투쟁에 반대하는 입장으로 돌아섰고, 부총장 이범윤도 러시아 당국의 체포위협으로 무장투쟁을 할 수 없는 상황이었다. 결국 영산 전투 패전 후 무장독립투쟁은 불가능한 상태가 되었다.[44]

이에 안중근은 1909년 봄에 연추에서 김기룡, 강순기(姜順琦), 백규삼(白圭三), 황병길(黃丙吉), 강창두(姜昌斗) 등 11명의 동지들과 모여, 왼손 무명지 첫 마디를 잘라 그 선혈로 태극기에 '대한독립'이라 쓰고 동의단지회(同義斷指會)를 조직했다. 흔히 '단지동맹'이라고 한다.[45] 그들은 당시 무장투쟁이 불가능한 상황에서 손가락까지 잘라 무엇을 맹세한 것일까?

안중근은 공판에서 "동양평화가 유지될 때까지 한국을 위해 진충(盡忠)할 것을 합의하고 단지(斷指)했다."라고 말했다.[46] 그리고 안중근은 일본 경시(警視)의 심문에서 "이토를 죽이는 것만이 단지의 목적이 아니지만, 단지 목적의 결과로 이토를 죽인 것"이라고 답변했다.[47] 곧 단지동맹은 동양평화와 한국 독립을 위해 진력할 것을 약속한 것이며, 그 일환으로 한국 침략의 원흉과 나라를 팔아먹은 매국노들을 처단하려는 의혈투쟁을 맹세한 것이었다.[48]

그런데 마침 그해 가을, 이토 히로부미가 러일 양국의 만주 분할과 일본의 한국 병합 문제를 러시아 재무대신과 협의하기 위해 하얼빈을 방문하게 되었다.[49] 이에 안중근은 국내진공작전의 동지인 우덕순(禹德淳)과 함께 비밀리에 하얼빈으로 갔다. 그리고 1909년 10월 26일 하얼빈역에서 한국 독립을 유린하고 동양평화를 파괴하는 일본 군국주의 침략의 상징적 인물인 이토 히로부미를 처단했다.

러일전쟁에서 승리한 일본의 최고 실력자를 처단한 안중근의 하얼빈 의거는 일본의 침략을 받고 있던 한국과 중국, 그리고 일본의 만주 침략에 이해관계를 가지고 있던 러시아와 미국 등 국제사회에 센세이션을 일으켰다.[50]

한편 하얼빈 의거는 이봉창 의거와 윤봉길 의거 등 항일 의혈투쟁의 롤 모델이 되었다. 1932년의 이봉창 의거와 윤봉길 의거는 김구의 핵심 참모로서 한인애국단을 실질적으로 관리하던 안중근의 둘째 동생 안공근(安恭根)의 직접 지도하에 이루어진 것이었다.[51]

안중근은 '천주교 신자로서 살인행위'에 대한 검사의 신문에 대하여 다음과 같이 답변했다.

> "성서(聖書)에도 살인은 죄악이라 하지만, 남의 나라를 탈취하고
> 사람의 생명을 빼앗고자 하는 자가 있는데도 수수방관하는 것은
> 죄악이므로, 나는 그 죄악을 제거한 것일 뿐이다."[52]

신학자이며 목사인 본회퍼(Dietrich Bonhoeffer)는 1940년 나치 정권 하에서 "술 취한 운전사에게 운전을 맡기는 것은 우리 모두의 죄악"이라는 입장에서, 히틀러 암살 계획에 가담했다가 체포되어 교수형을 당했다.[53] 한말의 신문 『대한매일신보』는 일본의 한국에서의 행위는 "잔악무도하고 취하고 미친 듯하다."라고 비판했다.[54] 안중근도 "일본이 동양평화를 창도하고 만국(萬國)이 감시"하고 있는데, "이토 히로부미가 미쳐서 한국을 병합하려 한다."라고 비판했다.[55]

안중근은 자신이 이토를 처단한 것은 살인행위가 아니고, 미쳐 날뛰는 이

토의 침략과 살인의 죄악을 제거한 것이라고 주장했던 것이다. 실제로 이토 통감은 한국을 침략하여 국권을 탈취하고, 무수한 의병과 양민을 살해하는 죄악을 저질렀다. 그러므로 안중근은 한국을 침략하고 수많은 한국인을 살상하는 일본 군국주의자들의 대표자로서 이토를 처단했던 것이다.[56]

4. 항일 재판투쟁의 전개

안중근의 하얼빈 의거의 목적은 이토 히로부미의 한국 국권 탈취와 무수한 한국인 학살 등에 대한 우리 민족의 울분과 원한을 풀기 위한 면도 있었다.[57] 그러나 단순히 민족의 원수를 갚는 것만이 목적이 아니었다.

안중근은 뤼순 법정에서 "나는 헛되이 이토를 죽인 것이 아니다. 다만 큰 목적을 발표하는 수단으로 한 것"[58]이라고 했다. 그리고 그는 하얼빈 의거의 목적은 이토의 한국 병합과 만주 침략 시도로 위협받는 한국 독립과 동양평화를 유지하기 위한 것임을 누차 밝혔다.[59]

또한 안중근은 그의 저서 『동양평화론』의 서문에 "동양평화를 위한 외로운 싸움을 하얼빈에서 시작하고, 옳고 그름을 가리는 자리는 뤼순으로 정했다."[60]라고 썼다. 곧 하얼빈 의거의 당면 목적은 이토 통감의 한국 독립 유린과 동양평화 파괴를 재판 과정에서 전 세계에 알려 국제사회에 여론을 환기시키기 위한 것이었다.

이토 히로부미는 일본 명치 헌법의 초안자이고, 네 번이나 일본의 총리를 역임했으며, 한국 침략을 주도한 일본의 최고 실력자였다. 러일전쟁의 승리로 세계적 강국이 된 일본 최고 실력자의 피살은 당연히 전 세계의 비상한 관

세계의 영웅, 안중근

심을 끌게 되었다.

안중근은 뤼순 법정에서, 자신은 대한의군 참모 중장의 자격으로 적장을 처단한 포로이며 죄인이 아니라 하고, 죄인은 바로 이토 히로부미라고 주장했다.[61] 그리고 안중근은 이토의 죄목으로 명성황후를 시해한 죄, 한국 황제를 폐위시킨 죄, 을사늑약과 정미조약을 강제로 체결한 죄, 무고한 한국인들을 학살한 죄, 한국 정권을 강제로 뺏은 죄, 제일은행권 지폐를 강제로 사용한 죄, 한국 군대를 해산시킨 죄, 한국 교육을 방해한 죄, 동양평화를 파괴한 죄, 일본 천황의 아버지 태황제를 죽인 죄 등 15개 조목을 당당하게 밝혔다.[62]

안중근의 자서전에 의하면, 안중근을 최초로 취조한 미조부치(溝淵) 검찰관은 이토의 죄 15개 조목을 다 듣고 난 뒤에 놀라면서 하는 말이 "이제 진술하는 말을 들으니, 참으로 동양의 의사라 하겠다. 그대는 의사니까 반드시 사형받을 법은 없을 것이니 걱정하지 말라."라고 말했다고 한다.[63] 일본 검사가 최초로 안중근을 '의사'로 호칭했고, 그것도 '한국의 의사'가 아니고 '동양의 의사'로 호칭했던 것이다.

안중근이 지적한 이토의 15개 죄목은 이토가 주도한 일본의 한국에 대한 만행과 침략행위의 핵심을 정확하게 지적한 것으로, 안중근의 시대 상황에 대한 뛰어난 통찰력을 보여 주었다. 그러므로 안중근이 지적한 이토의 15개 죄목을 들은 검사와 판사를 비롯하여 많은 방청객들은 안중근이 총잡이가 아니고 비범한 인물이라고 존경하게 되었던 것이다.

그리고 안중근은 아무도 생각할 수 없는 명성황후의 시해 책임자로 이토 히로부미를 지목하기도 했다. 1895년 삼국간섭(三國干涉) 이후 명성황후의 친러 반일 정책이 실시되는 엄중한 시기에, 외교에 문외한이며 퇴역 장성인

미우라(三浦)를 조선공사에 임명한 것은, 당시 일본 총리였던 이토가 칼잡이를 내세워 명성황후를 시해시킨 최고 책임자였음을 반증한다.[64]

한편 이토 히로부미의 죄로서 일본 천황의 아버지 태황제 살해죄를 지적한 것은, 그러한 설을 알고 있던 안중근이 일본 천황과 이토를 이간시키려는 계책이었다.

그럼 안중근의 뤼순 재판 투쟁의 결과는 어떠했던가? 당시 영국의 신문 『더 그래픽(The Graphic)』은 안중근을 사형에 처한 뤼순 법정에 대하여 다음과 같이 보도했다.

> "법정에서 자신의 정당성을 주장하는 열변을 토한 안중근은 이미 순교자가 될 준비가 되어 있었다. 그는 마침내 영웅의 왕관을 손에 들고 늠름하게 법정을 떠났다. 세상을 떠들썩하게 한 '유명한 재판 사건'은 안중근의 승리로 끝난 것이 아닐까."[65]

곧 일본의 동맹국인 영국의 신문이 뤼순 법정투쟁에서 사실상 안중근이 승리했다고 평가했던 것이다. 안중근은 죽음을 앞둔 뤼순 법정에서 당당하게 일본 군국주의자들이 한국 독립을 유린하고 동양평화를 파괴하고 있음을 전 세계에 알린 것이다.

이처럼 안중근은 일본의 침략에 대응하여 우리 민족이 할 수 있는 투쟁방법인 애국계몽운동, 항일 독립전쟁, 항일 의혈투쟁, 항일 재판투쟁을 모두 전개한 거의 유일한 독립운동가였다. 특히 안중근의 하얼빈 의거와 뤼순 법정투쟁은 일제강점기에 민족의 독립을 염원하는 우리 민족에게 희망과 용기를

     세계의 영웅, 안중근

주어 지속적인 항일 독립운동에 추진력이 되었다.

IV. 맺음말

안중근은 문무를 갖춘 인물, 동서문화를 갖춘 인물로 성장하여, 독실한 천주교 신자로서 전도 활동을 했으며, 강한 의협심을 가지고 정의실현을 위해 노력했다. 그리고 안중근은 한말에 우리 민족이 할 수 있는 모든 방법의 독립운동을 전개한 거의 유일한 인물이었다.

첫째로 안중근은 을사늑약을 계기로 독립운동에 투신하여, 학교 교육 운동과 민중계몽운동, 국채 보상 운동 등 국권 회복을 위한 애국계몽운동의 선구자적인 역할을 담당했다.

둘째로 안중근 등이 주도한 대한의군 조직에 의한 국내진공작전은 우리 민족 최초의 독립군 조직에 의한 최초의 독립전쟁으로서, 우리 민족의 독립전쟁이 3·1 운동 이후에 시작된 것이 아니고, 한말 군대해산 이후에 시작된 사실을 입증해 주고 있다.

셋째로 안중근의 하얼빈 의거는 우리 민족 항일 의혈투쟁의 효시가 되었고, 일제강점기에 독립을 염원하는 우리 민족 항일 독립운동에 강한 추진력이 되었으며, 중국의 항일 구국운동에 지속적인 영향을 주었고, 한중 항일 연대투쟁의 계기를 이루었다.

넷째로 안중근은 뤼순 법정에서 당당하고 의연한 자세로 이토 히로부미의 한국 침략의 죄상을 밝히고, 일본 군국주의의 침략 정책과 한국의 독립 의지를 전 세계에 명확하게 천명했다.

다섯째로 안중근의 위국헌신은 오늘날에도 우리 민족의 애국심과 민족정
기의 표상이 되고 있으며, 안중근의 올바른 일본 인식과 세계평화 추구는 오
늘날의 국제관계에 좋은 교시가 되고 있다.

안중근의 민족주의와 세계주의 의식

I. 머리말

일제강점기에 조국의 독립을 위해 무수한 애국지사들이 목숨을 바쳤다. 우리는 이들 애국지사들을 흔히 민족주의자로 존경해 오고 있다. 그러나 학문적으로 보면, 조국의 독립을 위해 헌신한 애국지사들을 모두 민족주의자로 볼 수는 없다. 국민국가 의식을 가지고 헌신한 애국지사들은 당연히 민족주의자로 보아야 하지만, 왕조국가를 위해 헌신한 애국지사들은 민족주의자로 볼 수는 없는 것이다.

그리고 많은 한국인들은 안중근을 '만고의 의사' 또는 '민족의 영웅'이라 하여 민족적인 인물로 평가하고 있다. 그러나 일본과 중국의 학자들은 안중근을 동양평화와 세계평화의 방안을 제시한 위대한 사상가 또는 동양평화와 세계평화를 위해 헌신한 세계적인 인물로 평가하고 있다.

그럼 안중근이 추구한 민족주의 이념과 세계주의 이념을 살펴 그의 위상을 밝혀 보고자 한다.

II. 국민국가적 민족주의 추구

1. 국가를 위한 헌신

인간은 이기적인 존재이다. 그런데 안중근은 국가의 독립을 위해, 자신의 재산과 가정과 목숨까지도 바쳤다. 안중근은 항일투쟁을 위해 나라를 떠날 때, 다음과 같은 망명 시를 남겼다.

> 사나이 큰 뜻 품고 타국으로 떠나가니
> 살아서 성공 못 하면 죽어서 돌아오지 않으리.
> 유골을 구태여 선조의 무덤 옆에 묻으랴
> 세상엔 가는 곳마다 청산이 무진한데.[66]

이처럼 안중근은 독립투쟁에 성공하지 못하면 죽어서도 돌아오지 않겠다는 위국헌신(爲國獻身)의 결심으로 조국을 떠났는데, 오늘날까지도 그 유해는 행방을 알 수 없어 독립된 조국으로 돌아오지 못하고 있다.

안중근은 1908년 대한의군을 조직하여 국내진공작전을 지휘했고, 1909년 하얼빈에서 한국 침략의 원흉 이토 히로부미를 처단했다. 그리고 1910년 그는 뤼순 법정에서 한국 독립과 동양평화와 세계평화를 위협하는 이토의 잔악한 침략행위를 세계만방에 알렸다.

안중근의 목숨을 건 하얼빈 의거와 의연한 뤼순 재판 투쟁은 한국인은 물론, 많은 중국인과 일본인들까지도 감복하게 했다. 안중근의 하얼빈 의거와 뤼순 재판 투쟁 이후 많은 중국의 신문과 우국지사들은 안중근이 한국은 물론, 중국과 세계에 큰 영향을 주었다고 평가했다.

중국학자 판시앙레이(潘湘纍)는 "안중근이 거사하지 않았다면 한국뿐만 아니라 동아(東亞)의 평화가 파괴되고, 중국의 운명도 알 수 없었으므로, 안중근의 거사는 한국의 원수를 갚은 것만이 아니고, 세계의 공적(公敵)을 제거하여 일본의 음모를 실현치 못하게 했다."라고 하고, "일본이 한국을 병합한 뒤 한국인들은 안중근을 계승하여 더욱 용맹해졌다."고 평가했다.[67] 중국학자 저우하오(周浩)도 안중근의 이토 사살은 "조국의 복수를 위해서뿐만 아니라, 세계평화의 공적(公敵)을 처단한 것"이니, 안중근은 "다만 한국의 공로자만이 아니고 동아의 공로자, 세계의 공로자이기도 하다."라고 평가했다.[68]

또한 중국학자 루오난쉬안(羅南山)은 안중근이 이토를 죽임으로써 중국이 일본 통감 정치(統監政治)를 면하게 되었고, 안중근 의거는 만주족으로로부터 한족(漢族)의 주권을 회복한 신해혁명에 정신적으로 영향을 주었다고 평가했다.[69] 5·4운동의 정신적 지주인 천두슈(陳獨秀)는 "청년들이 톨스토이와 타고르가 되기보다는 콜럼버스나 안중근이 되기를 바란다."라고 말했다.[70] 안중근의 위국헌신을 중국 청년들의 모범으로 삼은 것이다. 중화인민공화국의 초대 총리 저우언라이(周恩來)는 "중한(中韓) 두 나라 인민의 일본제국주의를 반대하는 공동 투쟁은 하얼빈 의거로부터 시작되었다."라고 평가했다.[71]

이처럼 일본 군국주의 침략의 원흉 이토 히로부미를 처단한 안중근의 위국헌신(爲國獻身)은 당시 중국 반일 구국운동의 본보기가 되었고, 한중 연대투쟁의 계기가 되었으며, 한국 독립운동의 추진력이 되었고, 오늘날 우리나라 국군장병의 좌우명(座右銘)이 되었다.

2. 국민국가를 위한 헌신

국가를 위해 목숨을 바치는 것은 숭고한 일이다. 그리고 오늘날 안중근은 위국헌신(爲國獻身)의 대명사가 되었다. 그런데 포악한 전제국가에 헌신하는 것은 오히려 많은 백성들을 해치는 결과를 가져올 수도 있다.

뿐만 아니라, 전제군주국 체제 하에서 국민들은 억압과 착취를 당하여 국가에 대한 충성심이 약해지게 된다. 안중근은 당시 "한국이 독립자위(獨立自衛)가 되지 않는 것은 전제국인 때문"이라 하여, 국가의 독립과 안보 면에서도 전제군주국을 부정적으로 보았다.[72]

안중근은 항일투쟁에 무관심한 사람에게 "나라란 몇몇 고관(高官)의 나라가 아니고 2천만 민족의 나라"이며, "국민이 국민된 의무를 다해야 민권과 자유를 얻을 수 있다."라고 말했다.[73] 그리고 그는 "국가는 국민의 국가가 아닌가, 한국민으로서 한국을 생각하지 않는 자는 국적(國賊)이 아니냐."라고 힐문하기도 했다.[74] 이처럼 안중근은 민족국가 의식과 자유 민권의식 그리고 국민주권의 국민국가 의식을 가지고 국가를 지키는 것이 국민의 의무임을 강조했던 것이다.

안중근은 "사람은 만물 중에서 유일하게 천주(天主)가 태중에 영혼을 불어넣은 존귀한 존재"라고 생각했다.[75] 그리고 "백성이 부하면 나라가 부하고 백성이 약하면 나라가 약해진다."[76]라고 하고, "악한 정부를 개혁하고 난신적자(亂臣賊子)를 쓸어버리고 문명 독립국을 이루어야 민권 자유(民權自由)를 얻을 수 있다."라고 하여[77] 자유 민권의 중요성을 강조했다.

대한제국 말기에 대부분의 독립지사들은 황제를 국가의 주인으로 보는 충

세계의 영웅, 안중근

군애국(忠君愛國)을 당연시했으나, 안중근은 국민이 국가의 주인으로서 자유 민권을 누리는 국민국가 곧 민주국가를 염원했다. 그러므로 안중근은 하얼빈 의거 후 일본 경시(警視)의 심문에서,

> "한국인은 입을 열면 충군애국(忠君愛國)이라고 한다. 나는 삼천만 동포를 위해 희생하려는 자이며, 황실(皇室)을 위해 죽으려는 자가 아니다."[78]

라고 말했다. 이처럼 안중근은 황제를 국가의 주인으로 보는 군주국가(君主國家) 곧 황실을 위해서 목숨을 바치려는 것이 아니고, 3천만 동포, 곧 국민을 국가의 주인으로 보는 국민국가(國民國家)를 위해 목숨을 바치려고 했던 것이다.[79]

저명한 민족주의 연구자인 한스 콘(Hans Kohn)은 "개개인의 최고의 충성을 국민국가(nation-state)에 바치는 것"이 올바른 민족주의(nationalism)라고 했다.[80] 안중근은 군주국가에 헌신한 단순한 구국의 영웅이 아니고, 국민국가 의식을 가지고 국가 독립에 헌신한 올바른 민족주의자이며, 따라서 올바른 민족의 영웅이라 할 수 있다.

III. 평화공존의 세계주의 추구

1. 국가와 민족을 초월

국가에 헌신하는 애국자들은 자국의 이익만을 생각하는 편협한 국수주의(國粹主義)에 빠지기 쉽다. 헌신적인 애국자들은 모든 것을 바쳐 자기 나라에 몰두한 나머지 타국의 입장을 생각하지 않기 때문이다.

그러나 안중근은 독실한 천주교 신자로서, "하늘이 사람을 내어 모두 형제가 되었으니, 각각 자유를 지켜 행복하게 살아야 한다."라고 생각한 사해동포주의자(四海同胞主義者)였다.[81] 그리고 안중근은 "문명이란 동서양의 남녀노소가 각각 천부(天賦)의 성품을 지키고, 서로 다투는 마음 없이 제 땅에서 평안히 생업을 즐기며, 같이 태평을 누리는 것"이라고 생각한 평화주의자(平和主義者)였다.[82]

한편 안중근은 뭣보다 "한국·청국·일본 삼국은 형제 국가이므로 서로 지극히 친밀하게 지내야 한다."[83]라고 주장했다. 또한 그는 한·청·일 삼국이 경제적, 군사적으로 서로 협력하여 모범을 보임으로써, 인도·태국·베트남 등 아시아 여러 나라가 합류하고, 세계 여러 나라와 평화를 이루어 인류가 행복해지기를 염원했다.[84]

이처럼 안중근은 누구보다도 헌신적인 애국자였지만, 자국의 이익만을 위한 편협한 국수주의에 빠지지 않고, 국가와 민족을 넘어서 타국과의 평화공존(平和共存)을 강조하고, 인류의 행복을 염원했던 것이다.

 세계의 영웅, 안중근

2. 동양평화를 주장

안중근은 "나는 일신일가(一身一家)를 걸고, 우리 한국의 독립과 동양의 평화를 위해 고국을 떠났다."라고 했고,[85] "나는 한국 독립을 회복하고 동양평화를 유지하기 위해 3년간 해외에서 풍찬노숙(風餐露宿)을 했다."라고 했다.[86] 곧 안중근의 항일투쟁의 목적은 일본의 침략으로부터 위협받는 한국 독립과 동양평화를 유지하기 위한 것이었다.

안중근은 검사 심문에서, 동양평화란 동양의 "모든 나라가 자주독립을 하는 것"을 말하며, "그중 1개국이라도 자주독립이 되지 않으면 동양평화라고 말할 수 없다."라고 대답했다.[87] 안중근은 "우리 동양은 한국·청국·일본이 정립(鼎立)하여 평화를 유지하지 않는다면 백년대계를 그르칠 수 있다."라고 하여, 솥(鼎)이 세 발로 지탱하여 서 있듯이, 한·청·일 삼국이 자주독립 국가로서 정립해야 동양평화를 유지할 수 있다는 '동양 삼국 정족 평화론(鼎足平和論)'을 주장했다.[88] 그리고 그는 구체적으로 동양평화론을 제시했다.

1910년 2월 안중근이 일본 관동도독부 고등법원장(平石氏人)과 면담한 기록인 「청취서」를 보면, 안중근이 제시한 동양평화론의 내용과 동북아연합의 구상은 다음과 같다.[89]

첫째로 뤼순항을 한국·청국·일본의 공동 군항으로 만들어, 삼국 연합군을 편성하고 2개 국어 이상의 어학교육을 시켜 삼국을 동맹국으로 만들자는 것이다.

둘째로 분쟁지역인 뤼순에 한·청·일 삼국의 대표로 구성되는 '동양평화회의' 기구를 설치하여 동양 삼국의 항구적인 평화를 구축하자는 것이다.

셋째로 한국·청국·일본이 삼국 공동 은행을 설립하고, 삼국 공용 화폐를 발행하여 삼국 금융공동체를 만들자는 것이다.

넷째로 선진국인 일본의 지도하에 한국과 청국의 상공업을 발전시키는 등 삼국이 경제적으로 협력하는 삼국 경제공동체를 만들자는 것이다.

다섯째로 한·청·일 삼국의 황제가 로마교황을 방문하여 함께 황제의 관을 씀으로써 삼국이 독립국으로서 세계적인 공인을 받게 하자는 것이다.

요컨대 안중근은 분쟁지역인 뤼순에 한·청·일 삼국 대표로 구성하는 동양평화회의 본부를 설치하고, 삼국 연합군의 창설과 의사소통을 위한 어학교육기관의 설치, 삼국 공동 은행의 설립과 삼국 공용 화폐의 발행 그리고 삼국의 경제협력을 통하여 항구적인 평화와 번영을 추구하는 동북아연합을 구상했다. 그리고 '동북아연합'이 동북아 국가공동체로서 모범을 보여, 한·청·일 삼국에 인도·태국·베트남·버마 등 아시아 각국이 참여하는 '아시아연합'을 구상했다.[90]

1910년에 제시된 안중근의 동북아연합과 아시아연합 구상은 1993년에 형성된 유럽연합(EU)[91]과 거의 동일한 구상이었다. 안중근의 아시아연합 구상은 유럽연합보다도 80여 년 앞선 세계 최초의 독보적인 국가공동체 구상이었다. 그러므로 안중근은 미래지향적인 위대한 사상가라 할 수 있는 것이다. 따라서 오늘날 중국과 일본의 학자들은 안중근을 탁월한 평화 사상가로 평가하고 있다.

3. 세계평화를 주장

안중근은 "동양평화를 유지하고 한국 독립을 공고히 하며, 한·청·일 삼국이 동맹하여 평화를 부르짖고, 서로 화합하여 개화 진보하며, 나아가 구주와 세계 각국과 더불어 평화에 진력하면, 시민(市民)이 안도할 것"이라고 말했다.[92] 곧 안중근의 동양평화론은 세계평화론으로 연결되는 것이었다.

안중근이 주장한 동양평화론의 제1차 목표는 당시 서양 세력이 동양을 침략하는 시기에 한·청·일 삼국동맹의 힘으로 서양 침략으로부터 동양평화를 수호하려는 것이었다. 그리고 안중근이 주장한 동양평화론의 제2차 목표는 한·청·일 삼국동맹의 힘으로 유럽과 세계 각국에 평화를 주장하여 세계평화를 이루려는 것이었다. 이처럼 안중근은 동양평화의 방안뿐만 아니라 세계평화의 방안까지 제시한 것이다. 그러므로 안중근은 인류의 행복을 추구한 미래지향적인 사상가라 할 수 있을 것이다.

안중근은 이토(伊藤)가 일본의 침략 정책을 주도한다고 보고, "이토가 존재하면 한국이 멸망하고, 결국 일본도 멸망하며, 동양평화도 깨지게 되므로, 한국의 독립과 동양의 평화를 위해 이토를 주살한 것"이라고 말했다.[93] 그리고 안중근은 이토의 침략 정책은 결국 세계평화도 깨게 된다고 생각하여, "한국을 위해 나아가 세계를 위해 이토를 죽인 것"이라고 말했다.[94] 곧 안중근의 하얼빈 의거의 목적은 한국 독립과 동양평화 나아가 세계평화를 위한 것이었다.

안중근의 이토 처단을 통한 침략 정책 중지의 경고를 무시한 일본은 침략 정책을 계속하다가 태평양전쟁을 도발하고 안중근의 예언대로 결국 멸망하고 말았다. 당시 일본에는 31세의 안중근만큼 미래를 보는 안목이 없었던 것이다.

영국의 저명한 역사학자 이 에이치 카(E.H. Carr)는 인류를 위해서는 "국민국가의 민족주의가 국제협조적인 세계주의로 대치되어야 한다."라고 말했다.[95] 안중근은 타국과의 평화공존을 강조하고, 동양평화와 세계평화를 위해 헌신한 국제협조적인 세계주의자였다. 그럼 안중근을 어떤 인물로 평가해야 할까?

4. 안중근에 대한 평가

예로부터 한국인들은 안중근을 '만고의 의사'라 하여 민족의 영웅으로 존경해 오고 있다.[96] 다만 역사학자 박은식은 안중근에 대한 '구국의 지사'나 '열렬한 협객'이라는 찬사로는 미진하다고 하고, "안중근은 세계적 안광을 가지고 스스로 평화의 대표를 자임한 자"라고 평가했다.[97]

그런데 중국인들은 더욱 적극적으로 안중근을 아시아와 세계의 인물로 평가했다. 중국의 학자 저우하오(周浩)는 안중근은 "조국을 위한 복수뿐만 아니라 세계의 공적(公敵)을 처단하려 했으니, 한국의 공로자뿐만 아니고, 동아의 공로자, 세계의 공로자"라고 했다.[98] 중국의 군사령관 한옌(韓炎)은 "안중근은 삼한(한국)의 현인(賢人)일 뿐만 아니라 세계의 영웅"이라고 했다.[99] 중국의 학자 까우구안우(高冠吾)도 "안중근은 진실로 세계의 영웅호걸이므로 천고에 떨칠 것"이라고 했다.[100] 중국의 학자 예티엔니(葉天倪)는 "안중근의 일격은 단지 한국을 위한 것일 뿐만 아니라 실로 아시아의 평화 계책을 위한 것이고, 또한 세계평화를 위한 계책이므로, 단연코 안중근은 세계의 위인"이라고 평가했다.[101]

마케도니아의 알렉산더 대왕은 페르시아제국을 무너뜨렸고, 프랑스의 나폴레옹 황제는 유럽을 제압했으며, 몽골의 칭기즈칸은 전 아시아를 석권하여

 세계의 영웅, 안중근

세계의 영웅으로 불린다. 다른 나라를 침략하여 파괴하고 무수한 생명을 살상한 정복자들을 과연 진정한 세계주의자 또는 진정한 세계의 영웅이라 할 수 있을까 의문이 든다.

안중근은 침략주의자 이토를 제거하여 한국의 독립운동과 중국의 반일 구국운동 등 동아시아 정세에 큰 영향을 끼쳤을 뿐만 아니라, 만주의 이권을 둘러싼 러시아, 일본, 미국 등 국제 정세에 큰 영향을 준 세계적인 인물이었다. 그리고 안중근은 동양평화와 세계평화의 구체적인 방안을 제시한 미래지향적인 사상가였으며, 동양평화와 세계평화를 위협하는 침략주의자를 제거하여 국제사회에 일본 군국주의의 침략성을 폭로한 진정한 세계주의자였다. 그러므로 안중근은 진정한 의미의 세계의 영웅이며 세계의 위인이라 할 수 있을 것이다.

IV. 일본에 대한 복합적 인식

1. 일본은 형제 국가이며 침략 국가

항일투쟁의 선봉에 섰던 안중근은 일본을 어떻게 인식했던가? 안중근은 검사 심문에서 "한 마을에 삼 형제가 있는데, 형은 제일 많은 자산을 가지고, 그다음 형은 가난하고, 셋째 아우는 다소 자산을 가지고 있다."라고 말했다. 곧 안중근은 청국을 많은 재산을 가진 큰형, 한국을 가난한 둘째 형, 일본을 다소 재산을 가진 셋째 아우에 비유하여, 한국·청국·일본 삼국을 형제 국가라고 생각하고 서로 돕고 협력해야 한다고 주장했다.[102]

그리고 안중근은 러일전쟁이 일어나자 "일본이 동양의 대의(大義)를 들어 동양평화와 한국 독립을 굳건히 할 뜻을 세계에 선언하고 러시아를 친 것"이라고 하여, 러일전쟁을 의전(義戰)이라고 높이 평가했다.[103] 이처럼 안중근은 러일전쟁 발발 당시까지 일본에 대해 대단한 호감을 가지고 있었다.

그러나 안중근은 러일전쟁이 진행되는 과정에서 일본이 한국을 침략하고 남만주를 점령하자 일본을 러시아보다 심한 침략자로 인식했다. 안중근은 "일본이 러일전쟁의 선전포고에서 동양평화를 유지하고 한국 독립을 굳건히 한다고 했으나, 한국을 침략하여 을사늑약과 정미조약을 강제로 맺어 정권을 탈취하고, 황제를 폐하고 군대를 해산시켰으며, 철도·광산·산림·천택을 빼앗고, 기름진 전답과 심지어 산소(山所)까지 군용지로 빼앗아 갔다."라고 하여,[104] 러일전쟁 이후 일본의 한국 침탈에 강한 적개심을 표시했다.

그리고 안중근은 일본군의 항일의병 살육에 대하여 "저 (일본) 강도들이 도리어 우리를 폭도라 일컫고, 군사를 풀어 2년 동안에 수십만의 의병을 참혹하게 살육했다."라고 하고, "강토를 뺏고 사람들을 죽이는 자가 폭도인가, 제 나라를 지키고 외적을 막는 사람이 폭도인가, 이야말로 적반하장이라"라고 일본을 비난했다. 그리고 일본의 잔혹한 정략의 근원은 이토에 있다고 했다.[105] 곧 안중근은 일본을 남의 강토를 뺏고 사람을 죽이는 강도와 폭도에 비유했다.

요컨대 안중근은 러일전쟁 발발 당시에는 일본을 한국과 서로 돕는 형제 국가로 보았으나, 러일전쟁 이후에는 일본을 강도 또는 폭도와 같은 침략 국가로 보았던 것이다.

   세계의 영웅, 안중근

2. 일본은 동양평화와 세계평화의 파트너

안중근은 "이토가 한국을 병합하려는 방침을 고치지 않으면, 동양 삼국이 다 같이 쓰러지고 백인종에게 유린 될 것"이라 하고, 일본이 한국을 병합하고 청국을 침략하면, 결국 일본도 서양에 의해 멸망하게 된다는 '동양 삼국 공멸론'을 제기했다.[106]

그리고 안중근은 한국·청국·일본 삼국 중 "1개국이라도 자주독립이 되지 않으면 동양평화라 말할 수 없다."라고 하고,[107] 솥이 세 발로 서듯이 "한·청·일 삼국이 독립국가로서 정립(鼎立)하여 평화를 유지해야 한다."라고 주장했다.[108]

그러므로 안중근은 구체적으로 한·청·일 삼국이 뤼순에 동양평화회의(東洋平和會議) 본부를 설치하고, 군사적, 경제적인 협력을 통하여 평화와 번영을 추구하는 국가공동체로서 동북아연합, 나아가 아시아연합을 구상했던 것이다.[109]

안중근은 한·청·일 삼국이 동맹을 맺어 서양 침략을 막아 동양평화를 보존하고, 삼국동맹의 강한 힘으로 서양 각국에 평화를 주장해야 세계평화가 확립될 수 있다[110]고 주장했다. 특히 그는 "한국과 일본이 더욱 친밀하게 되고 평화로워져서 5대주에 시범이 될 것을 희망한다."[111]라고 했듯이, 한일 친선관계가 세계평화의 모범이 되기를 원했다.

이처럼 안중근은 한국·청국·일본이 동맹국으로서 동양평화와 세계평화를 이룰 파트너가 되기를 희망했다.

3. 일본 천황·일본 국민과 일본 군국주의자의 구분

안중근은 "러일전쟁에 대한 일본 천황의 선전 조칙(宣戰詔勅)에는 동양평화를 유지하고 한국 독립을 공고히 한다."라고 했는데, 이토는 이에 반대되게 병력을 동원하여 을사늑약을 강제로 체결했다고 비판했다. 나아가 안중근은 이토가 "한국 황제를 폐위시키고 한국 군대를 해산시켰으며, 군대를 동원하여 전국 각지에서 10만 명 이상의 한국 의병을 도살했다"라고 비난했다.[112] 이처럼 안중근은 여러 차례 일본 천황의 평화정책과 이토 통감의 침략 정책을 구분해서 말했다.

안중근은 "원래 한국은 무력에 의지하지 않고 문필(文筆)로서 세운 나라이므로 한국 국민은 싸우기를 좋아하지 않는다."라고 하고[113], "일본 국민도 한국과 싸우기를 싫어하고 평화롭게 지내기를 원하고 있다."라고 했다.[114] 그리고 일본 천황도 한국 독립과 동양평화를 원하는데, 이토 통감이 한일 관계를 소원하게 만들었으므로, "이토는 한국의 역적일 뿐만 아니라 일본의 역적"이므로, "한국과 일본을 위해 이토를 처단했다."라고 했다.[115] 이처럼 안중근은 일본 천황과 일본 국민을 이토 같은 일본 군국주의자와 완전히 구분해서 보았다.

그러므로 안중근은 "우리는 4천만 일본 국민을 적으로 삼아서는 안 된다."라고 했고,[116] 국내진공작전 때에 사로잡은 일본군 포로들도 일본 군국주의자들의 피해자라 생각하여 국제공법에 의해 석방하면서, 그들에게 이토의 타도에 힘쓰라고 격려했다.[117] 안중근이 이토를 처단한 것은 한국과 일본을 위해, 한국민과 일본 국민 공동의 적인 일본 군국주의 세력의 대표적인 인물을 제거하기 위한 것이었다.

안중근은 이토(伊藤)가 일본의 침략 정책을 주도한다고 보고, 이토가 존재하면 한국이 멸망하고 결국 일본도 멸망하며, 동양평화가 깨지고 세계평화도 깨지게 되므로, 한국과 일본 동양평화와 세계평화를 위해 이토를 주살한 것이라 했다.[118] 곧 안중근의 하얼빈 의거의 목적은 한국의 독립과 일본의 존립, 그리고 동양평화와 세계평화를 위한 것이었다.

오늘날 일본에는 과거 일본 군국주의의 '침략'을 '애국'으로 미화하는 새로운 군국주의 세력이 출현하여, 한일 간에 무역 분쟁을 일으키고, 갈등을 심화시키고 있다. 우리는 일본 국민을 적으로 삼지 말고, 양식 있는 일본 국민과 연대하여, 일본 국민의 적이기도 한 일본 군국주의 세력에 대응해야 한다는 안중근의 일본관을 귀감으로 삼아야 할 것이다.

V. 맺음말

안중근은 국왕을 국가의 주인으로 보는 왕조국가를 위해서가 아니고, 국민을 국가의 주인으로 보는 국민국가를 위해 목숨을 바쳤다. 그러므로 안중근은 왕조국가에 헌신한 단순한 구국의 영웅이 아니고, 국민국가 의식을 가지고 국가독립에 헌신한 올바른 의미의 민족주의자이며, 따라서 올바른 의미의 민족의 영웅이라 할 수 있다.

그리고 안중근은 하얼빈 의거를 통하여 한국·중국·일본·러시아·미국 등 국제 정세에 큰 영향을 끼친 세계적인 인물이며, 타국과의 평화공존을 강조하고 동양평화와 세계평화의 구체적인 방안을 제시한 미래지향적인 사상가이다. 나아가 안중근은 동양평화와 세계평화를 위협하는 침략주의자를 제거하고 국제사회에 일본 군국주의의 침략성을 폭로한 진정한 의미의 세계주의자이다. 그러므로 안중근은 진정한 의미의 세계의 영웅이며 세계의 위인이라 할 수 있다.

요컨대 안중근은 국민국가적 민족주의를 추구한 올바른 민족주의자이고, 따라서 올바른 민족의 영웅이다. 또한 안중근은 평화공존의 세계주의를 추구한 진정한 세계주의자이고, 따라서 진정한 세계의 영웅이며, 세계의 위인이다.

중국의 문인과 학자들은 예전부터 안중근을 '세계의 영웅'과 '세계의 위인'으로 숭모해 오고 있다. 마땅히 우리도 안중근을 '민족의 영웅'과 '민족의 위인'으로 가둬두지 말고, '세계의 영웅'과 '세계의 위인'으로 예우해야 할 것이다.

동북아 정세와 안중근의 동양평화론

I. 머리말

일본인들은 명치 헌법의 초안자이며 일본의 근대 발전을 주도한 정치가로서 이토 히로부미를 애국자로 존경한다. 그러므로 일본인들은 이토 히로부미를 살해한 안중근을 테러리스트, 살인범으로 매도하기도 한다. 한편 한국인들은 한국의 보호국화와 식민지화를 주도한 침략의 원흉 이토 히로부미를 처단한 안중근을 애국자로 존경한다. 이처럼 이토 히로부미와 안중근은 각각 자국에서 애국자로 존경받고 있다. 그런데 이토 히로부미는 약한 이웃 나라를 침략하여 자국의 발전을 추구하다가 목숨을 잃은 잘못된 애국자이며, 안중근은 강한 이웃 나라의 침략으로부터 자국의 독립과 동양의 평화를 위해 목숨을 버린 올바른 애국자라는 점에서 차이가 있다.

안중근은 교육진흥과 식산흥업에 의한 실력양성으로 독립을 회복하려고 한 애국계몽운동가였다. 그러나 그는 을사늑약 체결 이후 통감 이토 히로부미의 강압적인 내정간섭과 정미조약 체결 이후 국가 멸망의 상황에서, 실력양성에 의한 국권 회복은 불가능하다고 판단했다. 따라서 그는 무장투쟁과 이토 히로부미의 처단을 통하여 한국인의 독립 의지를 세계에 알려 한국 독립과 동양평화에 기여하고자 했다. 안중근은 이러한 자신의 소신을 밝히기 위해 「동양평화론」을 집필했다.

그럼 먼저 청일전쟁 이후, 일본과 러시아가 한반도와 만주를 장악하기 위해 각축을 벌이는 과정을 동북아의 국제 정세 속에서 살피고, 일본이 한국을 병합해가는 과정에서 이토 히로부미의 역할을 살펴보고자 한다. 그리고 다음으로 안중근이 동양평화를 주장하는 이유와 그의 한국 독립과 동양평화를 위한 활동 그리고 그가 구상한 동양평화론의 내용을 살펴보고자 한다.

II. 러일전쟁 전후의 동북아 정세

1. 러일전쟁 이전의 동북아 정세

일본은 1895년 청일전쟁의 결과로 맺은 시모노세키 조약에서, 조선을 '자주독립국'이라 규정하여 조선과 청국의 전통적인 관계를 단절시키고, 청국으로부터 요동반도와 대만을 할양받았다. 당시 만주 진출을 노리던 러시아는 프랑스, 독일과 함께 삼국간섭을 통하여 요동반도를 청국에 반환토록 했다.[119] 삼국간섭은 러시아의 남하정책과 일본의 북진정책의 첫 충돌이었다.

삼국간섭 이후 조선 정계에는 친러 세력이 등장했고, 조선 왕비는 러시아 세력으로써 일본 세력을 제거하려 했다(引俄拒日策). 이에 1895년 일본 공사(三浦梧樓)가 주도하여 조선 왕비를 시해했다(乙未事變). 당시 일본 총리대신은 이토 히로부미이었기 때문에, 안중근은 이토 히로부미가 당연히 조선 왕비 시해에 개입했다고 판단했다.[120] 일본이 자행한 왕비 시해와 친일 내각이 추진한 단발령에 저항하여 항일의병이 봉기했다(乙未義兵). 의병운동으로 전국이 소란한 틈을 타서 조선 국왕은 1896년 2월 러시아 공사관으로 피신했다. 국왕의 아관파천으로 친러 내각이 성립되어, 조선에서 일본 세력은 약화하고 대신 러시아 세력이 강화되었다.

아관파천 1년 만에 조선 국왕이 경운궁으로 환궁한 뒤, 1897년 10월 조선은 국호를 '대한제국'으로 바꾸고 국왕을 '황제'라 칭하여, 외견상 독립국가의 체제를 갖추었다. 그러나 대한제국은 국력이 미약하여 열강의 이권침탈이 심했고, 특히 러시아는 정치·경제·군사적으로 상당한 영향력을 행사했다. 일본은 청일전쟁의 승리에도 불구하고 러시아에 의해 만주와 조선에서 밀려나자, 러시아를 가상적국으로 삼아 군비증강에 매진했다.[121]

한편 청일전쟁(1894)과 삼국간섭(1895) 이후 청국도 열강의 이권쟁탈지가 되었다. 1896년 러시아는 삼국간섭의 대가로 청국으로부터 만주의 동청철도 부설권을 획득했다. 1897년에 독일이 교주만을 조차하자, 러시아는 뤼순을 점령하고, 1898년에는 청국으로부터 뤼순과 다롄을 조차하여 남만주철도 부설권도 획득했다. 한편 프랑스는 광주만을 점령했으며, 이에 영국은 구룡반도와 위해위를 조차했다. 이 무렵 미국은 미서전쟁(美西戰爭, 1898-1899)으로 필리핀을 점령했으며, 열강에 대하여 청국에서 자유로운 경제활동의 보장을 의미하는 '문호 개방'과 '기회균등'을 요구했다.[122]

이와 같은 열강의 청국 침탈에 대응하여, 1900년 의화단이란 단체가 "청나라를 돕고 서양을 물리친다(扶淸滅洋)"는 기치를 내걸고 광범한 지역에서 배외 운동을 전개했다. 의화단이 러시아가 건설 중인 동청철도를 공격하자, 러시아는 16만 대군으로 만주 전역을 점령하여, 열강의 집중적인 견제를 받게되었다. 의화단이 북경의 열국 공관을 포위하자, 열국의 요청에 따라 일본이 1개 사단의 병력을 파견하여 이를 신속히 진압함으로써, 일본은 '극동의 헌병'이라는 별명을 얻게 되었다. 러시아의 뤼순·대련 조차(1898. 3)와 만주 점령(1900. 7)을 계기로, 러시아를 견제하려는 일본·영국·미국의 삼국 협조 체제가 형성되어, 러시아는 외교적으로 수세에 몰리고 일본의 입지가 강화되었다.[123]

그런데 러시아는 열국의 만주 철병 요구에 불응하고, 오히려 청러밀약(1900. 11)을 맺어 만주 지배를 강화했다. 한편 러시아는 1901년 "열국 공동보장 하의 한국중립화안"을 일본에 제의했는데, 일본은 "만주는 러시아에, 한반도는 일본에"라는 이른바 '만한교환론(滿韓交換論)'으로 대응했다. 러시아의 만주 점령과 한국에서의 영향력 증대는 일본과 영국을 접근시켜, 1902년 '제1차 영일동맹'을 체결케 했다. 이 조약을 통하여 영일 양국은 형식적으로는 "한국과 청국의 독립 보장"을 표방하면서, "영국은 주로 청국에서, 일본은 청국과 한국에서의 특수한 이익을 상호 인정"함으로써 동북아의 이권을 분할하고자 했다.[124]

일본은 1903년 "만주에서 러시아의 철도경영에 대한 특수이익을 인정"하고, "한국에서 일본의 전적인 권익과 한국철도의 남만주까지의 연장을 인정"하도록 하는 협상안을 러시아에 제안했다. 이에 러시아는 "한국에서 일본의 정치적·경제적 우월권을 인정하고, 만주에서는 일본의 이익을 인정하지 않으며, 39도선 이북의 한반도를 중립화할 것"을 수정 제안했으나, 일본은 이를 거부했다.[125]

    세계의 영웅, 안중근

2. 러일전쟁 이후의 동북아 정세

만주와 한반도의 이권을 둘러싼 일본과 러시아 간의 협상이 지속되는 가운데, 일본은 1904년 2월 8일 러일전쟁을 일으켰다. 일본은 개전 즉시 한국임시 특파대를 파견하여 서울을 장악하고, '한일의정서'를 강요하여 형식적으로 한국의 독립과 영토의 보전을 약속하면서, 한국의 시정 개선 충고권과 군사작전지 사용권을 탈취해 갔다. 이때 추밀원의장 이토 히로부미가 특파대사로 한국에 파견되어 '한일의정서'의 실행을 강요하여, 한국주차군이 광대한 토지를 군용지로 접수하고, 9월까지는 2개 사단의 병력이 한국의 요충지를 점령하도록 했다.[126]

한편 일본 정부는 1904년 5월 '적당한 시기'에 한국을 일본의 '보호국으로' 하거나, 일본에 '병합'한다는 대한방침(對韓方針)을 의결했으며, 8월에는 '한일협약'을 강제로 체결하여, 일본인 고문들이 한국의 내정을 간섭, 감독하는 '고문정치'를 실시했다. 그리고 일본군이 1905년 1월의 뤼순 함락, 3월의 봉천 전투, 5월의 발틱함대 격파로 이어지는 승전 과정에서, 4월에 일본 정부는 '한국을 보호국'으로 만들 것을 확정하고, 열강의 양해를 얻기 위한 외교교섭을 추진했다.[127]

일본은 미국과 '태프트·가쓰라(桂太郎) 밀약'(1905. 7)을 맺어 "미국의 필리핀 지배와 일본의 한반도 지배"를 서로 인정했다. 일본은 영국과 '제2차 영일동맹'(1905. 8)을 맺어 "영국의 인도에 대한 특별한 이익"을 인정해 주고, "일본의 한국에 대한 지도·보호·감리의 권리"를 인정받았다. 그리고 일본은 러시아와 '포츠머스 강화조약'(1905. 9. 5)을 맺어 러시아로부터 만주 장춘(長春

이남의 남만주철도와 화태(樺太, 사할린) 남부를 양도받고, 한국에 대한 지도·보호·감리의 권리를 인정받았다.[128]

이에 일본 정부는 한국에 대한 '보호조약 체결 계획안'(1905. 9)을 결정했고, 이토 히로부미는 천황 특파대사로 서울에 파견되었다. 이토 특파대사는 주한 일본 공사 하야시(林權助), 한국주차군 사령관 하세가와(長谷川好道)와 함께, 군대로 한국 황궁을 포위하고 한국 황제와 대신들을 위협하여, 1905년 9월 17일 '을사늑약'을 강제로 체결함으로써 한국을 '보호국'으로 만들었다. 일본은 1906년 2월 서울에 통감부를 설치하고 '통감 정치'를 실시했는데, 이토 히로부미는 통감이 되어 한국의 외교뿐만 아니라 내정도 관리하는 막강한 권한을 가져 사실상 총독의 지위에 있었다.[129]

이토 통감은 1907년 7월 헤이그밀사사건을 빙자하여 한국 황제를 폐위하고, '정미조약'을 강제 체결하여 일본인 차관을 두어 '차관정치'를 실시했으며, 8월에는 한국 군대를 해산시켜 한국을 허수아비 나라로 만들었다. 당시 한국은 이토 통감의 승인 없이는 관리 임면과 법령 제정은 물론 어떤 행정처분도 할 수 없는 사실상 일본의 식민지로 전락했다.[130]

이토 통감은 을사늑약 이후 애국계몽운동가들의 실력양성운동을 가혹하게 탄압했으며, 일본군은 국권 회복을 목표로 하는 항일의병을 '폭도'로 몰아, 잔인한 '폭도 토벌작전'을 벌여 수많은 한국 의병을 살상했다.[131] 안중근은 일본군의 잔인한 의병 토벌작전에 대해 "강토를 뺏고 사람들을 죽이는 자가 폭도인가, 제 나라를 지키고 외적을 막는 사람이 폭도인가"라고 하며 이토 히로부미를 강력히 비판했다.[132]

한편 러일전쟁 이후 열강의 관심은 만주로 집중되었다. 일본은 러시아와 체결한 '포츠머스 강화조약'(1905)과 만주 파병부대에 힘입어, 만주 경제의 대동맥인 남만주철도를 장악하고(1906) 만주 시장을 독점해갔다. 그리고 일본은 관동도독부를 설치하여(1906) 요동반도 조차지를 통치했다. 이러한 일본의 '남만주 독점화 정책'은 영국 특히 미국의 강한 항의를 받았다. 미국과 영국은 청국에서의 '문호 개방'과 '기회균등'을 위해, 러시아의 만주 독점에 반대하여 러일전쟁 때 일본을 후원했던 만큼, 전후에 약속을 어긴 일본의 남만주 이권 독점을 용인할 수 없었던 것이다.[133]

그런데 영국은 태도를 바꾸어 일본과 1907년 '영일군사협정'을 체결하여 동맹관계를 강화했다. 일본과 러시아는 '제1차 러일협약'(7. 30)을 맺어 북만주는 러시아, 남만주는 일본의 세력범위로 획정했으며, "러시아는 외몽골에서 특수이익"을 인정받고, "일본은 한국에 대한 현실적인 지배"를 인정받았다. 1909년에 이르러 미국은 '만주철도 중립화안'을 강력히 주장했는데, 일본은 이를 거부하여 미국과의 갈등이 심화되었다. 일본과 러시아는 만주에서 철도를 기반으로 식민 활동을 하고 있었으므로 미국의 제안에 공동전선의 형성이 필요했다. 그러나 러시아 내부는 미국과 제휴하자는 파와 일본과 제휴하자는 파로 갈렸다.[134]

이러한 시기에 1909년 3월 30일 '한국 병합안'이 가쓰라(桂太郎) 수상의 승인을 받고, 4월 10일에는 이토 통감의 동의를 얻어 일본 각의를 통과했다. 1909년 6월 이토 히로부미는 통감직을 사임하고 추밀원 의장이 되어, 12월에 러시아 재무장관 코코프체프와의 회동을 위해 하얼빈을 방문했다. 이토 히로부미와 코코프체프와의 회동은 미국과 러시아의 제휴를 차단하고, 러일 양국의 만주 이권 보호와 일본의 한국 병합에 대한 러시아의 양해를 얻기 위한

'제2차 러일협약'의 예비 회동으로 추측된다. 이토 히로부미가 안중근에게 포살됨으로써 협상은 무산되었지만, 일본은 1910년 7월 '제2차 러일협약'을 성사시켜, 만주 이권의 보호를 위한 러시아와의 공조체제를 갖추고, 한국 병합에 대한 러시아의 양해를 얻어냈다. 그리하여 1910년 8월에 일본은 '병합조약'을 강요하여 한국을 식민지로 만들고 '총독 통치'를 실시했다.[135]

1910년 8월의 '병합조약'은 일본이 한국을 병탄하는 형식적인 마무리에 불과했다. 이미 이토 히로부미는 특사로서 1905년에 을사늑약을 강요하여 한국을 보호국으로 만들었고, 통감으로서 1907년에 한국 황제의 폐위, 일본인 차관정치의 실시, 한국 군대의 해산을 통하여 실질적으로 한국의 통치권을 장악했기 때문이다. 그러므로 한국인들은 이토 히로부미를 한국 침략의 원흉이며 동양평화의 교란자라고 생각한다.

III. 안중근의 동양평화론

안중근의 옥중 논설인 「동양평화론」은 서론, 전감(前鑑), 현상(現狀), 복선(伏線), 문답(問答)으로 구성되어 있는데, 그의 사형 집행이 예상보다 빨라 서론과 전감만 기술하여, 그가 구상한 동양평화론의 내용을 담고 있지 않다. 그런데 다행히 안중근과 일본 관동도독부 고등법원장(平石氏人)과의 면담 기록인 「청취서」(1910. 2. 17)에 그가 구상한 동양평화론의 내용이 들어 있다. 또 안중근의 옥중 자서전인 「안응칠역사(安應七歷史)」와 경시(警視)의 「신문에 대한 공술」 그리고 검사의 「신문조서」와 판사의 「공판시말서」도 그의 동양평화론을 이해하는데 좋은 자료가 된다. 그러므로 이러한 자료들을 중심으로 안중근의 동양평화론을 살펴보고자 한다.

1. 안중근의 동양평화론 주장

첫째로 안중근은 반전(反戰) 평화유지의 방안으로 동양평화론을 주장했다.

안중근은 문명이란 "모든 인간이 천부(天賦)의 성품을 지니고 도덕을 숭상하며, 서로 다투는 마음 없이, 제 땅에서 생업을 즐기며 같이 태평을 누리는 것"이라고 했다.[136] 그러나 문명시대라는 현실에서 동서양 간·인종 간의 치열한 경쟁, 신무기에 의한 인명의 살상 그리고 전쟁터에 내몰린 청년들의 희생을 마음 아파했다.[137] 그는 인간애를 가진 독실한 천주교 신자였고, 전쟁을 반대하는 평화주의자였다.[138]

그러므로 안중근은 1908년 연해주에서 대한의군 참모 중장으로서 국내진공작전 중에, 동료들의 심한 반대를 무릅쓰고 일본군 포로들을 석방했다. 그는 "만국공법에 포로를 죽이는 법은 없다."라고 하고, '일본 4천만 국민'과 투쟁할 수는 없으며, "의로운 거사로 이토 히로부미의 포악한 정략을 세계에 알려야 열강의 동정을 얻어 독립을 쟁취할 수 있다."라고 동료들을 설득했다. 안중근의 의병투쟁의 대상은 일본 국민이 아니었고, 침략을 주도하는 잘못된 지도자였다.[139]

안중근이 한국과 일본 국민은 "전란을 싫어하며 동양이 평화롭고 한일 관계가 좋아지기를 희망한다."라고 강조했듯이, 그의 동양평화론은 인간이 존중되는 사회, 전쟁 없는 평화로운 사회를 염원하는 '반전평화 유지론'이었다.[140]

둘째로 안중근은 동양 삼국의 보전방안으로 동양평화론을 주장했다.

안중근은 "동양 민족은 문학(文學)에 힘쓰고 구주(歐洲)를 침탈하지 않았는데, 구주 여러 나라는 도덕을 잊고 무력을 일삼으며, 그중 러시아가 더욱 심하다."라고 하여, 백인종의 서양 특히 러시아의 침략을 경계했다. 따라서 그는 일본이 "동양평화의 유지와 한국 독립의 공고화"라는 '대의'를 표방한 러일전쟁을 '의전(義戰)'이라 높이 평가했다. 그러나 러일전쟁 이후 일본의 한국 침탈과 남만주 점거를 러시아보다 더 심한 행위라고 강력히 비판했다.[141]

그리고 안중근은 일본이 같은 인종인 한국과 청국을 침탈하고 계속 핍박하면, 결국 한·청 양국이 백인과 손잡게 되어 "동양 전체 까맣게 타죽는 참상"에 빠지게 될 것이라 하고, "서양 세력이 동양으로 뻗쳐오는 화난을 동양 인종이 일치단결하여 극력 방어함이 제일의 상책"이라고 주장했다.[142] 곧 일본이 한국과 청국에 대한 침략을 중지하고, 한·청·일 삼국이 일치단결해야 서양 세력의 침략으로부터 '동양 삼국' 나아가 동양 전체를 보전할 수 있다는 주장이다.

이와 같이 안중근의 동양평화론은 만주와 한반도로 남침하려는 러시아 세력을 막으려는 논리이었고, 서양 세력의 침략으로부터 동양 삼국을 지키려는 '동양 삼국 보전 논리'이었다.

셋째로 안중근은 한국 독립의 보장 방안으로 동양평화론을 주장했다.

안중근은 "우리 동양은 일본을 맹주로 하여, 일본이 조선·청국과 정립하여 평화를 유지하지 않는다면 백년대계를 그르칠 수 있다."라고 하고, 삼족三足이 서로 지탱하여 솥(鼎)이 서 있듯이, 한·청·일 삼국이 자주독립 국가로서 서로 협력해야 동양평화를 유지할 수 있다는 '동양 삼국 정족 평화론(鼎足平和論)'을 주장했다.[143]

　　　　　세계의 영웅, 안중근

그리고 "이토 히로부미의 한국을 병합하려는 방침을 고치지 않으면, 우리 동양 삼국이 다 같이 쓰러지고 백색인종에게 유린 될 것"이라 하여, 일본의 한국 병합 정략은 동양 삼국을 모두 멸망케 할 것이라는 '동양 삼국 공멸론'을 제기했다.[144]

나아가 안중근은 동양 각국 중 "일개 국이라도 자주독립이 되지 않으면 동양평화라 말할 수 없을 것"이며, "같은 인종의 이웃 나라를 해치는 자는 마침내 독부(獨夫, 외톨이)의 처지를 면치 못할 것"[145]이라고 했다. 곧 안중근의 동양평화론은 을사늑약 이후 일본의 한국 병합 정략을 견제하려는 방일논리(防日論理)였으며, 동양평화를 통하여 한국 독립을 지키려는 '한국 독립 보장론'이었다.

요컨대 안중근의 동양평화론은 한국 독립과 동양평화를 유지하려는 '동양 삼국 정족 평화론'이었으며, 인종적으로는 러시아의 침략에 대응하려는 방아논리(防俄論理)였고, 국가적으로는 일본의 침략에 대응하려는 방일논리(防日論理)였다.

2. 안중근의 한국 독립과 동양평화를 위한 활동

첫째로 안중근은 한국 독립과 동양평화를 위해 실력양성운동을 전개했다.

러일전쟁 이후 일본이 한국을 침략하고 남만주를 점거하자, 안중근은 "일본의 만행이 러시아보다 더 심하다."라고 생각했다. 그리고 그는 독립 상실은 실력이 약하기 때문이므로 실력양성이 독립 회복의 중요한 방법이라 생각하여, 실력양성운동에 전념하기로 하고, "한국이 독립하는 날까지 술을 끊기로 맹세"하기도 했다. 그래서 그는 2개의 학교를 설립하여 교육 구국운동에 힘썼고, 서우학회에 가입하고 민중계몽운동을 했으며, 국민의 모금으로 일본의 국채를 갚으려는 국채 보상 운동도 전개했다.[146]

안중근은 한국인 최초로 대학 설립을 구상하여, 1899년 천주교 서울교구장에게 천주교 전도와 한국 문명화를 위해 대학 설립을 건의하기도 했다.[147] 안중근은 연해주에서 무장투쟁을 하던 시기에도 교육과 계몽활동을 했다.[148] 안중근은 실력양성에 의한 한국 독립이 동양 삼국 정족 평화의 기초이며, 동양의 평화가 한국의 독립을 보장할 수 있다고 보았다. 그에게 한국 독립과 동양평화는 불가분의 관계에 있었던 것이다.

둘째로 안중근은 한국 독립과 동양평화를 위해 항일 무장투쟁을 주도했다.

1907년 이토 통감에 의해 한국 황제가 폐위되고, 일본인 차관정치가 실시되며, 한국 군대가 해산되는 등 망국적 사태가 벌어지자, 안중근은 항일 무장투쟁을 결심하고 연해주로 건너갔다. 그는 1908년 연해주에서 항일의군을 모집하여 국내진공작전을 전개했다. 안중근은 의군투쟁으로 독립이 회복될 수 있다고 생각하지는 않았다. 그러나 그는 "일본이 장차 반드시 러시아·청국·미국과 전쟁을 할 것이므로, 그 기회에 대비해서 의군투쟁을 계속하여, 스스로의 힘으로 국권을 회복해야 건전한 독립이 된다."라는 '독립전쟁론'을 주장했다.[149]

안중근은 "한국 독립을 회복하고 동양평화를 유지하기 위하여 3년간 해외에서 풍찬노숙(風餐露宿)을 했다."[150]라고 했듯이, 그의 항일 무장투쟁의 목적은 일본의 침략으로 위협받는 한국 독립과 동양평화의 유지에 있었다. 또 안중근이 "일신일가(一身一家)를 걸고 우리 한국을 위해 동양의 평화를 위해

　　　　세계의 영웅, 안중근

결심하고 고국을 떠났다."[151]라고 했듯이, 그는 부유한 가정의 안락을 버리고 목숨을 걸고 한국 독립과 동양평화를 위해 항일 무장투쟁에 나섰던 것이다.

셋째로 안중근은 한국 독립과 동양평화를 위해 이등박문을 처단했다.

안중근은 한국인이 러일전쟁 이전까지는 일본을 좋아했고, "일본 천황의 뜻도 한국 독립을 공고히 하고 동양평화를 유지하는 것"인데, 이토 통감은 한국 독립을 유린하고 한일 관계를 소원케 하여 '한국과 일본의 역적'이므로 "일본 4천만과 한국 2천만 동포를 위해 거사"를 했다고 주장했다.[152] 그리고 그는 이토 통감의 죄로서 '명성황후의 시해', '한국 황제의 폐위', '한국 정권의 탈취', '한국 군대의 해산', '철도·광산·산림·천택의 탈취', '무고한 양민의 학살', '한국인이 보호정치에 만족한다는 거짓 선전', 그리고 '동양평화의 파괴' 등을 지적했다.[153]

신학자 본회퍼(Dietrich Bonhoeffer)는 1940년 나치 정권 하에서 "술 취한 운전사에게 운전을 맡기는 것은 우리 모두의 죄악"이라는 입장에서 히틀러 암살 계획에 가담했다고 한다.[154] 한말의 애국계몽지인 『대한매일신보』는 일본의 한국에서의 행위는 "잔악무도하고 취하고 미친듯하다."라고 비판했다.[155] 안중근도 "일본이 동양평화를 창도하고 만국(萬國)이 감시"하고 있는데, "이토 히로부미가 미쳐서 한국을 병합하려 한다."라고 비판했다.[156]

그러므로 안중근은 "이토 히로부미가 존재하면 한국이 멸망하고, 결국 일본도 멸망하며, 동양평화도 깨질 것"이므로 이토를 주살한 것이라 하고, "일본의 정책이 바뀌어 한일 간의 평화가 만세에 유지되기를 희망한다."라고 했다. 곧 안중근은 일본의 한국 병합 정책을 중지시켜 한국과 일본의 공멸을 막고, 한국 독립과 동양평화를 유지하기 위해 한국 침략의 원점을 제거하려 했던 것이다.[157]

3. 안중근의 동양평화론과 동북아연합 구상

1910년 2월 안중근과 일본 관동도독부 고등법원장(平石氏人)과의 면담 기록인 「청취서」를 통하여, 안중근의 동양평화론의 내용과 동북아연합의 구상을 살펴보기로 한다.[158]

첫째로 뤼순항을 개방하여 한국·청국·일본이 공동으로 관리하는 '군항'으로 만들어, 삼국의 청년들로 '군단'을 편성하고, 이들에게 2개국 이상의 어학을 배우게 하여 '우방' 또는 '형제'의 관념을 갖도록 한다는 것이다. 이것은 뤼순항을 한·청·일 동양 삼국의 공동 군항으로 만들어, 삼국 연합군을 편성하고 어학교육을 통하여 삼국을 우방 또는 형제국으로 만들자는 의미이다.

둘째로 한·청·일 삼국의 대표를 뤼순에 파견하여 '동양평화회의'를 조직하고, 뤼순을 '평화의 근거지'로 한다는 것이다. 이것은 한·청·일 삼국의 대표로 구성되는 '동양평화회의'를 창설하고, 분쟁지역인 뤼순에 평화기구의 본부를 두어, 동양 삼국의 항구적인 평화를 구축하자는 의미이다.

셋째로 한·청·일 삼국에서 '동양평화회의' 회원을 모집하여 그 회비로 은행을 설립하고, 각국이 공용하는 화폐를 발행하여 금융과 재정을 원활히 한다는 것이다. 이것은 한국·청국·일본이 삼국 공동 은행을 설립하고 삼국 공용 화폐를 발행하여 삼국을 금융공동체로 만들자는 의미이다.

넷째로 한국과 청국은 일본의 지도 아래 상공업을 발전시킨다는 것이다. 이것은 당시 선진국인 일본의 지원으로 한국과 청국의 경제를 발전시키는 등 삼국이 경제적으로 협력하는 경제공동체를 만들자는 의미이다.

다섯째로 한·청·일 삼국의 황제가 로마교황을 방문하여 함께 황제의 관을 쓴다는 것이다. 이것은 세계적인 종교인 천주교를 활용하여 한·일·청 삼국이 독립국가로서 세계적인 공인을 받고, 동양평화를 영구적으로 지속하자는 의미이다.

요컨대 안중근의 동양평화론은 한국·청국·일본을 회원국으로 하는 '동양평화회의'를 창설하여, 군사연합, 어학교육, 공동은행, 공용화폐, 그리고 경제협력을 통하여 동양 삼국이 항구적인 평화와 번영을 추구하자는 일종의 '동북아연합'의 구상이었다. 그리고 그것은 '동북아연합'이 동북아 국가공동체로서 모범을 보여, 동양 삼국에 인도·태국·베트남·버마 등 아시아 각국이 참여하는 '아시아연합'으로 확대되는 구상이었다.[159]

1910년에 제시된 안중근의 '동북아연합' 또는 '아시아연합AU'의 구상은 1993년에 형성된 '유럽연합(EU)'의 구상과 흡사하다. 유럽 각국은 1992년 네덜란드 국경도시 마스트리히트(Maastricht)에서 조약을 체결하여 '공동 통화정책'을 채택하고, 1993년 마스트리히트 조약이 발효됨으로써 '유럽연합'이라는 유럽 국가공동체가 탄생했다. 그 뒤 공동은행인 유럽중앙은행(ECB)이 설립되고, 공용 통화인 유로(Euro)가 발행되었으며, 2002년부터 유럽은 단일화폐를 사용했다. 그 후 유럽연합(EU)은 의회, 군사기구, 대학, 은행, 화폐를 공유하여 유럽평화에 기여하게 되었다.

오늘날 한국과 북한은 군사적으로 대립 상태에 있다. 한·중 양국은 일본과 역사문제, 영토 문제로 갈등상태에 있다. 그리고 일본과 중국은 동북아 맹주를 노리는 경쟁상태에 있다. 그래서 동북아는 대립과 갈등, 경쟁으로 긴장상태가 고조되고 있다. 따라서 안중근의 '동양평화론' 곧 '동북아연합론'은 동북아의 긴장상태를 평화상태로 전환시키는 하나의 방안이 될 수 있을 것이다.

Ⅳ. 맺음말

안중근이 동양평화론에서 말하는 동양은 기본적으로 한국·청국·일본의 동양 삼국 곧 동북아를 의미하고, 넓은 의미의 동양은 한국·청국·일본과 인도·태국·베트남·버마 등을 포함하는 아시아를 의미한다. 그러므로 그가 말하는 동양평화는 동북아의 평화, 나아가 아시아의 평화를 의미한다.

뿐만 아니라, 안중근은 "나는 한국을 위하여 나아가 세계를 위하여 이토 히로부미를 죽인 것"[160]이라 했고, "나는 한일 양국이 더 친밀하게 되고 평화로워져서 오대주에 시범이 될 것을 희망했다."[161]라고 했다. 그리고 안중근이 "나는 동양평화를 유지하고 한국 독립을 공고히 하여, 한·청·일 삼국이 동맹하여 평화를 부르짖고, 점차 개화의 역(域)으로 진보하며, 나아가 구주와 세계 각국과 더불어 평화에 진력하면, 시민(市民)들이 안도할 것으로 생각했다."[162]라고 했듯이, 그의 동양평화는 세계평화로 외연이 확대된다. 곧 안중근의 동양평화론은 한국의 독립을 전제로 하는 동북아의 평화, 그리고 아시아의 평화, 나아가 세계의 평화를 추구한 것이다.

안중근은 서양의 침략을 동양 삼국이 공동으로 방어하자고 했지만, 서양을 공격하자고 하지는 않았다. 그는 일본의 침략에 저항하여 무장투쟁을 했지만, 일본 국민을 적으로 생각하지는 않았다. 그리고 안중근은 개인적으로 '인간 이토 히로부미'를 살해한 것이 아니고, 대한의군 중장으로서 침략의 원흉을 제거한 것이다. 그는 기본적으로 천주교적 인간애와 평화를 사랑하는 사해동포주의, 세계주의 의식을 가지고 있었다.[163]

일본의 과거 침략전쟁과 식민 지배는 당시 제국주의 시대의 역사적 산물이

세계의 영웅, 안중근

라고 이해할 수 있다. 그러나 현대 일본의 지도자가 "러일전쟁이 아시아인에게 희망을 주었다."라고 하여, 타국을 멸망시킨 침략전쟁을 긍정적으로 보는 것은 과거의 침략행위 자체보다 더 큰 문제이다. 그것은 국가이익을 위해서라면 다시 이웃 나라를 침략할 수 있다는 위험한 발상이기 때문이다. 여기에 "일본의 국민은 평화를 원하는데 문제는 일본의 지도자"라는 안중근의 발상이 오늘날에도 통하는 것을 알 수 있다.

안중근의 동양평화론은 일본이 힘으로가 아니고 도덕적으로 존경받는 선진국이 되고, 동북아의 평화와 번영을 이끄는 선도국이 되기를 바라는 '동양책략'이었다. 안중근의 동양평화론의 이상이 오늘날에 구현되어, 동북아의 항구적인 평화와 번영이 이루어지고, 한국과 일본이 '가깝고도 가까운 나라'가 되기를 기대한다.

미주

1 안중근, 『안중근 의사 자서전』, 안중근의사기념관, 1990, 1~3쪽. 안중근 의사의 친 필 원고 본명은 『安應七歷史』이다. 안응칠은 안중근 의사의 어릴 때 이름이다.

2 앞의 『안중근 의사 자서전』, 3~4쪽.

3 박환, 『민족의 영웅, 시대의 빛 安重根』, 안중근의사기념관, 2013, 10쪽.

4 앞의 『안중근 의사 자서전』, 4~5쪽, 13~14쪽.

5 앞의 『안중근 의사 자서전』, 6~10쪽. 당시의 '동학란'은 오늘날 '동학농민운동' 또 는 '동학농민혁명'으로 평가되고 있으나, 당시에는 '동학당의 난리'로 인식되었고, 민폐가 막심했던 것도 사실이었다.

6 김호일 엮음, 『大韓國人 安重根』, 안중근의사숭모회, 2010, 26쪽.

7 앞의 『안중근 의사 자서전』, 10~12쪽 ; 박환, 앞의 『민족의 영웅, 시대의 빛 安重 根』, 21쪽.

8 앞의 『안중근 의사 자서전』, 12~13쪽.

9 앞의 『안중근 의사 자서전』, 15쪽.

10 도진순, 「안중근의사의 태극십자가인장」, 『大韓國人 安重根』 47호, 안중근의사 숭모회·안중근의사기념관, 2019, 10~12쪽.

11 김호일, 앞의 『大韓國人 安重根』, 160쪽.

12 이 유묵은 2021년에 일본인 소유자로부터 기증받아 현재 안중근의사기념관이 소 유하고 있다.

13 박환, 앞의 『민족의 영웅, 시대의 빛 安重根』, 24~26쪽 ; 앞의 『안중근 의사 자서

전』, 24~25쪽.

14 국사편찬위원회, 『韓國獨立運動史 資料』 6, 1976, 5~6쪽, 55쪽 ; 앞의 『안중근
    의사 자서전』, 50쪽. 안중근은 "그때 나는 신문과 잡지와 각국 역사를 상고하며 읽
    고 있어서 이미 지나간 과거나, 현재나, 미래의 일들을 추측했었다."라고 기록했다.

15 안중근, 「한국인 안응칠 소회」, 앞의 『안중근 의사 자서전』, 121쪽.

16 앞의 『안중근 의사 자서전』, 15~24쪽.

17 앞의 『안중근 의사 자서전』, 25~26쪽. 안중근은 뮈텔 주교가 "한국인이 만일 학문
    이 있게 되면, 교 믿는 일에 좋지 않을 것이니, 다시는 그런 의논을 꺼내지 마시오."
    라고 대학 설립을 반대하자, 분개함을 참지 못하고, "교의 진리는 믿을지언정, 외국
    인의 심정은 믿을 것이 못 된다."라고 생각하고, 프랑스어 배우던 것도 중단했다.

18 앞의 『안중근 의사 자서전』, 83~84쪽.

19 김호일, 앞의 『大韓國人 安重根』, 219쪽.

20 앞의 『안중근 의사 자서전』, 26~27쪽.

21 앞의 『안중근 의사 자서전』, 32~36쪽.

22 앞의 『안중근 의사 자서전』, 32~33쪽, 36~40쪽.

23 앞의 『안중근 의사 자서전』, 40~41, 52~53쪽 ; 박환, 앞의 『민족의 영웅, 시대의
    빛 안중근』, 28~30쪽.

24 앞의 『안중근 의사 자서전』, 50~53, 58쪽.

25 앞의 『안중근 의사 자서전』, 49~53쪽.

26 앞의 『안중근 의사 자서전』, 54~57쪽.

27 김형목, 「안중근의 국내계몽활동과 민족운동사상의 위상」, 『숭실사학』 제29집,
    2012, 89~94쪽. 三興學校는 士興·民興·國興을 지향한 민족교육기관이었다. ;
    최서면, 『새로 쓴 안중근의사』, 집문당, 1999, 70~71쪽.

28 김형목, 앞의 「안중근의 국내계몽활동과 민족운동사상의 위상」, 94~98쪽 ; 계봉
    우, 「만고의사 안중근전」, 윤병석 역편, 『안중근전집』, 521쪽.

29 박환, 「러시아 연해주에서의 안중근」, 『한국민족운동사연구』 제30집, 2002, 63쪽.

30 앞의 『안중근 의사 자서전』, 60~70쪽. 안중근은 연해주에서 엄인섭, 김기룡과 의

형제를 맺었다. 엄인섭이 큰형이고 김기룡이 막내였다. 엄인섭은 러시아에서 태어나 한국어는 잘 못했으나, 러시아어와 중국어에는 능통했다고 한다. 박환, 「러시아 연해주에서의 안중근」, 『한국민족운동사연구』 제30집, 2002, 64쪽.

31 안중근은 이범윤을 만나 항일 무장투쟁을 강력히 권유했으나, 이범윤이 처음엔 결단을 내리지 못했다고 한다. 안중근은 의형제 엄인섭과 김기룡과 함께 연해주 각지에서 의군을 모집했다(앞의 『안중근 의사 자서전』, 62~64쪽). 엄인섭은 최재형의 생질인데, 이범윤·이범진과 가까운 사이였다가 최재형 휘하에 들어갔다(박환, 「러시아 연해주에서의 안중근」, 『한국민족운동사연구』 제30집, 64~65쪽). 이런 상황을 보면, 안중근이 엄인섭과 함께 동의회 창립에 중요한 역할을 했던 것으로 보인다.

32 국사편찬위원회, 『韓國獨立運動史 資料』 7, 1977, 218쪽.

33 국사편찬위원회, 앞의 『韓國獨立運動史 資料』 7, 244쪽.

34 신운용, 「안중근의 의병투쟁과 활동」, 『한국민족운동사연구』 제54집, 2008, 23쪽 ; 윤병석, 『안중근 연구』, 국학자료원, 2011년, 83쪽.

35 앞의 『안중근 의사 자서전』, 7~8쪽. 엄인섭은 러시아 출생으로 최재형의 생질이며, 1900년 의화단사건 때 러시아군으로 종군하여 남만주에서 공로를 세워 훈장을 타기도 했다(박환, 「러시아 연해주에서의 안중근」 『한국민족운동사연구』 제30집, 2002. 3., 64쪽).

36 박환, 앞의 『민족의 영웅, 시대의 빛 安重根』, 79~80쪽 ; 윤병석, 『안중근 연구』, 국학자료원, 2011, 83~84쪽.

37 윤병석, 『안중근 연구』, 국학자료원, 2011, 84쪽 ; 박환, 앞의 『민족의 영웅, 시대의 빛 안중근』, 80~85쪽.

38 앞의 『안중근 의사 자서전』, 72~76쪽.

39 박환, 앞의 『민족의 영웅, 시대의 빛 안중근』, 84~85쪽.

40 日本 外務省 外交史料館, 排日朝鮮人退露處分に關スル件』, 『在西比利亞』 第5券(신운용, 「안중근의 의병투쟁과 활동」, 『한국민족운동사연구』 54호, 2008, 25쪽 所在).

41 앞의 『안중근 의사 자서전』, 71쪽. 국내의병은 대체로 왕조국가의 수호에 목적을

두었으나, 안중근은 국민국가를 염두에 두어 국가의 독립권을 회복하는 데 목적을
두었다.

42 한상권, 「안중근의 국권 회복운동과 정치사상」, 『한국 독립운동사연구』, 제21집,
2003, 58쪽.

43 국사편찬위원회, 앞의 『韓國獨立運動史 資料』 6, 385쪽에서, 안중근은 "이번
거사(하얼빈 의거)도 한국의 독립전쟁"이라고 했다. ; 앞의 『안중근 의사 자서전』
122쪽 「의거의 이유」에서, 안중근은 "내가 이등박문을 쏘아 죽인 것은 한국 독립전
쟁의 한 부분"이라고 했다.

44 박환, 앞의 『민족의 영웅, 시대의 빛 安重根』 94, 108쪽.

45 윤병석, 앞의 『안중근연구』, 188~195쪽 ; 김호일, 앞의 『大韓國人 安重根』, 99쪽.

46 국사편찬위원회, 앞의 『韓國獨立運動史 資料』 6, 331쪽.

47 국사편찬위원회, 앞의 『韓國獨立運動史 資料』 7, 400쪽.

48 안중근이 하얼빈 의거 후 뤼순 감옥에 갇힌 뒤에 쓴 유묵에 모두 단지장인(斷指掌
印)을 찍은 것도 이를 뒷받침하는 것이다.

49 柳永烈, 「東北アジア情勢と東洋平和論」, 李洙任/中本直利, 『共同研究 安重
根と東洋平和』, 明石書店, 2017, 61쪽.

50 柳永烈, 위와 같음.

51 오영섭, 「안중근 가문의 독립운동」, 『한국민족운동사연구』 제30집, 2002, 50쪽.

52 국사편찬위원회, 앞의 『韓國獨立運動史 資料』 6, 284쪽.

53 윤경로, 「안중근의거 배경과 동양평화론의 현대사적 의의」, 『한국 독립운동사연구』
제36집, 2010, 145쪽.

54 『대한매일신보』 1904년 12월 3일 자 논설 「일본서 붕우에게 하는 일」.

55 국사편찬위원회, 앞의 『韓國獨立運動史 資料』 6, 171쪽.

56 국사편찬위원회, 앞의 『韓國獨立運動史 資料』 6, 330, 338쪽.

57 국사편찬위원회, 앞의 『韓國獨立運動史 資料』 6, 311, 385, 393쪽.

58 국사편찬위원회, 앞의 『韓國獨立運動史 資料』 6, 384쪽.

59 국사편찬위원회, 앞의 『韓國獨立運動史 資料』 6, 312, 330, 387쪽.

60 안중근, 東洋平和론 序, 『안중근의 동양평화론』, 안중근의사기념관, 2018, 29쪽.

61 국사편찬위원회, 앞의 『韓國獨立運動史 資料』, 6, 385쪽.

62 김호일, 앞의 『大韓國人 安重根』, 145쪽 ; 국사편찬위원회, 앞의 『韓國獨立運動史 資料』, 7, 476쪽.

63 앞의 『안중근 의사 자서전』, 100쪽.

64 최문형, 『명성황후 시해의 진실을 밝힌다』, 지식산업사, 2001. 최 교수는 명성황후 시해의 주모자는 이노우에 가오루(井上馨)이고, 이토 내각의 내락을 얻어 모의가 실행되었다고 밝혔다. 그 근거로서 첫째로 미우라(三浦) 공사는 조선 문제에 문외한이며 퇴역 장군으로, 조선 왕비 시해 같은 중대사에 재량권을 행사할 자격이 없었던 점, 둘째로 이노우에는 조선 문제에 대한 최고 전문가로서, 일본의 최고 정책을 결정하는 원로이며 실세였다는 점, 셋째로 이노우에가 공사직 퇴임 전후에 일본과 한국을 왕래하며 치밀한 시해 작전을 진행한 정황 등을 들었다.

65 찰스 모이어 기자 공판 참관기, 영국 『The Graphic』 1910. 4. 14(김호일, 앞의 『大韓國人 安重根』, 125쪽).

66 안중근의 이 亡命 詩는 鷺山 李殷相이 編者 미상의 『大家法帖集』이란 시집에서 보았다고 전해진다. 안중근의 「옥중 한시」에도 유사한 구절이 있다(안중근, 「옥중 한시」, 『안중근 안쏠로지』, 서울셀렉션, 2019, 115쪽).

67 반상루(潘湘纍), 「安重根傳 序」, 윤병석, 『安重根傳記全集』, 국가보훈처, 1999, 227쪽.

68 주호(周浩), 「安重根傳 序」, 윤병석, 앞의 『安重根傳記全集』, 225쪽.

69 나남산(羅南山), 「安重根傳 序」, 윤병석, 앞의 『安重根傳記全集』, 224쪽.

70 陳德秀, 『靑年雜誌』 1권 1호(1915년 9월 15일), 손염홍 「안중근의거가 중국의 반제민족운동에 미친 영향」, 『한국 독립운동사연구』 34, 독립기념관 한국 독립운동사연구소, 2009.

71 김호일, 앞의 『大韓國人 安重根』, 220쪽.

72 국사편찬위원회, 앞의 『韓國獨立運動史 資料』 6, 173쪽.

73 앞의 『안중근 의사 자서전』, 52~53쪽.

74   국사편찬위원회, 앞의 『韓國獨立運動史 資料』 7, 415쪽.

75   앞의 『안중근 의사 자서전』, 16~17쪽.

76   앞의 『안중근 의사 자서전』, 35쪽.

77   앞의 『안중근 의사 자서전』, 40~41쪽.

78   국사편찬위원회, 앞의 『韓國獨立運動史 資料』 7, 443쪽.

79   한상권, 「안중근의 국권 회복운동과 정치사상」, 『한국 독립운동사연구』, 제21집, 2003, 84쪽. 한 교수는 "안중근은 군주주권의 군주정을 비판하고 국민주권의 공화정을 지향했다"고 보았다.

80   한스 콘 저, 차기벽 역 『民族主義』, 삼성문화재단, 1974, 10쪽.

81   안중근, 「한국인 안응칠 소회」, 앞의 『안중근 의사 자서전』, 121쪽.

82   위와 같음.

83   안중근, 「청취서」, 『안중근의 동양평화론』, 안중근의사기념관, 2018, 50쪽.

84   안중근, 「청취서」, 앞의 『안중근의 동양평화론』, 51~52쪽 ; 국사편찬위원회, 앞의 『韓國獨立運動史 資料』 6, 187쪽.

85   국사편찬위원회, 앞의 『韓國獨立運動史 資料』 7, 421쪽.

86   안중근, 「동포에게 告함」, 앞의 『안중근 의사 자서전』, 123쪽.

87   국사편찬위원회, 앞의 『韓國獨立運動史 資料』 6, 173~174쪽.

88   국사편찬위원회, 앞의 『韓國獨立運動史 資料』 7, 421쪽 ; 『대한매일신보』, 1907년 1월 13일 별보 「桑港報에 논설」. 『대한매일신보』도 "일본이 한국의 독립을 실심으로 찬조하며, 만주를 청국에 환부하고, 삼국이 동맹을 체결하여 鼎足之勢를 이루면, 동양의 평화가 유지되고, 일본에 무궁한 이익이 있을 것이다"라고 하여 東洋三國 鼎足平和論을 주장했다.

89   안중근, 「청취서」, 앞의 『안중근의 동양평화론』, 50~51쪽 ; 윤경로, 「안중근의거의 배경과 동양평화론의 현대사적 의미」, 『한국 독립운동사연구』 제30집, 157~159쪽. 안중근이 옥중에서 집필한 「동양평화론」은, 그가 예상보다 빨리 사형을 당하여, 사실상 서론 부분만 기술되어 있어 그의 동양평화의 구상을 알려주지 못한다. 다행히 「청취서」가 남아 있어 안중근의 동양평화 구상을 파악할 수 있다.

90 국사편찬위원회, 앞의 『韓國獨立運動史 資料』 6, 173~174쪽. 안중근은 검사의
    "그대는 동양평화라고 말하는데 동양이란 어디를 말하는가?"라는 질문에, "아시아
    洲를 말한다."라고 대답했다.

91 유럽 각국은 1992년 마스트리히트(Maastricht) 조약을 체결하여 '공동 통화정책'
    과 '공동안보정책'을 채택했다. 1993년 마스트리히트 조약이 발효되어 '유럽연합
    (EU)'이라는 유럽 국가 공동체가 탄생했다. 그 뒤 공동은행인 유럽중앙은행이 설립
    되고, 공용 통화인 유로(Euro)가 발행되었으며, 2002년부터 유럽은 단일 화폐를
    사용했다.

92 국사편찬위원회, 앞의 『韓國獨立運動史 資料』 6, 387쪽.

93 국사편찬위원회, 앞의 『韓國獨立運動史 資料』 6, 5쪽 ; 앞의 『안중근 의사 자서
    전』, 67쪽.

94 국사편찬위원회, 앞의 『韓國獨立運動史 資料』 6, 120쪽.

95 E.H. Carr 작, 진덕규 역, 『民族主義와 그 以後』, 學問과思想社, 1976, 107쪽

96 윤병석, 앞의 『安重根傳記全集』, 361쪽의 玉史 편서, 『만고의사 안중근전』, 491
    쪽의 桂奉瑀 저, 『만고의사 안중근전』.

97 박은식, 「삼한의군 참모 중장 안중근전」, 윤병석 역주 『1세기만에 보는 희귀한 안중
    근전기』, 국학자료원, 2011, 32쪽.

98 周浩, 「安重根序」, 윤병석, 앞의 『安重根傳記全集』, 225쪽. 나흡림(羅洽霖)은
    안중근을 "세계에서도 뛰어난 사나이 대장부"라고 했다(羅洽霖, 「안중근전을 읽고
    삼가 씀」, 『安重根傳記全集』, 351쪽).

99 한염(韓炎), 「安重根序」, 윤병석, 앞의 『安重根傳記全集』, 225쪽.

100 고관오(高冠吾), 「安重根序」, 윤병석, 앞의 『安重根傳記全集』, 228쪽.

101 섭천예(葉天倪) 찬술, 「안중근전」, 윤병석, 앞의 『1세기만에 보는 희귀한 안중근전
    기』 59쪽. 섭천예(葉天倪)는 "안중근이 이룬 것은 바로 일국의 테두리를 넘어서고
    인류의 테두리를 넘어서 널리 세계에 통한 것이니 이것이 세계 위인이라는 이유이
    다."라고도 했다(같은 책 58쪽).

102 국사편찬위원회, 앞의 『韓國獨立運動史 資料』 6, 174~175쪽 ; 안중근, 「청취서」,

앞의 『안중근의 동양평화론』, 50쪽.

103 앞의 『안중근 의사 자서전』, 62쪽 ; 국사편찬위원회, 앞의 『韓國獨立運動史 資料』 6, 311쪽 ; 『황성신문』도 1905년 10월 2일 자 논설 「論日俄講和의 速成과 일본여론의 실망」에서, 러일전쟁은 러시아의 남침으로부터 한청 양국의 독립 영토를 扶植鞏固케 하고자 一大義旗를 擧한 義戰이라고 인식했다

104 앞의 『안중근 의사 자서전』, 65~66쪽 ; 국사편찬위원회, 앞의 『韓國獨立運動史 資料』 6, 311~312쪽.

105 앞의 『안중근 의사 자서전』, 66쪽.

106 국사편찬위원회, 앞의 『韓國獨立運動史 資料』 6, 388쪽 ; 앞의 『韓國獨立運動史 資料』 7, 421쪽 ; 『대한매일신보』도 1905년 11월 22일 자 「危哉韓日關係」에서 '동양공멸론'을 주장했다.

107 국사편찬위원회, 앞의 『韓國獨立運動史 資料』 6, 174쪽. 앞의 『韓國獨立運動史 資料』 7, 421쪽.

108 국사편찬위원회, 앞의 『韓國獨立運動史 資料』 7, 421쪽 ; 『대한매일신보』, 1907년 1월 13일 별보 「桑港報에 논설」.

109 안중근의사기념관, 『안중근의 동양평화론』, 50~51쪽 ; 국가보훈처·광복회, 『21세기 東洋平和論』, 1996, 55쪽.

110 국사편찬위원회, 앞의 『韓國獨立運動史 資料』 6, 387쪽.

111 국사편찬위원회, 앞의 『韓國獨立運動史 資料』 6, 396쪽.

112 국사편찬위원회, 앞의 『韓國獨立運動史 資料』 6, 393~394쪽 ; 앞의 『안중근 의사 자서전』, 62~63쪽.

113 국사편찬위원회, 앞의 『韓國獨立運動史 資料』 6, 311쪽.

114 국사편찬위원회, 앞의 『韓國獨立運動史 資料』 6, 394~396쪽.

115 국사편찬위원회, 앞의 『韓國獨立運動史 資料』 6, 385, 387~388쪽.

116 앞의 『안중근 의사 자서전』, 75쪽.

117 앞의 『안중근 의사 자서전』, 74쪽.

118 국사편찬위원회, 앞의 『韓國獨立運動史 資料』 6, 5쪽, 120쪽 ; 앞의 『안중근 의사

  세계의 영웅, 안중근

자서전』, 67쪽.

119 백종기, 『한국근대사연구』(박영사, 1981), 297쪽 ; 최문형, 『러시아의 남하와 일본
의 한국 침략』(지식산업사, 2007), 267쪽. 삼국간섭의 이유는 일본의 요동반도 점
령으로 한국의 독립이 유명무실해지고, 유럽 각국의 통상 이익을 저해하게 되며,
청국의 수도가 위태롭게 되어 동양평화에 장애가 된다는 것이었다.

120 최문형, 『명성황후 시해의 진실을 밝힌다』(지식산업사, 2001). 최문형 교수는 명성
황후 시해의 주모자는 이노우에 가오루(井上馨)이고, 이토 내각 각료들의 내락을
얻어 모의가 실행되었다고 밝혔다. 그 근거로서 첫째로 미우라(三浦) 공사는 조선
문제에 전혀 문외한이며 정권에서 떨어져 있는 퇴역 장군으로, 조선 왕비 시해 같은
중대사에 자유재량권을 행사할 자격도 능력도 없었던 점, 둘째로 이노우에(井上)
는 조선 문제에 대한 최고 전문가로서, 일본의 최고 정책을 결정하는 원로 중 한 사
람인 실세였다는 점, 셋째로 이노우에(井上)가 공사직 퇴임 전후에 일본과 한국을
왕래하며 치밀한 시해 작전을 진행한 정황 등을 들었다. 삼국간섭 이후 조선 왕비의
인아거청책(引俄拒日策)이 실시되는 엄중한 시기에 외교에 문외한인 퇴역 장성을
조선공사에 임명한 자체가 이토 내각의 조선 왕비 시해 개입을 반증한다.

121 신용하, 「대한제국 초기의 동북아 정세와 자강운동」, 『한민족독립운동사』 11 (국사
편찬위원회, 1992), 141~144쪽.

122 최문형, 앞의 『러시아의 남하와 日本의 한국 침략』, 286, 290쪽 ; 송인재,「영일동
맹의 의의와 교섭과정」, 『국권론과 민권론』(한길사, 1981), 247~248쪽 ; 최문형,
「제국주의열강의 청국침투와 그 영향」, 『한국근대사회와 제국주의』(한국사연구회,
1985), 102~103쪽.

123 송인재, 앞의 「영일동맹의 의의와 교섭과정」, 250~252쪽 ; 신승권, 「로일전쟁
전후의 러시아와 한국(1898~1905)」, 『한러관계 100年史』(한국사연구협의회,
1984), 236쪽.

124 송인재, 앞의 「영일동맹의 의의와 교섭과정」, 254~256, 270~271쪽 ; 최문형, 『열
강의 동아시아 정책』(일조각, 1979) 62~70쪽 ; 송인재, 앞의 「영일동맹의 의의와
교섭과정」, 290쪽 ; 『황성신문』은 1901년 8월 28일 자 논설 「卞滿韓交換說」에

서, 동양 삼국의 脣齒之勢와 동양평화론을 들어 만한교환론을 비판했다.

125 동덕모, 「한국과 20세기 초의 국제관계」, 『한국사』 19 (국사편찬위원회, 1976), 24
쪽 ; 신승권, 앞의 「러일전쟁전후의 러시아와 한국(1898~1905)」, 245쪽.

126 윤병석, 「일제의 한국주권 침탈과정」, 『한국사』 19 (국사편찬위원회, 1976), 115~119
쪽 ; 백종기, 앞의 『한국근대사연구』, 346~348쪽 ; 김용덕, 「대한제국의 종말」, 『한
국사』 19 (국사편찬위원회, 1976) 172쪽.

127 동덕모, 앞의 「한국과 20세기 초의 국제관계」, 27~31쪽 ; 김용덕, 앞의 「대한제국
의 종말」, 174~175쪽 ; 『일본외교문서』 제38권 제1책 519~520쪽.

128 윤병석, 앞의 「일제의 한국주권 침탈과정」, 136~138쪽 ; 최문형, 「러일개전기의 아
시아와 미국의 대한정책」, 『한미수교 100년사』(국제역사학회 한국위원회, 1982),
238~239쪽 ; 동덕모, 앞의 「한국과 20세기 초의 국제관계」, 26~30쪽.

129 윤병석, 앞의 「일제의 한국주권 침탈과정」, 144~145쪽, 150~151쪽. 예컨대 통감
부는 한국의 우편·전신 등 통신 기관과 경부선·경의선·마산선 등 철도기관을 장악
하고, 일본 본국 법원에서 행하던 영사재판권의 상소심을 관장하는 등 통감부 기구
는 날로 팽창해 갔다.

130 김용덕, 앞의 「대한제국의 종말」, 198~199쪽 ; 森産茂德, 『근대일한관계사』(동경
대학출판부, 1987), 214쪽 ; 최문형, 앞의 『러시아의 남하와 일본의 한국 침략』,
345쪽.

131 강재언, 「평민의진의 대일항전」, 『한민족독립운동사』 1 (국사편찬위원회, 1987)
410쪽 ; 釋尾東邦, 『조선병합사』(朝鮮及滿洲史, 1926) 427쪽. 일본 측 통계에
따르면 1907년 8월에서 1909년 말까지 일본군에 살육된 의병수는 16,700여 명,
부상자는 36,000여 명에 달했다.

132 안중근, 「안응칠역사」, 『安重根傳記全集』(윤병석 역편, 국가보훈처, 1999),
159~160쪽.

133 吉田和起, 「일본제국주의의 조선병합」, 『한국근대정치사연구』(사계절, 1985),
130~131쪽 ; 최문형, 『국제관계로 본 러일전쟁과 日本의 한국 병합』(지식산업사,
2004), 345~347쪽.

134 吉田和起, 앞의 「일본제국주의의 조선병합」, 131쪽 ; 신승권, 「러일전쟁 이후 제정
     러시아의 대한정책」, 『한민족독립운동사』 6 (국사편찬위원회, 1898), 288~289쪽
     ; 이정식, 「1910년대의 국제 정세」, 『한민족독립운동사』 3 (국사편찬위원회, 1988),
     13~14쪽 ; 최문형, 앞의 『러시아의 남하와 일본의 한국 침략』, 353~355쪽.

135 최문형, 앞의 『러시아의 남하와 일본의 한국 침략』, 351~354쪽, 359~360쪽.

136 안중근, 「한국인 안응칠 소회」, 『안중근의사자서전』(안중근의사기념관, 1990), 121쪽.

137 안중근, 「동양평화론」, 『안중근전기전집』(윤병석 역편, 국가보훈처, 1999), 192쪽.

138 안중근, 「안응칠역사」, 『안중근전기전집』 137~141쪽, 144~152쪽, 154쪽, 167쪽.

139 안중근, 앞의 「안응칠역사」, 162~164쪽. 안중근의 일본군포로 석방으로 인해 의병
     부대가 분열하고, 석방된 일본군에 의해 의병부대의 위치가 노출되어 일본군의 급
     습으로 안중근 부대는 참패하여 안중근은 죽을 고비를 겪었다.

140 「공판시말서 제5회」<1910.2.12.> 『한국 독립운동사자료』 6 (국사편찬위원회,
     1976), 394~395쪽. 안중근이 "나라란 몇 大官의 나라가 아니다."(앞의 「안응칠
     역사」, 154쪽.) "언제나 저같이 악한 정부를 개혁한 뒤 당당한 문명 독립국을 이루
     어 민권 자유를 얻을 수 있겠는가?"(앞의 「안응칠역사」, 148쪽.) "국가는 국민의 국
     가가 아닌가?(앞의 「한국 독립운동사자료」 7, 415쪽.) "나는 삼천만 동포를 위해 희
     생이 되려는 자이며 황실을 위해 죽으려는 자가 아니다."(앞의 「한국 독립운동사자
     료」 7, 443쪽.)라고 했듯이, 그는 근대 국민국가관을 가지고 일반 국민이 행복하게
     살아가는 사회를 꿈꾸었다.

141 안중근, 앞의 「동양평화론」, 192~194쪽 ; 「境 警視의 신문에 대한 안응칠의 공술
     제11회」, 『한국 독립운동사 자료』 7 (국사편찬위원회, 1978), 443쪽 ; 『황성신문』
     도 1905년 10월 2일 자 논설 「論日俄講和의 速成과 일본여론의 실망」에서, 러일
     전쟁은 일본의 동양패권을 위한 전쟁이지만, 러시아의 남침으로부터 한청양국의
     독립 영토를 扶植鞏固케 하고자 一大義旗를 擧한 義戰이라고 인식했다.

142 안중근, 앞의 「동양평화론」, 193~194쪽.

143 「境 警視의 신문에 대한 안응칠의 공술 제6회」, 앞의 『한국 독립운동사 자료』 7,
     421쪽 ; 『대한매일신보』, 1907년 1월 13일 별보 「桑港報에 논설」. 『대한매일신보』

도 "일본이 한국의 독립을 실심으로 찬조하며, 만주를 청국에 환부하고, 삼국이 동맹을 체결하여 鼎足之勢를 이루면, 동양의 평화가 유지되고, 일본에 무궁한 이익이 있을 것이다."라고 하여 동양 삼국 鼎足平和論을 주장했다.

144 「境 警視의 신문에 대한 안응칠의 공술 제6회」, 앞의 『한국 독립운동사 자료』 7, 421쪽 ; 『대한매일신보』 1905년 11월 22일 자 「危哉韓日關係」, 11월 29일 자 「韓日交誼」. 『대한매일신보』도 일본이 비록 강해도 고립하면 위태롭고, 한국이 비록 약해도 한국이 망하면 동아 대국이 파멸된다고 하여 동양공멸론을 주장하고, 일본이 한국의 독립을 보장하고 상호 부조하여 동양평화를 모색하는 것이 일본의 상책이라고 권고했다.

145 「피고인 제6회 신문조서」<1909.12.24.>, 앞의 『한국 독립운동사자료』 6, 174쪽 ; 안중근, 앞의 「동양평화론」, 199쪽.

146 안중근, 앞의 「동양평화론」, 193쪽 ; 안중근, 앞의 「안응칠역사」, 154~157쪽.

147 안중근, 앞의 「안응칠역사」, 141쪽 ; 「피고인 안응칠 제8회 신문조서」<1909.12.20.>, 앞의 『한국 독립운동사자료』 6, 233쪽. 안중근은 검사 신문 중에 "10년쯤 전에 한국인을 문명화하기 위해 서울에 천주교대학을 설립할 계획을 세우고 프랑스 선교사에게 의론했으나 반대로 실패했다."라고 말했다.

148 안중근, 앞의 「안응칠역사」, 161~162쪽, 169쪽 ; 「공판시말서」, 앞의 『한국 독립운동사자료』 6, 311쪽.

149 안중근, 앞의 「안응칠역사」, 157~168쪽. 애국계몽단체로서 비밀결사인 신민회도 국외에서는 군사기지를 만들고 국내에서는 실력양성을 계속하여, 적절한 기회 곧 일본이 청국·러시아·미국과 전쟁을 벌이는 기회에 국내외의 세력이 호응하여 독립을 쟁취한다는 '독립전쟁론'을 주장했다.

150 안중근, 「동포에게 告함」, 『안중근의사자서전』(안중근의사기념관, 1993), 123쪽.

151 「境 警視의 신문에 대한 안응칠의 공술 제6회」, 앞의 『한국 독립운동사자료』 7, 421쪽.

152 「공판시말서 제3회」<1910.2.9.>, 앞의 『한국 독립운동사자료』 6, 385~386쪽. 『황성신문』은 1905년 11월 20일 자 사설 「是日也放聲大哭」에서, "평소 동양 삼국

의 鼎足安寧을 솔선 주선하던 伊藤博文이 천만 꿈밖에 어찌 5조약을 내놓았는가.
이 조건은 우리 한국뿐 아니라 동양 삼국을 분열하는 조짐인즉 伊藤의 原初主義는
어디 있는고.”라고 하여, 을사늑약을 강제로 체결시킨 이토 히로부미를 비판했다.

153 안중근, 「伊藤博文의 죄상 15개 조」, 앞의 『안중근의사자서전』, 124~125쪽.

154 윤경로, 「안중근의거 배경과 동양평화론의 현대사적 의의」, 『한국 독립운동사연구』
36, (독립기념관 한국 독립운동사연구소, 2010), 145쪽.

155 『대한매일신보』 1904년 12월 3일 자 논설 「일본서 붕우에게 하는 일」.

156 「피고인 제6회 신문조서」<1909.12.24.>, 앞의 『한국 독립운동사자료』 6, 171쪽 ;
윤경로, 「안중근의거의 배경과 동양평화론의 현대사적 의의」, 145쪽.

157 「공판시말서 제3회」<1910.2.9.>, 앞의 『한국 독립운동사 자료』 6, 393~396쪽 ;
「피고인 안응칠 제10회 신문조서」<1909.12.22.>, 앞의 『한국 독립운동사자료』 6,
284쪽. 안중근은 검사 신문에서, “성서에도 살인은 죄악이라 하지만, 남의 나라를
탈취하고 사람의 생명을 빼앗고자 하는 자가 있는데도 수수방관하는 것은 죄악이
므로 나는 그 죄악을 제거한 것뿐이다.”라고 말했다.

158 안중근, 「청취서」, 『21세기 동양평화론』, (국가보훈처·광복회, 1996), 54~57쪽.

159 「피고인 제6회 신문조서」<1909.12.24.>, 앞의 『한국 독립운동사자료』 6, 173~174
쪽. 안중근은 검사의 “그대는 동양평화라고 말하는데 동양이란 어디를 말하는가?”라
는 질문에, “아시아 洲를 말한다.”라고 대답했다.

160 「피고인 안응칠 제4회 신문조서」<1909.11.16.>, 앞의 『한국 독립운동사자료』 6,
120쪽.

161 「공판시말서 제5회」<1910.2.12.>, 앞의 『한국 독립운동사자료』 6, 396쪽.

162 「공판시말서 제3회」<1910.2.9.>, 앞의 『한국 독립운동사자료』 6, 387쪽.

163 안중근, 앞의 「한국인 안응칠 소회」, 121쪽. 안중근은 “하늘이 사람을 내어 세상이
모두 형제가 되었다. 각각 자유를 지켜 삶을 좋아하고 죽음을 싫어하는 것은 누구
나 가진 떳떳한 情이다.”라고 하여 사해동포주의 의식을 보여주었다.

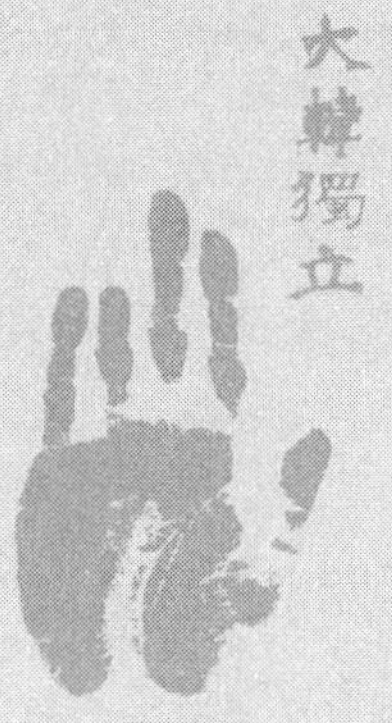

부록
안중근 연보

연보

1879년(1세)

—— 9월 2일

황해도 해주에서 부친 안태훈과 모친 조마리아의 장남으로 출생하다.

1884년(6세)

—— 갑신정변 실패 후 안중근의 부친이 가족들을 데리고, 신천군 청계동 산중으로 이사하다.

1894년(16세)

—— 김아려와 혼인하다. 동학당이 일어나자, 신천의병의 선봉장이 되어 승전하다.

1896년(18세)

—— 부친 안태훈이 동학당으로부터 빼앗은 군량미 문제로 명동성당에 피신하여 천주교를 수용하다.

1897년(19세)

—— 프랑스인 선교사 빌렘 신부로부터 세례를 받다. 세례명은 토마스
(도마)이다.

1899년(21세)

—— 빌렘 신부와 함께 전도 활동을 하다. 프랑스어를 학습하고, 서양 문
화에 눈뜨다. 전직 고관이 천주교 신도인 옹진군민의 돈을 갈취한 사건과, 해
주 지방대 장교가 천주교 신도의 아내와 재산을 빼앗은 사건이 발생하자, 신
도 대표로 활동하다. 문명개화와 자유 민권의 중요성 절감하다. 서울 교구장
뮈텔 주교에게 대학 설립을 건의했다가 거부당하다.

1905년(27세)

—— 을사늑약의 강제 체결로 외교권이 박탈되자, 산동과 상해로 가서 독
립운동 모색하다. 프랑스인 르각 신부로부터 국내에서 실력양성운동을 하라
는 권고를 받고 귀국하다.

1906년(28세)

—— 청계동에서 진남포로 이사 후, 재산을 털어 삼흥학교를 설립하고, 경
영난에 빠진 돈의학교를 인수하여 교육 구국운동을 전개하다.

1907년(29세)

—— 서우학회에 가입하다. 평양에서 석탄상회를 운영하다. 국채 보상 운
동이 일어나자, 서북지방의 국채 보상 운동을 주도하다. 이토 통감의 고종황
제 폐위, 한국 군대 해산으로 국가 멸망의 상태에서 무장투쟁을 결심하다. 북

간도에 갔다가 블라디보스토크에 정착, 계동청년회 임시 사찰로 활약하다.
엄인섭, 김기룡과 의형제를 맺고, 한인 마을을 돌며 독립군 모집과 군자금 모
금을 위해 연설하다.

1908년(30세)
—— 해조신문에 '인심결합론'을 발표하다. 엄인섭 등과 함께 최재형과 이
범윤을 지도자로 하는 '동의회' 결성을 주도하다. 동의회를 바탕으로 하여 대
한의군(연추의군)을 창설하여, 연추에 본부를 두다. 안중근은 우영장(참모
중장)으로, 엄인섭을 좌영장으로 하는 대한의군이 7~9월에 함경북도 회령,
종성 등지에서 일본 군경과 수차례 독립전쟁을 벌이다. 전쟁 중 생포한 일본
군 포로를 만국공법에 의해 석방하다. 대한의군은 최초의 독립군으로 최초
로 독립전쟁을 벌이다.

1909년(31세)
—— 3월 초
연추에서 안중근, 김기룡 등 12명이 '단지동맹'을 결성하다. 10월 19일 블
라디보스토크에 도착하여 이토의 하얼빈 방문 소식을 듣다.

—— 10월 20일
「대동공보사」에서 이토 처단을 자원하고, 우덕순이 동행키로 하다.

—— 10월 21일
우덕순과 하얼빈으로 출발, 22일에 도착하다.

—— 10월 24일

우덕순, 조도선과 함께 하얼빈 전역인 채가구역에 도착하다.

—— 10월 25일

우덕순과 조도선을 채가구역에 배치하고 자신은 하얼빈으로 돌아가다.

—— 10월 26일

7시에 안중근이 하얼빈역에 도착하다. 9시 15분 이토 일행이 도착하여, 9시 30분 이토를 주살하다. 러시아 헌병대에서 신문을 받고, 오후 8~9시경 일본영사관에 이송되다.

—— 10월 30일

미조부치 검찰관의 1회 신문을 받다.

—— 11월 1일

안중근 외 9명 뤼순으로 이송되어, 11월 3일 뤼순 감옥에 수감되다.

—— 11월 6일

「안중근 소회」를 제출하다.

—— 11월 8일

일본 외상 고무라, 안중근에게 일본 형법 적용을 지시하다.

—— 11월 19일

미조부치 검찰관이 안정근과 안공근을 신문하다.

—— 11월 22일

조선총독부 사카이 경시가 안중근을 신문하기 위해 뤼순에 도착하다.

—— 11월 26일

미조부치 검찰관의 7회 신문, 사카이 경시 1회 신문이 있었다.

—— 12월 1일

사카이 경시 4회 신문, 미하일로프 변호사 면담이 있었다.

—— 12월 13일

일본관헌의 요구로 자서전 『안응칠 역사』 집필을 시작하다.

1910년(32세)

—— 1월 14일

블라디보스토크 한인촌에서 안중근유족구제공동회가 개최되다.

—— 2월 1일

안병찬 변호사와 정근, 공근 형제가 안중근을 면회하다.

—— 2월 7일

제1회 공판이 열리다.

―― 2월 9일

제3회 공판이 열리다.

더글러스 변호사가 야마토 호텔에서 재판의 부당성에 대해 기자회견을 가지다.

―― 2월 10일

제4회 공판에서 미조부치 검찰관이 안중근에게 사형을 구형하다.

―― 2월 14일

제6회 공판에서 안중근에게 사형이 언도되다.

―― 2월 15일

안병찬을 통해 동포에게 유언을 전하다.

―― 2월 17일

히라이시 고등법원장과 면담하여 동양평화론을 설파하다. 「동양평화론」 집필을 시작하다.

―― 3월 7일

빌렘 신부가 뤼순에 도착하다.

―― 3월 8일

빌렘 신부가 안공근 등을 대동하고 안중근을 면회하다.

—— 3월 10일

빌렘 신부가 세 번째로 안중근을 면회하여 종부성사를 행하다.

—— 3월 11일

빌렘 신부가 마지막으로 안중근을 면회하다.

—— 3월 15일

「안응칠역사」를 3개월 만에 탈고하다.

—— 3월 24일

안중근이 유서 6통을 작성하다.

—— 3월 25일

안정근과 안공근이 미즈노, 가마타 두 변호사와 함께 안중근을 면회하다.

—— 3월 26일

안중근이 동양평화를 유언으로 남기고 뤼순 감옥에서 순국하다. 안정근과 안공근이 안중근의 유해 인도를 요구했으나, 감옥당국으로부터 부당하게 거부당하다.

—— 3월 28일

만주 일일신문사에서 안중근 공판기록을 발행하다.

1911년

—— 2월 20일

이날부터 4회 블라디보스토크 개척리 한인학교에서 안중근 연극이 상연
되다.

—— 3월 26일

블라디보스토크 한인학교에서 안중근 추도회가 열리다.

1918년

—— 연추에서 안중근 연극이 상연되다.

1923년

—— 상해 한중호조사에서 안중근 연극이 상연되다.

1928년

—— 안중근을 다룬 정기탁 감독의 〈애국혼〉이 상해에서 상연되다.

1946년

—— 3월 26일

안중근 의사 순국 37주년 기념식이 서울운동장에서 10만 군중이 모인 가
운데 거행되다.

세계의 영웅, 안중근

초판 1쇄 인쇄일 2025년 3월 16일
초판 1쇄 발행일 2025년 3월 26일

지은이	유영렬
펴낸이	한선희
편집/디자인	정구형 이보은 박재원 안솔비 근지은
마케팅	정찬용 정진이
영업관리	한선희 근지은
책임편집	정구형
펴낸곳	국학자료원 새미(주)

등록일 2005 03 15 제25100-2005-000008 호
경기도 고양시 덕양구 권율대로 656 원흥동 클래시아 더 퍼스트 1519, 1520호
Tel 02)442-4623 Fax 02)6499-3082
www.kookhak.co.kr
kookhak2010@hanmail.net

ISBN	979-11-6797-291-0 *03990
가격	15,000원